A los PIES del MAESTRO

DEVOCIONAL DIARIO

A los PIES del MAESTRO

DEVOCIONAL DIARIO

COMPILADO POR
Audie G. Lewis

SELECCIONES DE
LO MEJOR DE
CHARLES
SPURGEON

La misión de Editorial Vida es ser la compañía líder en comunicación cristiana que satisfaga las necesidades de las personas, con recursos cuyo contenido glorifique al Señor Jesucristo y promueva principios bíblicos.

A LOS PIES DEL MAESTRO
Edición en español publicada por
Editorial Vida – 2006
Miami, Florida

Originally published in the USA under the title:
At the Master's Feet: A Daily Devotional

Traducción: *Wendy Bello y Rebeca Fernández*
Edición: *Elizabeth Fraguela M.*
Diseño interior: *artserv*
Diseño de cubierta: *Cindy Davis*

ISBN 978-0-8297-4729-4

Categoría: Motivación / Devocional

IMPRESO EN ESTADOS UNIDOS DE AMÉRICA
PRINTED IN THE UNITED STATES OF AMERICA

12 13 14 15 ❖ 10 9 8 7 6

Este libro devocional está dedicado a los hombres y mujeres que han rendido sus vidas a Jesucristo. Al igual que Charles Spurgeon, son más felices cuando están sentados a los pies del Maestro.

Prólogo

Charles H. Spurgeon le predicó aproximadamente a diez millones de personas durante sus más de cuarenta años de ministerio antes de reunirse con el Señor en 1892. Cientos vinieron a Cristo bajo su influencia evangélica mientras sirvió como pastor en la Capilla New Park Street y el Tabernáculo Metropolitano en Londres, Inglaterra. Sin la ayuda de micrófonos u otra tecnología moderna, Charles Spurgeon pastoreó un rebaño de más de seis mil miembros, la congregación más grande de la que se tuviera noticia hasta antes de su ministerio. Durante ese mismo período ayudó a fundar más de cuarenta iglesias y supervisó el Colegio de pastores y el Orfanato Stockwell. A lo largo de su vida influenció grandemente las vidas de muchos grandes líderes cristianos como por ejemplo Dwight Moody, Hudson Taylor, George Mueller y Oswald Chambers. Alrededor del mundo se han vendido millones de copias de los escritos de Spurgeon, incluyendo una reduplicación constante de más de dos mil de sus mejores sermones. Aunque a menudo se le llama el «príncipe de los predicadores» sus palabras, llenas de una perspicacia dada por Dios, han bendecido a más laicos que a pastores.

Es nuestra esperanza que con la compilación de este devocional, muchos, muchos más laicos, pastores y futuros cristianos se animen y fortalezcan con la comprensión espiritual que hemos recopilado de lo mejor de lo mejor de los eternos sermones de Charles Spurgeon. Al final de cada página también hemos incluido una cita extra de las Escrituras que corresponde a un libro del Antiguo o el Nuevo

Testamento. Si se sigue esta lectura diaria adicional, el lector podrá completar la lectura de la Biblia completa en un año. ¡Que Dios continúe bendiciendo a cada uno de los lectores mientras se sientan con este gran pastor a los pies del Maestro!

AUDIE Y HEATHER LEWIS

Introducción

Al recordar mi historia, ni siquiera soñé que al abrir mi boca por primera vez para Cristo en una forma tan humilde, tendría el honor de traer a miles a los pies de Jesús. ¡Bendito, bendito sea su nombre! Suya es la gloria por esto. No puedo evitar pensar que debe haber otro muchacho aquí a quien, al igual que yo, él pueda llamar por su gracia a servirle. Cuando los diáconos de la iglesia de New Park Street me enviaron una carta para que fuera a predicar a Londres, yo la devolví al día siguiente diciéndoles que se habían equivocado, que yo era un muchacho de diecinueve años, que vivía feliz entre las personas muy pobres y humildes de Cambridgeshire que me amaban, y que no imaginaba que ellos quisieran que yo predicara en Londres. Pero ellos me la devolvieron y dijeron que todo eso lo sabían y que yo tenía que ir. ¡Ah, qué tremenda historia ha sido desde entonces la bondad y el cariño del Señor!

CHARLES HADDON SPURGEON
DEL SERMÓN «LOS PANES DEL JOVEN»

Adhiérase a la Palabra de Dios

[Los de Berea] eran de sentimientos más nobles que los de Tesalónica, de modo que recibieron el mensaje con toda avidez y todos los días examinaban las Escrituras para ver si era verdad lo que se les anunciaba.
HECHOS 17:11

Les recomiendo una escrupulosa obediencia a todos, especialmente a aquellos jóvenes que recientemente han hecho profesión de fe en Cristo. No sean como sus padres, porque la generación que está saliendo del escenario ni lee su Biblia, ni le interesa conocer la voluntad del Señor. Si las personas escudriñaran las Escrituras, deberíamos encontrarlas juntas en unidad, pero la Palabra de Dios es el libro menos leído del mundo, en proporción con su circulación. Se distribuye por todas partes, pero escasamente se lee en alguna parte con cuidado y atención, y con una sincera determinación a seguir sus preceptos a toda costa. Ustedes vienen y nos escuchan, y nosotros les damos pequeños pedazos tomados de aquí y de allá, pero no se llevan una amplia noción de la misma como un todo. ¿Cómo podrían llevársela? Los ministros cometen errores y ustedes los siguen sin preguntar. Uno elige este líder y el otro aquel, según las diferentes opiniones e incluso diferentes sectas, lo cual no debería ser, y no sería así si todos nos aferráramos a las normas de la verdad inspirada. Si se leyera la Biblia y se orara sobre ella, muchos errores morirían una muerte rápida y otros quedarían seriamente lisiados. Si en el pasado ustedes hubieran leído ese libro inspirado, muchos errores nunca habrían surgido. Por lo tanto, escudriñen el libro de Dios, y asegúrense de prestarle atención. Adhiéranse a la palabra de Dios a toda costa.

A través de la Biblia en un año: Mateo 1–2

Él suplirá para todas tus necesidades

Así que mi Dios les proveerá de todo lo que necesiten, conforme a las gloriosas riquezas que tiene en Cristo Jesús.

FILIPENSES 4:19

Si *él* te suplirá, de verdad estarás suplido, porque la capacidad de Dios es infinita. Él es infinitamente sabio en cuanto al método de sus acciones e infinitamente poderoso en cuando a las acciones en sí. Él nunca duerme ni se cansa, él nunca está ausente en ningún lugar sino que siempre está listo para ayudar. Quizá tus necesidades lleguen en momentos inesperados, pueden ocurrir a la media noche del desaliento o en el mediodía del regocijo, pero Dios siempre está cercano para suplir la necesidad sorpresiva. Él está presente en todas partes y es omnipotente en todas partes, y él puede suplir todas tus necesidades, en todo lugar, en todo tiempo y en el mayor grado. Recuerda que «la omnipotencia tiene siervos en todas partes» y que siempre que Dios quiere mandarte ayuda, lo puede hacer sin detenerse a preguntar: «¿Cómo se hará?» Lo único que él tiene que hacer es desearlo y todos los poderes del cielo y la tierra se subordinan a tu necesidad. Con un Ayudante así, ¿qué motivos tienes para dudar?

A través de la Biblia en un año: Mateo 3-4

Sacerdotes del Altísimo

Pero ustedes son linaje escogido, real sacerdocio, nación santa, pueblo que pertenece a Dios, para que proclamen las obras maravillosas de aquel que los llamó de las tinieblas a su luz admirable.
1 Pedro 2:9

¡Alguien como Jesús en alguien como yo! ¡El Rey de gloria en el seno de un pecador! Esto es un milagro de la gracia, sin embargo, es lo suficientemente sencillo. Una fe humilde, que se arrepiente, abre la puerta y Jesús entra de una vez en el corazón. El amor cierra la puerta con la mano de la penitencia, la vigilancia santa mantiene alejados a los intrusos. Y así se cumple la promesa: «Mira que estoy a la puerta y llamo. Si alguno oye mi voz y abre la puerta, entraré, y cenaré con él, y él conmigo» (Apocalipsis 3:20). La meditación, la contemplación, la oración, la alabanza y la obediencia diaria mantienen la casa en orden para el Señor. Y luego viene la consagración de toda nuestra naturaleza para su uso como un templo, la dedicación del espíritu, el alma y el cuerpo y de todos sus poderes como vasijas santas del santuario. Es como escribir «santidad al Señor» en todo lo que nos rodea, hasta que nuestras ropas del diario se conviertan en vestiduras, nuestras comidas en sacramentos, nuestra vida en un ministerio y nosotros mismos en sacerdotes del Altísimo. ¡Qué suprema condescendencia de este morar dentro de nosotros! Él nunca moró en un ángel pero reside en un espíritu contrito. Hay un mundo de significado en las palabras del Redentor «Yo en ellos». Que las conozcamos como las traduce Pablo: «Cristo en ustedes, la esperanza de gloria».

A través de la Biblia en un año: Mateo 5–6

El discípulo a quien Jesús amó

En esto conocemos lo que es el amor: en que Jesucristo entregó su vida por nosotros. Así también nosotros debemos entregar la vida por nuestros hermanos.
1 JUAN 3:16

Si tú anhelas ser «el discípulo a quien Jesús amó», empieza pronto. Yo supongo que Juan tendría entre veinte y veinticinco años cuando se convirtió; sea como sea, era un hombre bastante joven. Todas las imágenes que hemos recibido de él, aunque no les concedo gran valor, no obstante, coinciden con el hecho de su juventud. La piedad juvenil tiene la oportunidad más ventajosa de convertirse en piedad eminente. Si empiezas pronto a andar con Cristo, mejorarás tu paso y el hábito crecerá en ti. El que se hizo cristiano en los últimos años de su vida, escasamente alcanzará el primer grado por falta de tiempo y por la influencia entorpecedora de viejos hábitos. Pero el que comienza pronto está sembrando en buen terreno, con un aspecto soleado y debe llegar a la madurez.

Si quieres convertirte en el hombre a quien Jesús ama, cultiva un afecto fuerte y deja que tu naturaleza sea tierna y gentil. El hombre que de forma habitual está de mal humor y enojado, no puede andar con Dios. Un hombre de temperamento presuroso y violento que nunca trata de corregirlo o el hombre en quien hay un recuerdo malévolo de las heridas, como un fuego que arde en las ascuas, no puede ser el compañero y amigo de Jesús, cuyo espíritu es de naturaleza opuesta. El Señor aprueba un corazón lastimero, compasivo, desinteresado y generoso. Debes estar dispuesto a dar no solo tu comodidad, sino hasta tu vida por los hermanos. Vive en el gozo de otros, como hasta los santos hacen en el cielo. Así te convertirás en un hombre muy amado.

A través de la Biblia en un año: Mateo 7–8

Nuestro significado para Dios

Cuando contemplo tus cielos, obra de tus dedos, la luna y las estrellas que allí fijaste, me pregunto: «¿Qué es el hombre, para que en él pienses? ¿Qué es el ser humano, para que lo tomes en cuenta?»
SALMOS 8:3-4

Alza tus ojos a los cielos y cuenta las estrellas. Escucha al astrónomo cuando te dice que esas pequeñas motas de luz son mundos poderosos, algunos de ellos infinitamente superiores a este mundo nuestro y que en el cielo resplandecen millones y millones de mundos así y que quizá todos estos millones que podemos ver son solo una pequeña esquina, una pequeña duna de los mundos que Dios ha hecho, mientras que a lo largo del espacio ilimitado pudieran haber leguas de mundos, si se me permite la expresión, tan innumerables como la arena que circunda la costa de la profundidad. Y ahora, un hombre en un mundo ¡qué pequeño! Un hombre en las miríadas de mundos, un hombre en el universo ¡qué insignificante! Y he aquí el amor, que Dios amara tanto a una criatura tan insignificante. Porque, ¿qué es Dios en comparación con los mundos, su número y su probable extensión en el espacio? Dios es infinitamente mayor que todas las ideas que sugerimos con semejantes comparaciones. Dios mismo es mayor que todo el espacio. Ningún concepto de la grandeza que haya cruzado jamás la mente de las facultades más amplias nos permitiría entender la grandeza de Dios como él es en realidad. Sin embargo, este ser grande y glorioso, que llena todas las cosas y las sustenta con su poder, se digna a mirarnos, no con su pena, ten esto en cuenta, sino con el amor de su alma que es la esencia de sí mismo, porque él es amor. «¡En esto consiste el amor!»

A través de la Biblia en un año: Mateo 9–10

Lo que acosa a todos los hombres

Para que sean hijos de su Padre que está en el cielo. Él hace que salga el sol sobre malos y buenos, y que llueva sobre justos e injustos.
MATEO 5:45

Entre nosotros y otros hombres hay muchas diferencias, pero compartimos con ellos las enfermedades comunes, los trabajos, las pérdidas y las necesidades de nuestra raza caída. Estamos fuera de la entrada del Edén con el resto de la familia de Adán. Podemos ser amados de Dios y, no obstante, ser pobres. El amor de Dios por Lázaro no impidió que este estuviera en la puerta del hombre rico, ni tampoco que los perros lamieran sus heridas. Los santos pueden enfermarse al igual que otros hombres. Job, David y Ezequías experimentaron enfermedades dolorosas. Los santos van al hospital al igual que los pecadores, porque están sujetos a los mismos accidentes y dolencias. Los piadosos escapan a enfermedades como las que los hombres traen sobre sí mismos a causa de los vicios y, por lo general, el pueblo de Dios tiene una gran ventaja sobre los incautos y los reprobados en cuanto a la salud. Pero, no obstante, en este aspecto, los mejores de los hombres son solo hombres y a menudo se dirá: «Señor, el que amas está enfermo». Los elementos tienen el mismo poder sobre el cuerpo de los piadosos que sobre los demás, sobre ellos sopla el siroco y el frío penetra sus vestimentas, el sol los abrasa en la crueldad del calor del verano o la fría humedad amenaza la llama de la vida. En este aspecto, algo sucede a todos, aunque no sin diferencias misteriosas y bendecidas. Alrededor de los piadosos no hay ninguna pantalla que los cubra del sufrimiento físico, no están viviendo en la tierra de Gosén para que la luz anime su morada mientras que la densa niebla se cierne sobre el resto de la tierra.

A través de la Biblia en un año: Mateo 11–12

El amigo firme de la verdad

Consideró que el oprobio por causa del Mesías era una mayor riqueza que los tesoros de Egipto, porque tenía la mirada puesta en la recompensa.
HEBREOS 11:26

En la actualidad, la verdad que Dios ha revelado parece de menor importancia a los hombres que sus propios pensamientos y sueños y a los que todavía creen en la fiel palabra de Cristo se les debe decir: «fui forastero, y me dieron alojamiento» (Mateo 25:35). Cuando ves las verdad revelada, como fue, andando en pieles de cabra y de oveja, desamparada, afligida, atormentada y sin que nadie dijera nada bueno sobre esta, entonces llegó la hora de reconocerla —porque es la verdad de Cristo— y de demostrar tu fidelidad al considerar el reproche que Cristo recibió como una riqueza mayor que todos los tesoros de Egipto. Oh, desprecio a todos los que solo creen lo que todos los demás creen tan solo porque deben estar a tono con la mayoría. No son más que peces muertos que la corriente se llevará a un fin vergonzoso. Así como los peces vivos nadan contra la corriente, también los cristianos vivos buscan la verdad de Cristo en contra de la corriente y lo establecido por las épocas, desafiando tanto la ignorancia como la cultura de las edades. Es el honor del creyente, la hidalguía de un cristiano, ser el amigo firme de la verdad cuando todos los otros hombres la han desechado.

A través de la Biblia en un año: Mateo 13–14

Obedecer y confiar

Que el Dios de la esperanza los llene de toda alegría y paz a ustedes que creen en él, para que rebosen de esperanza por el poder del Espíritu Santo.
ROMANOS 15:13

La lección valiosa es que confíes en él. Si todo el poder es de él, apóyate en él. No nos apoyamos en Cristo lo suficiente. Él nunca se hundirá bajo tu peso. Cristo llevó todas las cargas que los hombres tendrían que cargar y sin duda alguna también lleva las tuyas. Con cuánta frecuencia nos agotamos al caminar cuando debiéramos dejarnos llevar, quiero decir, cargamos nuestros problemas cuando pudiéramos llevarlos a Cristo. Nos agobiamos, gemimos y lloramos y nuestras dificultades no disminuyen, pero cuando las dejamos con aquel que cuida de nosotros y comenzamos a confiar, como un niño confía en su padre, ¡cuán alegres y fuertes en espíritu nos volvemos!

El cielo es el lugar de descanso para nosotros, no este mundo de tentación y pecado. No obstante, prepárate para sufrir o servir. Vigila y espera en la puerta del Maestro para cumplir con su orden. Nunca dejes que tu espíritu esté averiado para el servicio cristiano, ni los días de la semana y mucho menos en el día del Señor. Debemos vivir de tal manera que si nos llamaran a morir en cualquier momento, no necesitemos hacer una oración, sino que estemos listos para el cielo, listos para una vida de servicio o para una muerte de gloria. La verdadera manera de vivir un cristiano en este mundo es estar siempre como quisiera estar si Cristo viniera en ese momento y hay una manera para vivir ese estilo: sencillamente depender de la sangre y la justicia de Jesucristo y luego ir a servirle cada día, por amor a él, diciéndole: «Señor, muéstrame lo que quieres que haga».

A través de la Biblia en un año: Mateo 15-16

Cristo murió por los pecadores

Esta justicia de Dios llega, mediante la fe en Jesucristo, a todos los que creen. De hecho, no hay distinción, pues todos han pecado y están privados de la gloria de Dios.
ROMANOS 3:22-23

El apóstol dice aquí que «no hay distinción», no obstante, él no quiere decir que todos los hombres sean iguales en todos los aspectos. Existen muchas e importantes diferencias entre los hombres. Sería bastante impropio e injusto decir que no hay diferencias de carácter incluso entre los hombres no regenerados porque sin dudas existen muchas variedades y grados de pecadores. Existen algunos que, por así decirlo, se han vendido para hacer lo malo y hay otros que, al parecer, guardaron los mandamientos de Dios desde su juventud.

Entonces, existen diferencias de carácter entre los hombres y, sin dudas, hay diferencias de disposiciones que se muestran desde muy temprano. Algunos niños resultan tiernos y dóciles desde un principio, mientras que otros manifiestan una actitud apasionada y rebelde. Es muy probable que todos conozcamos amigos que todavía no se han convertido pero que son amables, afectuosos, considerados, bondadosos, tienen casi todo lo que pudiéramos desear excepto la única cosa necesaria. ¡Dios quiera que pronto también tengan eso! Qué pena, hay otros cuya actitud es lo contrario, parecen dispuestos a todo lo que es malo.

Hay un punto en el que no hay diferencias y es que «todos han pecado». Todos hemos perdido el derecho de reclamar justicia propia, todos debemos ser hechos justos mediante la atribución de la justicia de Cristo y todos los que tengan esa justicia deben creer en el Señor Jesucristo, porque hay un camino de salvación, y solo uno, y no importa cualquier otra diferencia que pudiera existir, en este aspecto no hay diferencia; si vamos a ser salvos, tenemos que ser salvos de esta única manera.

A través de la Biblia en un año: Mateo 17–18

Marchar en paz

Según tu palabra, Soberano Señor, ya puedes despedir a tu siervo en paz. Porque han visto mis ojos tu salvación.
LUCAS 2:29–30

La base de la esperanza de Simeón para una partida en paz era «según tu palabra» y con certeza ninguna Escritura es de interpretación privada ni está reservada para un creyente con exclusión del resto. Las promesas de Dios, que «son "sí" en Cristo», son seguras para toda la simiente, la promesa no se ha hecho para algunos de los hijos, sino que todos los nacidos de la gracia son herederos. Si Simeón, como un creyente en el Señor, tenía la promesa de que partiría en paz, yo también tengo una promesa similar si estoy en Cristo.

En la muerte, cada creyente debe partir con el mismo sentido que partió Simeón. La palabra que se utiliza aquí es sugerente y alentadora: podría aplicarse ya sea a escapar de confinamiento o a la liberación de los afanes. El hombre cristiano en el estado actual es como un pájaro en una jaula: su cuerpo encarcela su alma. Pero viene el día en que el gran Maestro abrirá la puerta de la jaula y liberará a sus prisioneros, que cantarán todo el tiempo en un éxtasis más allá de la imaginación. Simeón miraba la muerte como una manera de quedar en libertad, una liberación de una terrible detención, un escape de la cautividad, una liberación de la esclavitud. A nosotros se nos otorgará igual redención. Dios, quien nos encomendó que aspiráramos a la santidad y a la espiritualidad y a la semejanza a él, nunca puso esas aspiraciones en nosotros para burlarse. Su intención es gratificar esos deseos santos o de lo contrario no los hubiera incitado.

A través de la Biblia en un año: Mateo 19–20

Ciudadanos del cielo en la tierra

En cambio, nosotros somos ciudadanos del cielo.
FILIPENSES 3:20

¿Qué quiere decir que somos ciudadanos del cielo? Bueno, pues primero, que estamos bajo el gobierno del cielo. Cristo, el rey del cielo, reina en nuestros corazones; las leyes de la gloria son las leyes de nuestras conciencias; nuestra oración diaria es: «hágase tu voluntad en la tierra como en el cielo». Recibimos libremente las proclamaciones que se emiten desde el trono de gloria; obedecemos alegremente los decretos del Gran Rey. Para Cristo no estamos sin ley. El Espíritu de Dios gobierna en nuestros cuerpos mortales, la gracia reina por medio de la justicia y llevamos el yugo fácil de Jesús. Ay, que él se sienta en nuestros corazones como Rey, igual que Salomón en su trono de oro. Somos tuyos, Jesús, así como todo lo que tenemos; gobierna tú sin rival.

Que nuestras vidas sean conformadas a la gloria de nuestra ciudadanía. En el cielo son santos, así que nosotros debemos serlo si nuestra ciudadanía no es una mera pretensión. Allí son felices, así que nosotros debemos regocijarnos siempre en el Señor. En el cielo son obedientes, así debemos serlo nosotros, siguiendo la menor amonestación de la voluntad divina. En el cielo son activos, así debemos ser nosotros, alabando y sirviendo a Dios día y noche. En el cielo hay paz, así que nosotros debemos encontrar reposo en Cristo y estar en paz incluso ahora. En el cielo se regocijan al estar ante el rostro de Cristo; así debemos nosotros estar siempre meditando en él, estudiando su belleza y deseando examinar las verdades que él ha enseñado. En el cielo están llenos de amor, y nosotros debemos amarnos unos a otros como hermanos. En el cielo tienen una dulce comunión unos con otros; así nosotros, aunque somos muchos, somos un cuerpo, miembros los unos de los otros.

A través de la Biblia en un año: Mateo 21–22

Ser ricos para Dios

No acumulen para sí tesoros en la tierra, donde la polilla y el óxido destruyen, y donde los ladrones se meten a robar. Más bien, acumulen para sí tesoros en el cielo, donde ni la polilla ni el óxido carcomen, ni los ladrones se meten a robar. Porque donde esté tu tesoro, allí estará también tu corazón.

MATEO 6:19–21

Hombres cristianos, nunca deben codiciar la estima del mundo; el amor de este mundo no está en conformidad con el amor de Dios. «Si alguien ama al mundo, no tiene el amor del Padre» (1 Juan 2:15). Traten sus sonrisas como tratan sus amenazas, con silencioso desdén. Mejor estén dispuestos a sufrir burla que a tener aprobación, consideren la cruz de Cristo mayor riqueza que todos los tesoros de Egipto. Los hombres de este mundo fueron hechos para ponernos en sus puestos de honor, porque somos extranjeros y ciudadanos de otro país.

Además, como extranjeros, no nos corresponde acumular los tesoros de este mundo. Si somos extranjeros, los tesoros de este mundo son como pedazos de papel, de poco valor para nosotros; y debemos almacenar nuestros tesoro en el cielo, «donde ni la polilla ni el óxido carcomen, ni los ladrones se meten a robar» (Mateo 6:20). El dinero de este mundo no está vigente en el paraíso, y cuando lleguemos a su bienaventurada costa, si se pueden experimentar remordimientos, debemos desear haber acumulado más tesoros en la tierra de nuestra paternidad, en la querida patria más allá de los cielos. Transporta tus joyas a un país más seguro que este mundo; sé más bien rico para Dios que para los hombres.

A través de la Biblia en un año: Mateo 23–24

Violencia sagrada

La oración del justo es poderosa y eficaz.
SANTIAGO 5:16

Nunca desistas en tus oraciones. Ningún tiempo es malo para orar. El resplandor de la luz del día no debe tentarte a desistir y la oscuridad de la medianoche no debe hacerte interrumpir tu clamor. Yo sé que uno de los objetivos principales de Satanás es hacer que los cristianos dejen de orar, porque si él pudiera aunque fuera una vez levantar el arma de la oración, fácilmente nos vencería y nos tomaría como su presa. Pero mientras sigamos clamando al Altísimo, Satanás no puede devorar ni a la más débil de las ovejas del rebaño. La oración, la oración poderosa, prevalecerá si se le da el tiempo necesario.

Y aunque nunca desistas de confiar ni de orar, crece con más fervor en ambas. Deja que tu fe esté aun más dispuesta a renunciar a toda dependencia que no sea en Dios, y deja que tu clamor se vuelva más y más vehemente. La puerta de la misericordia no se abre con cualquier toque, el que prevalezca debe sujetar bien la aldaba y dejarla caer una y otra vez, y otra vez y otra vez. Como dice el viejo refrán puritano: «Las oraciones frías piden denegación, las oraciones que prevalecen son las oraciones calientes». Trae tus oraciones a la puerta del cielo como si fueran un antiguo ariete y ábrela a la fuerza con violencia sagrada porque «el reino de los cielos sufre violencia, y los violentos lo arrebatan» (RVR, 1960). El que vaya a prevalecer con Dios debe ocuparse de que toda su fuerza caiga sobre sus oraciones.

A través de la Biblia en un año: Mateo 25-26

En este mundo

Yo les he dicho estas cosas para que en mí hallen paz. En este mundo afrontarán aflicciones, pero ¡anímense! Yo he vencido al mundo.

JUAN 16:33

El creyente está en dos lugares y vive dos vidas. En el texto se habla de dos lugares: «en mí» y «en este mundo». La vida más noble de un santo está «escondida con Cristo en Dios»; esta es su nueva vida, su vida espiritual, su vida incorruptible, su vida eterna. Amado, regocíjate si estás en Cristo, y disfruta el privilegio que pertenece a esa condición: «en mí hallen paz». No estés satisfecho sin ella, es tu derecho por medio de tu relación con el Príncipe de Paz. Estás en Cristo y por eso tu vida siempre está a salvo y siempre debes estar tranquilo. Tus mayores intereses están todos seguros porque están garantizados por el pacto del cual Jesús es la garantía. Tu tesoro, tu porción eterna, está almacenada en él, en el cielo, donde ni el óxido ni los ladrones pueden entrar. Por lo tanto, anímate.

Estás lamentablemente consciente de que también tienes otra vida, moras en medio de hombres malos, o como dice el texto, estás «en este mundo». Aunque mores en el dulce aislamiento de la vida doméstica, aunque tu familia haya sido visitada con gracia y tus seres queridos sean todos creyentes, aun allí ocurren cosas que te hacen sentir que estás «en este mundo», un mundo de pecado y tristeza. Todavía no estás en el cielo, no sueñes con que lo estás. Sería una lástima que un marinero esperara que el mar fuera tan estable como la tierra, porque el mar siempre será el mar y el mundo será el mundo para ti mientras estés en él.

A través de la Biblia en un año: Mateo 27-28

Trabaja para él

Hermanos míos, ¿de qué le sirve a uno alegar que tiene fe, si no tiene obras?
SANTIAGO 2:14

Muy pocos de nosotros podemos soportar el dolor, quizá somos menos los que podemos soportar la tergiversación, la calumnia y la ingratitud. Quizá estos son avispones que pican como con fuego; hay hombres que se han vuelto locos debido a escándalos crueles provenientes de lenguas venenosas. Cristo, en la vida, soportó estos y otros sufrimientos. Amémoslo mientras pensamos cuánto él nos debe haber amado. ¿Tratarían de saturar sus almas con el amor de Cristo? Admiren el poder de su amor y luego oren para que puedan tener un amor de alguna manera similar a este en poder.

A veces nos preguntamos por qué la iglesia de Dios crece tan lentamente, pero yo no me lo pregunto cuando recuerdo cuán escasa consagración a Cristo hay en la iglesia de Dios. Jesús fue un «varón de dolores, hecho para el sufrimiento» (Isaías 53:3), pero muchos de sus discípulos, quienes profesan ser de él completamente, están viviendo para sí mismos. Hay hombres ricos que se llaman a sí mismos santos y se creen que lo son, cuyos tesoros están acumulados para sí mismos y sus familias. Quizá tú tengas que confesar que no estás hacienda nada, no dejes que este día termine sin que hayas comenzado a hacer algo para tu Señor. Estamos hablando de que la iglesia haga esto o aquello, ¿qué es la iglesia? La iglesia es solo un conglomerado de personas, y si se va hacer algún bien, deben realizarlo las personas, y si todas las personas son holgazanas, no hay trabajo hecho por la iglesia. Puede que exista la apariencia de este, pero en realidad no se hace ningún trabajo. Hermano, hermana, ¿qué estás haciendo para Jesús? Te encargo, por las marcas de los clavos en sus manos, ¡que trabajes para él!

A través de la Biblia en un año: Génesis 1-4

Dios es soberano

El Señor le respondió a Job desde la tempestad. Le dijo: «¿Quién es éste, que oscurece mi consejo con palabras carentes de sentido? Prepárate a hacerme frente; yo te cuestionaré, y tú me responderás. ¿Dónde estabas cuando puse las bases de la tierra? ¡Dímelo, si de veras sabes tanto!»

JOB 38:1-4

El Dios de las Escrituras es un Dios soberano; es decir, es un Dios que tiene autoridad y poder absolutos para hacer exactamente lo que le plazca. Por encima de Dios no hay ley, sobre su brazo no hay necesidad, él no conoce otra regla que no sea su propia voluntad libre y poderosa. Y aunque él no puede ser injusto y no puede hacer nada que no sea bueno, no obstante, su naturaleza es absolutamente libre, para bien es la libertad de la naturaleza de Dios. La voluntad del hombre no puede controlar a Dios, ni tampoco los deseos del hombre, ni el destino en el que creen los supersticiosos; él es Dios, hace lo que quiera en los ejércitos del cielo y en este mundo inferior.

Él también es un Dios, quien no da cuenta de sus asuntos; hace a sus criaturas como quiere hacerlas y hace con ellas como le parece. Y si alguna de estas se resiente por sus actos, él les dice: «¿Quién eres tú para pedirle cuentas a Dios? ¿Acaso le dirá la olla de barro al que la modeló: "¿Por qué me hiciste así?" ¿No tiene derecho el alfarero de hacer del mismo barro unas vasijas para usos especiales y otras para fines ordinarios?"» (Romanos 9:20-21). Dios es bueno; pero Dios es soberano, absoluto, no hay nada que lo pueda controlar. La monarquía de este mundo no es una monarquía constitucional ni limitada, no es tiránica sino que está absolutamente en las manos de un Dios que es toda sabiduría.

A través de la Biblia en un año: Génesis 5–8

Que el nombre de Cristo permanezca

Pues aún son inmaduros. Mientras haya entre ustedes celos y contiendas, ¿no serán inmaduros? ¿Acaso no se estarán comportando según criterios meramente humanos? Cuando uno afirma: "Yo sigo a Pablo", y otro: "Yo sigo a Apolos", ¿no es porque están actuando con criterios humanos? Después de todo, ¿qué es Apolos? ¿Y qué es Pablo? Nada más que servidores por medio de los cuales ustedes llegaron a creer, según lo que el Señor le asignó a cada uno. Yo sembré, Apolos regó, pero Dios ha dado el crecimiento.

1 CORINTIOS 3:3-6

¿Quieres que le pongan tu nombre a todo lo que haces? Procura que Dios no te permita satisfacer tu deseo y luego te diga: «Ahí tienes, has hecho eso para ti, así que puedes premiarte a ti mismo por eso». Siempre que puedas, mantén tu nombre fuera de todo el trabajo que haces para el Señor. Yo solía ver que en París no había un puente o edificio público que no tuviera la letra N en algún lugar. Ahora, ve por toda la ciudad y encuentra una N si puedes. Napoleón esperaba que su fama viviera en un mármol imperecedero, pero al fin y al cabo escribió su nombre en la arena; y si alguno de nosotros piensa, en nuestro ministerio, que el asunto importante es que nuestro nombre sea prominente, vamos por el camino equivocado. Cuando a George Whitefield se le pidió que comenzara un nuevo grupo religioso, él dijo: «No condeno a mi hermano Wesley por lo que ha hecho, pero no puedo hacer lo mismo; que mi nombre perezca, pero que el nombre de Cristo perdure para siempre y siempre».

A través de la Biblia en un año: Génesis 9–12

Obediencia en las cosas pequeñas

Su señor le respondió: «¡Hiciste bien, siervo bueno y fiel! En lo poco has sido fiel; te pondré a cargo de mucho más. ¡Ven a compartir la felicidad de tu señor!»

MATEO 25:21

A menudo las mejores pruebas de la verdad de nuestra religión son las cosas pequeñas por Cristo. La obediencia en las cosas pequeñas tiene mucho que ver con el carácter de un sirviente. Uno emplea a un sirviente en la casa y sabe muy bien si será un sirviente malo o bueno, si las actividades principales del día están bien atendidas: las comidas cocinadas, las camas listas, la casa barrida, si atiende la puerta; pero la diferencia entre un sirviente que hace al hogar feliz y otro que es una plaga yace en varios asuntos pequeños los cuales, por ventura, no podrías anotar en un papel pero constituyen una gran comodidad o incomodidad doméstica y, por lo tanto, determinan el valor de un siervo. Así creo yo que sucede en la vida cristiana. Me imagino que la mayoría de nosotros nunca omitiría los asuntos más críticos de la ley; como hombres cristianos intentamos mantener integridad y rectitud en nuestras acciones, y tratamos de ordenar nuestras familias en el temor de Dios en cuanto a los asuntos grandes. Pero el espíritu de obediencia se manifiesta más al buscar al Señor en los detalles pequeños, se ve al mantener nuestros ojos en el Señor. El espíritu verdaderamente obediente desea conocer la voluntad del Señor acerca de todo y de haber algún punto que al mundo le pareciera trivial, esa es la razón misma por la cual el espíritu obediente dice: «Cuidaré de este para demostrar a mi Señor que incluso en las minucias yo deseo someter mi alma a su agrado».

A través de la Biblia en un año: Génesis 13–16

Persevera hasta la madurez

Hermanos míos, considérense muy dichosos cuando tengan que enfrentarse con diversas pruebas, pues ya saben que la prueba de su fe produce constancia. Y la constancia debe llevar a feliz término la obra, para que sean perfectos e íntegros, sin que les falte nada.
SANTIAGO 1:2-4

A veces, si la misericordia llegara a un creyente inmediatamente después de que la pidiera, sería demasiado pronto, pero Dios mide el tiempo para que llegue solo en el momento más adecuado y mejor. Quizá todavía no estés listo para la bendición. Has pedido carne fuerte pero todavía eres un bebé y, por lo tanto, debes estar contento con la leche durante un tiempo más. Has pedido las pruebas, privilegios y trabajos de un hombre pero todavía eres solo un niño que está creciendo para convertirse en un hombre, y tu buen Padre te dará lo que pides pero te lo dará de manera que no sea una carga para ti sino un beneficio. Si viniera ahora, tal vez implicaría responsabilidades que no podrías abarcar, pero al venir poco a poco, estarás preparado para esta.

No dudo que también existan razones en nuestro futuro de por qué nuestras oraciones no son contestadas. Las demoras en la oración podrían resultar en una especie de escuela de entrenamiento para nosotros. Mira por ejemplo el caso del apóstol. La «espina en la carne» era muy dolorosa y aunque él era un apóstol escogido, no tenía respuesta. Tres veces clamó pero la «espina en la carne» no se quitó. Y fue bueno que así sucediera porque Pablo necesitaba que se le enseñara ternura para que pudiera escribir esas epístolas amorosas y, por lo tanto, recibió una respuesta de otra clase: «Te basta con mi gracia».

A través de la Biblia en un año: Génesis 17–20

El Dios de las Escrituras

No se engañen: de Dios nadie se burla. Cada uno cosecha lo que siembra. El que siembra para agradar a su naturaleza pecaminosa, de esa misma naturaleza cosechará destrucción; el que siembra para agradar al Espíritu, del Espíritu cosechará vida eterna.
GÁLATAS 6:7-8

Y ahora declaramos que el Dios de las santas Escrituras es un Dios de justicia inflexible, no es el Dios al que algunos de ustedes adoran. Ustedes adoran a un dios que pestañea ante los grandes pecados, ustedes creen en un dios que llama a sus delitos pecadillos y pequeñas faltas. Algunos de ustedes adoran a un dios que no castiga el pecado sino que es tan débilmente misericordioso y tan despiadadamente débil que deja pasar las transgresiones y la iniquidad y nunca ejerce castigo. Ustedes creen en un dios que, si un hombre peca, no pide castigo por su delito. Piensan que unas pocas buenas obras de su parte lo apaciguarán, que es tan débil como gobernante que unas pocas palabras bien dichas delante de él, en oración, tendrán el mérito suficiente como para revocar la sentencia, si es que ustedes creen que de alguna manera él establece una sentencia. Su dios no es Dios, es un dios tan falso como el dios de los griegos o el de la antigua Nínive. El Dios de las Escrituras es rigurosamente severo en la justicia y de ninguna manera exonerará al culpable. «Jehová es tardo para la ira y grande en poder, y no tendrá por inocente al culpable» (Nahúm 1:3, RVR 1960). El Dios de las Escrituras es un gobernante que, cuando sus súbditos se rebelan, señala su crimen y nunca los perdona hasta haberlos castigado, ya sea a ellos mismos o a un sustituto.

A través de la Biblia en un año: Génesis 21–24

Ámense los unos a los otros

Queridos hermanos, ya que Dios nos ha amado así, también nosotros debemos amarnos los unos a los otros. Nadie ha visto jamás a Dios, pero si nos amamos los unos a los otros, Dios permanece entre nosotros, y entre nosotros su amor se ha manifestado plenamente.

1 JUAN 4:11-12

Cristiano, por el amor que Dios te ha manifestado, estás obligado a amar a tus compañeros cristianos. Debes amarlos aunque tengan muchas debilidades. Tú también tienes algunas y si no puedes amar a alguien porque tiene un temperamento brusco, quizá esa persona responda que no te puede amar porque tú tienes un espíritu lánguido. Jesús te amó con todas tus debilidades, así que ama a tus hermanos débiles. Me dices que no puedes amar porque tal hermano te ha ofendido ¡pero tú también ofendiste a Cristo! ¿Qué? ¿Acaso debe Cristo perdonar tus miles de ofensas aunque tú no perdones a tu hermano? Al fin y al cabo, ¿qué pasó? «Bueno, no me trató con respeto». Ah, es eso, ¡un pobre gusano quiere que lo traten con respeto! «Pero me habló en tono desdeñoso y hay una hermana aquí, será una mujer cristiana pero dijo algo muy cruel sobre mí». Bueno, sí, ¿y qué importa? Cuando las personas han hablado mal de mí y han sido muy, muy falsos al hacerlo, yo he pensado a menudo que quizá de haberme conocido mejor, hubieran encontrado algo verdadero que decir, y por tanto yo debo ser como a veces decimos de un muchacho al que le han dado sin que lo merezca: «sí se lo merecía, si no ahora, alguna que otra vez, por alguna otra cosa». En lugar de enojarte, sonríe ante la ofensa. ¿Quiénes somos para esperar que todo el mundo nos honre cuando nadie honró a nuestro Señor? Estemos listos de una vez para perdonar hasta setenta veces siete.

A través de la Biblia en un año Génesis 25-28

¿Cómo pueden trabajar los muertos?

En otro tiempo ustedes estaban muertos en sus transgresiones y pecados.
EFESIOS 2:1

La vida espiritual no es el resultado del trabajo, ¿cómo pueden los muertos trabajar para la vida? ¿No se deben despertar primero y luego, no trabajarían más bien de la vida que para la vida? La vida es un don y otorgársela a cualquier hombre debe ser un acto de Dios. El evangelio predica la vida que Jesucristo nos da. Pecador, ¡mira a dónde tienes que buscar! Dependes por completo de la voz que vivifica, de aquel que es la resurrección y la vida. «Esto», diría alguno, «es muy desalentador para nosotros». Así se espera que sea. Es bueno desanimar a los hombres cuando están actuando de acuerdo a principios equivocados. Siempre y cuando pienses que tu salvación puede afectarse por tus propios esfuerzos, méritos o cualquier otra cosa que pueda salir de ti mismo, vas por el camino equivocado y es nuestro deber desanimarte. Recuerda que la declaración de Dios es «que todo el que cree en él no se pierda, sino que tenga vida eterna». Si, por lo tanto, se te permite venir y entregarte a la sangre y a la justicia de Jesucristo, inmediatamente tienes la vida eterna que nunca te podrían brindar todas tus oraciones, lágrimas, arrepentimiento, asistencia a la iglesia, asistencia a la capilla y sacramentos. Jesús te la puede dar libremente en este momento, pero tú no puedes producirla por ti mismo.

Puedes imitarla y engañarte a ti mismo, puede que adornes el cadáver y hagas parecer que estuvieras vivo y puedes galvanizarlo en un movimiento irregular, pero la vida es un fuego divino y tú mismo no puedes aquietar la llama o encenderla; solo a Dios le corresponde avivar y por tanto, te insto a que solo busques a Dios en Jesucristo.

A través de la Biblia en un año: Génesis 29–32

Ten cuidado con el pecado

Porque la paga del pecado es muerte, mientras que la dádiva de Dios es vida eterna en Cristo Jesús, nuestro Señor.

ROMANOS 6:23

Ahora bien, esta tendencia es la misma en cualquier caso: «la paga del pecado es muerte» en cualquier lugar y para todo el mundo. Es así no solo donde puedes verlo operando en el cuerpo sino también donde no puedes verlo. Tal vez te sorprendas cuando te diga que la paga del pecado es muerte incluso en el hombre que tiene vida eterna. El pecado tiene el mismo carácter mortífero en uno y en otro, y solo se existe un antídoto. Tú, mi hermano cristiano, no puedes caer en el pecado sin que este te resulte venenoso, al igual que le sucede a todos los demás, de hecho, para ti es más venenoso que para los que ya están endurecidos por este. Si pecas, esto destruye tu gozo, tu poder en la oración, tu confianza en Dios. Si has pasado noches de frivolidad con personas mundanas, has sentido la influencia mortífera de su compañía. ¿Y qué de tus oraciones por las noches? No puedes acercarte a Dios. La operación del pecado sobre tu espíritu es más que dañina a tu comunión con Dios. Eres como un hombre que ha tomado una droga nociva cuyo humo está aturdiendo el cerebro y adormeciendo el corazón. Si tú, siendo un hijo de Dios, caes en cualquiera de los pecados que tan fácilmente te asedian, estoy seguro que nunca verás que esos pecados despiertan tu gracia ni aumentan tu fe, por el contrario, te harán más y más daño y así será continuamente.

A través de la Biblia en un año: Génesis 33–36

Vivir más allá de nosotros mismos

Por lo tanto, siempre que tengamos la oportunidad, hagamos bien a todos, y en especial a los de la familia de la fe.

GÁLATAS 6:10

Al convertirnos en hacedores del bien, se nos conoce como hijos del buen Dios. «Dichosos los que trabajan por la paz, porque serán llamados hijos de Dios» (Mateo 5:9). Un hombre es hijo de Dios cuando vive más allá de sí mismo interesándose siempre en los demás, cuando su alma no está confinada al círculo estrecho de sus propias narices, sino que anda bendiciendo a los que le rodean sin importar cuán indignos sean. Los verdaderos hijos de Dios nunca ven a una persona perdida sin intentar salvarla, nunca oyen de un sufrimiento sin anhelar impartir consuelo. «No opriman al extranjero, pues ya lo han experimentado en carne propia», le dijo el Señor a Israel (Éxodo 23:9); y lo mismo pasa con nosotros, que una vez fuimos cautivos e incluso ahora nuestro Amigo más selecto sigue siendo un Extranjero por amor a quien amamos a todos los hombres que sufren. Cuando Cristo está en nosotros, buscamos oportunidades de llevar a pródigos, a extranjeros y marginados a la casa del gran Padre. Nuestro amor se extiende a toda la humanidad y nuestra mano no se cierra para nadie: si es así, somos como Dios, al igual que los niños pequeños son como su padre. ¡Qué dulce resultado da aceptar al Hijo de Dios como nuestro Salvador mediante la fe! Él mora en nosotros y nosotros lo contemplamos en santa comunión de manera que «todos nosotros, que con el rostro descubierto reflejamos como en un espejo la gloria del Señor, somos transformados a su semejanza con más y más gloria por la acción del Señor, que es el Espíritu» (2 Corintios 3:18).

A través de la Biblia en un año: Génesis 37–40

El Dios de la compasión

Jesús lloró.
JUAN 11:35

Debemos llorar, porque Jesús lloró. Jesús lloró por otros. No sé si alguna vez él lloró por sí mismo. Sus lágrimas fueron compasivas. Él personificó el mandamiento: «Lloren con los que lloran» (Romanos 12:15). El que puede guardarlo todo dentro del radio de su propio ser, tiene un alma estrecha. Un alma verdadera, un alma cristiana, vive en las almas y cuerpos de otros hombre así como en la suya propia. Un alma perfectamente cristiana considera que el mundo entero es demasiado estrecho para su morada, porque esta vive y ama, vive amando y ama porque vive.

Un mar de lágrimas delante del Dios tres veces santo hará mucho más que las enormes listas de peticiones a nuestros senadores. «Jesús lloró» y sus lágrimas fueron armas poderosas contra el pecado y la muerte. Por favor, observa que no dice que Jesús vociferó sino que «Jesús lloró». Le harás más bien a quienes te ofenden, más bien a ti mismo y más bien a las mejores causas si la compasión lo humedece todo.

Por último, si has llorado, imita a tu Salvador y ¡haz algo! Si el capítulo que tenemos delante concluyera con «Jesús lloró», sería un capítulo pobre. Imagínate que leyéramos que después de ellos haber ido a la tumba: «Jesús lloró y siguió con sus tareas diarias». Yo habría sentido muy poco consuelo en el pasaje. De no haber nada más que lágrimas, habría sido una gran disminución de la actitud acostumbrada de nuestro bendito Señor. ¡Lágrimas! ¿Qué son por sí solas? Agua salada. Una taza de estas le sirve de muy poco a alguien. Pero amados, «Jesús lloró» y luego ordenó: «Quiten la piedra». Él gritó: «¡Lázaro, sal fuera!»

A través de la Biblia en un año: Génesis 41–44

Nunca te rindas

¿Acaso Dios no hará justicia a sus escogidos, que claman a él día y noche? ¿Se tardará mucho en responderles?
LUCAS 18:7

Mientras haya un espacio para la oración y una promesa de respuesta, el creyente no debe dar lugar al desánimo. «Ve otra vez», le dijo Elías a su siervo siete veces. Debe haber sido agotador para el profeta tener que esperar tanto. Él no se paró una sola vez y oró a Dios como en el Carmelo y luego bajó el fuego de inmediato para continuar el sacrificio; sino una y otra vez, y poniéndose en una postura más humilde, con la cara entre sus rodillas, él le ruega al Señor, no por fuego, que era algo inusual, sino por agua, que es el regalo común de los cielos. Y, no obstante, aunque él implora lo que el mismo Señor había prometido, no vino de una vez. Y cuando su siervo regresó, cuatro, cinco y seis veces, la respuesta era la misma, no había señal de lluvia sino que los cielos bronceados miraban a una tierra que estaba tan seca como un horno. «¡Vuelve otra vez!», dijo el profeta y a la séptima vez, ¡mira! Apareció una nube tan pequeña como una mano y esta nube fue la precursora de una tormenta y de una inundación. Cristiano, ve de nuevo siete veces. Incluso más, me aventuro a decir setenta veces siete, porque Dios debe mantener su promesa. El cielo y la tierra pasarán pero ni una jota de la palabra de Jehová puede fallar. «La hierba se seca y la flor se marchita, pero la palabra de nuestro Dios permanece para siempre» (Isaías 40:8). ¿Suplicas tú esa Palabra duradera? No dejes que los pensamientos tenebrosos te lleven al desánimo. Sigue confiando, sigue orando, aumenta tu fervor con la esperanza de que la bendición está por venir.

A través de la Biblia en un año: Génesis 45–47

El poder de la iglesia

El Hijo es el resplandor de la gloria de Dios, la fiel imagen de lo que él es, y el que sostiene todas las cosas con su palabra poderosa.

HEBREOS 1:3

El verdadero poder de la iglesia descansa en Cristo personalmente. Puede que tengas todas las estrellas que hacen brillar la Vía Láctea con todo su brillo combinado, pero no tienen poder para acabar con el mal ni conquistar el pecado. Las estrellas de la iglesia brillan porque Dios las hace brillar. Su brillo no es propio, es una luz prestada mediante la cual son radiantes. Pero el poder que vence al mal, que cura al corazón endurecido, que penetra la conciencia y que mata al pecado reinante, es solo del Señor. «de su boca salía una aguda espada de dos filos» (Apocalipsis 1:16). Por lo tanto, no te glories en el hombre porque su poder le pertenece a Dios.

El poder descansa en la palabra de Cristo: «de su boca salía una aguda espada de dos filos». «El que reciba mi palabra, que la proclame con fidelidad … afirma el Señor» (Jeremías 23:28). El verdadero evangelio perturba e inquieta a las personas: ante el evangelio falso pueden morir para destrucción. Saca la espada, está hecha para herir, déjala ejercer su filo saludable. El evangelio tiene dos filos para que nadie juegue con él. Cuando alguien piense en pasar sus dedos por el reverso de este, se cortará hasta el hueso. Ya sea que estimemos sus amenazas o sus promesas, este corta el pecado. Sepamos por lo tanto que el poder de la iglesia no descansa en ningún otro lugar que en la misma Palabra mientras el propio Jesús la expresa. Sigamos, pues, su palabra pura, no adulterada, afilada y oremos a él para que la envíe con poder de su boca a los corazones y conciencias de los hombres.

A través de la Biblia en un año: Génesis 48–50

Batallas en la guerra de la vida

Sabemos, en efecto, que la ley es espiritual. Pero yo soy meramente humano, y estoy vendido como esclavo al pecado. No entiendo lo que me pasa, pues no hago lo que quiero, sino lo que aborrezco.

ROMANOS 7:14-15

Lo que hice fue mirar a Cristo en la pequeña capilla y recibí vida eterna. Miré a Jesús, él me miró y fuimos uno para siempre. En ese momento mi alegría sobrepasó todos los límites, así como antes la pena me llevó a un extremo de dolor. Yo descansaba perfectamente en Cristo, estaba satisfecho con él y mi corazón estaba contento; pero no supe que su gracia era vida eterna hasta que comencé a leer las Escrituras y a conocer más completamente el valor de la joya que Dios me había dado. Al domingo siguiente fui a la misma capilla y era muy natural que lo hiciera. Pero después de eso nunca regresé, por esta razón: durante mi primera semana la nueva vida que estaba en mí se vio obligada a luchar por su existencia y yo, con todo vigor, seguía librando un conflicto con la vieja naturaleza. Yo sabía que esto era una señal especial de la morada de la gracia en mi alma. Pero en esa misma capilla escuché un sermón: «¡Soy un pobre miserable! ¿Quién me librará de este cuerpo mortal?» (Romanos 7:24), y el predicador declaró que Pablo no era cristiano cuando tuvo esa experiencia. Yo, que era un bebé, tenía el conocimiento suficiente como para no creer una afirmación tan absurda. Este conflicto es una de las evidencias más seguras de mi nuevo nacimiento; la lucha se vuelve más y más intensa. Cada victoria sobre el pecado rebela otro ejército de tendencias malignas y nunca soy capaz de enfundar mi espada ni de cesar en mi oración y mi vigilancia.

A través de la Biblia en un año: Marcos 1-2

Después de ser llamados

Al pasar vio a Leví, hijo de Alfeo, sentado a la mesa donde cobraba impuestos. –Sígueme –le dijo Jesús. Y Leví se levantó y lo siguió. Sucedió que, estando Jesús a la mesa en casa de Leví, muchos recaudadores de impuestos y pecadores se sentaron con él y sus discípulos, pues ya eran muchos los que lo seguían.

MARCOS 2:14-15

No había pasado mucho tiempo desde que Mateo fuera llamado y llevado a seguir al Señor Jesús cuando se dijo a sí mismo: «¿Qué puedo hacer ahora por mi nuevo Amo?» Leví hizo una gran fiesta en su casa y le dijo al Señor Jesús: «Tú me has invitado a seguirte y estoy tratando de hacerlo, y una manera de seguirte es dar una gran fiesta en mi casa esta noche y traer a mis antiguos compañeros. ¿Vendrás? Y luego, cuando estén todos felices alrededor de mi mesa, ¿harás por ellos lo que has hecho por mí?»

Ahora bien, ¿ha sucedido así contigo, mi querido amigo? ¿Has llevado a otros a Jesús? ¿Has llevado a tus hijos a Jesús? ¿Fueron tus oraciones el medio para que tu cónyuge se entregara a Jesús? ¿Fueron tus súplicas el medio para que tus hermanos se entregaran a Jesús? Si no, has fallado en cumplir aquello que debiera ser la obra de tu vida. Pídele al Señor que ahora te ayude a comenzar esta obra con alguna persona de tu propio círculo con quien sea más probable que hables con la mayor influencia y poder. Deja que cada hombre, según su llamamiento, sienta: «Aquel que me invitó a seguirlo me ha invitado para que otros, por mediación mía, sean también llevados a seguirle a él».

A través de la Biblia en un año: Marcos 3–4

No te burles del libro

No piensen que he venido a anular la ley o los profetas; no he venido a anularlos sino a darles cumplimiento. Les aseguro que mientras existan el cielo y la tierra, ni una letra ni una tilde de la ley desaparecerán hasta que todo se haya cumplido.
MATEO 5:17-18

Déjame llamar tu atención al hecho de que cuando Jesús resucitó, era tan sensible a las Escrituras como lo fue antes de su muerte. Él les dijo que «tenía que cumplirse todo lo que está escrito acerca de mí en la ley de Moisés, en los profetas y en los salmos. Entonces les abrió el entendimiento para que comprendieran las Escrituras. —Esto es lo que está escrito —les explicó—: que el Cristo padecerá y resucitará al tercer día» (Lucas 24:44-46). Busca a Jesús donde puedas, él es el antagonista de aquellos que disminuirían la autoridad de las Santas Escrituras. «Está escrito» es su arma contra Satanás, su argumento contra los hombres malvados. En este momento los cultos se burlan del Libro y acusan de bibliolatría a aquellos de nosotros que reverenciamos la divina Palabra, pero en esto ellos no obtienen ayuda de la enseñanza ni del ejemplo de Jesús. De los labios de Jesucristo nunca salió ninguna palabra derogatoria sobre las Escrituras; sino que él eternamente manifestó la consideración más reverente por cada punto y coma de este volumen inspirado. Ya que nuestro Salvador, no solo antes de su muerte sino después de esta, se ocupó de recomendarnos las Escrituras, evitemos con todo nuestro corazón todas las enseñanzas en las cuales el Espíritu Santo quede en un segundo plano.

A través de la Biblia en un año: Marcos 5-6

Ejercitados y entrenados para la guerra

Por último, fortalézcanse con el gran poder del Señor. Pónganse toda la armadura de Dios para que puedan hacer frente a las artimañas del diablo. Porque nuestra lucha no es contra seres humanos, sino contra poderes, contra autoridades, contra potestades que dominan este mundo de tinieblas, contra fuerzas espirituales malignas en las regiones celestiales.

EFESIOS 6:10-12

Debemos considerar la iglesia cristiana no como una hostería lujosa en la cual los caballeros cristianos moran a sus anchas en su propio hostal sino como barracas en las que los soldados se reúnen para ejercitarse y prepararse para la guerra. Debemos considerar la iglesia cristiana no como una asociación para la admiración y el consuelo mutuos sino como un ejército con banderas que marcha a pelear para lograr victorias para Cristo, a invadir las fortalezas de los enemigos y para añadir provincia tras provincia al reino del Redentor.

Puede que veamos a las personas convertidas cuando se reúnen con los miembros de la iglesia como el trigo en el granero. Gracias a Dios que está ahí y que hasta el momento la cosecha ha recompensado al sembrador; pero todavía más inspirador para el alma es cuando consideramos que cada uno de esos creyentes pudiera ser un centro vivo para la extensión del reino de Jesús, porque entonces los veremos sembrando los valles fértiles de nuestra tierra y prometiendo desde antes traer treinta, otros cuarenta, otros cincuenta y algunos hasta cien. Las capacidades de la vida son enormes, uno se convierte en mil en un espacio maravillosamente corto. En poco tiempo unos pocos granos de trigo serán suficientes para sembrar el mundo entero y unos pocos santos verdaderos pudieran ser suficientes para la conversión de todas las naciones.

A través de la Biblia en un año: Marcos 7-8

Solo se requiere un pago

Él fue traspasado por nuestras rebeliones, y molido por nuestras iniquidades; sobre él recayó el castigo, precio de nuestra paz, y gracias a sus heridas fuimos sanados. Todos andábamos perdidos, como ovejas; cada uno seguía su propio camino, pero el Señor hizo recaer sobre él la iniquidad de todos nosotros.

ISAÍAS 53:5-6

Este es tu consuelo: que no te puedes morir. ¿Cómo puedes perecer si Jesús ocupó tu lugar? Si Cristo pagó tu deuda de antaño, ¿se te puede exigir otra vez? Una vez pagada, está cancelada por completo, gustosamente hemos aceptado el recibo y ahora podemos clamar con el apóstol: «¿Quién acusará a los que Dios ha escogido? Dios es el que justifica. ¿Quién condenará? Cristo Jesús es el que murió, e incluso resucitó, y está a la derecha de Dios e intercede por nosotros» (Romanos 8:33-34). Aquí yace el sostén principal de la confianza de todo creyente. Saber que Cristo murió por cada creyente que ha puesto su confianza en su bendita mediación. Si Jesús murió por mí, entonces no me pueden condenar por los pecados que él expió. Dios no puede castigar dos veces por una misma ofensa. Él no puede exigir dos pagos por una deuda.

A través de la Biblia en un año: Marcos 9–10

Instruido por la aflicción

Ahora me alegro en medio de mis sufrimientos por ustedes, y voy completando en mí mismo lo que falta de las aflicciones de Cristo, en favor de su cuerpo, que es la iglesia.
COLOSENSES 1:24

A menudo la aflicción nos revela verdades y nos abre a la verdad. No sé cuál de las dos es más difícil. La experiencia descubre verdades que de otra manera estaban cerradas para nosotros. El comentarista nunca deja claro muchos de los pasajes de las Escrituras sino que deben explicarse mediante la experiencia. Muchos textos se escriben con una tinta secreta que debe acercarse al fuego de la adversidad para hacerse visible. Yo he oído decir que de día las estrellas pueden verse desde un pozo aunque parados en la tierra firme no haya ninguna visible en el cielo y estoy seguro de que cuando estés en las profundidades de los problema, podrás discernir muchas verdades que como las estrellas no verías en ningún otro lugar. Además, yo dije que nos abre a la verdad así como que nos revela la verdad. Somos superficiales en nuestras creencias: a menudo estamos empapados con la verdad y, no obstante, esta se nos resbala al igual que el agua corre por encima de una losa de mármol. Sin embargo, la aflicción, por así decirlo, nos labra y nos penetra y abre nuestros corazones de manera que la verdad impregne nuestra naturaleza más profunda y la empape como la lluvia a la tierra labrada. Bendito el hombre que recibe la verdad de Dios en su interior, nunca la perderá sino que será la vida de su espíritu. La aflicción, cuando la santifica el Espíritu Santo, hace que los cristianos glorifiquen mucha a Dios mediante su experiencia de la fidelidad del Señor para con ellos.

A través de la Biblia en un año: Marcos 11-12

El huerto del creyente

¿A qué se parece el reino de Dios? —continuó Jesús—. ¿Con qué voy a compararlo? Se parece a un grano de mostaza que un hombre sembró en su huerto. Creció hasta convertirse en un árbol, y las aves anidaron en sus ramas.

LUCAS 13:18-19

Algunos cristianos no tienen huerto, ninguna esfera de servicio personal. Pertenecen al clan de los cristianos y anhelan ver que todo el grupo salga y cultive al mundo pero no se involucran de manera personal. Es encantador entrar en calor con los discursos misioneros y sentir fervor por la salvación de todas las naciones, pero después de todo, el resultado neto de un ímpetu teórico general por el mundo entero, no equivale a mucho.

El deber de todo creyente en Cristo es tener un huerto que embellecer y labrar, al igual que lo fue para Adán, el primer hombre. En las Escuelas Dominicales hay millones de niños: ¡gracias a Dios por eso! Pero, ¿tienes una clase para ti? ¡Toda la iglesia tiene que entrar en acción por Cristo! ¡Una teoría gloriosa! ¿Estás tú ocupado por tu Señor? Será un momento maravilloso cuando cada creyente tenga su porción y la esté sembrando con la semilla de la verdad. El lugar desierto y solitario florecerá como la rosa cuando cada cristiano cultive su propia parcela de rosas. Enseña a tus hijos, habla a tus vecinos, busca la conversión de aquellos a quienes Dios te ha encargado de manera especial.

A través de la Biblia en un año: Marcos 13–14

Aprende y luego ve

Ya el segador recibe su salario y recoge el fruto para vida eterna. Ahora tanto el sembrador como el segador se alegran juntos.

JUAN 4:36

Él salió de su soledad y comenzó a sembrar. Eso es lo que quiero decir. Al principio, un cristiano muy sabiamente vive bajo techo. Ahí dentro se necesita mucha limpieza y fregado. Cuando las abejas salen de sus células, se pasan los primeros días de su vida en la colmena limpiando y dejando todo en orden. No salen a buscar miel hasta primero haber terminado con todo el trabajo de casa. Quisiera que todos los cristianos hicieran sus tareas domésticas tan pronto como fuera posible. Quiero decir, relacionarse con asuntos experimentales como el pecado que mora en uno y la gracia vencedora. Pero después de eso, el sembrador salió a sembrar. Él no estaba contento con su experiencia privada pero salió a sembrar. Hay muchas personas que se sienten miserables porque siempre están en casa. Sal, hermano; sal, hermana. Aunque tu experiencia es importante, solo tiene importancia como plataforma para una utilidad verdadera. Arréglalo todo adentro para que puedas trabajar afuera.

A través de la Biblia en un año: Marcos 15–16

Telarañas barridas

Es más, todo lo considero pérdida por razón del incomparable valor de conocer a Cristo Jesús, mi Señor. Por él lo he perdido todo, y lo tengo por estiércol, a fin de ganar a Cristo y encontrarme unido a él. No quiero mi propia justicia que procede de la ley, sino la que se obtiene mediante la fe en Cristo, la justicia que procede de Dios, basada en la fe.
FILIPENSES 3:8-9

Hay una autojusticia ahí arriba en tu frente, como una corona, tendrás que quitarla. Estás cubierto con las hermosas vestimentas de tus buenas obras, quítalas, hermano. Ninguna tiene mérito ante los ojos de Dios hasta que hayas confiado en su Hijo. Todo lo que has hecho y todo lo que piensas son solo como telarañas que hay que barrer. Ahí está la puerta por la cual deben entrar los más arruinados y tú debes pasar por la misma puerta. No existe un camino privado para los caballeros como tú; no hay camino real al cielo, excepto ese único camino real que está abierto para el principal de los pecadores. ¡Abajo, señor Orgullo! He aquí un hombre que nació de padres cristianos y quizá ha prestado atención a la lógica mentirosa de la era actual que dice: «Los hijos nacidos de padres cristianos no necesitan la conversión; hay algo bueno en ellos por naturaleza». Yo les digo, señores, que empiezo a temblar al pensar en los hijos de padres piadosos porque creo que son los que más posibilidades tienen de ser engañados; a menudo se hacen ilusiones de que están convertidos, cuando no lo están y los admiten en las iglesias cuando todavía no son convertidos. En lugar de alardear de sus piadosos antepasados, por muy alto que sea el privilegio que esto represente, deben recordar que la regeneración no es por sangre ni de nacimiento, ni por la voluntad del hombre, sino de Dios. Para ellos, así como para todos los demás, se aplican las palabras de Cristo: «Debes nacer de nuevo».

A través de la Biblia en un año: Éxodo 1–4

El manto de amor de Dios

Sepan que el Señor honra al que le es fiel; el Señor me escucha cuando lo llamo.

SALMOS 4:3

Entiendes, entonces, que Dios discierne la piedad en los hombres. Hay mucha escoria en todos nosotros, pero Dios espía cualquier oro que pudiera haber, si en el mineral hay algún oro, Dios preserva el terrón debido al metal precioso que este contiene. Yo sé que no eres perfecto. Quizá en este momento estés sufriendo por una gran falta, si es así, me alegra que tengas la piedad que hace que uno sufra por el pecado. Sé que no eres lo que quieres ser o anhelas ser o debes ser. No obstante, temes al Señor y confías en él y lo amas. Así que el Señor puede ver todo eso, él conoce el bien que hay en ti. Él se echa tu pecado a sus espaldas, pero aquello que es de su gracia, lo aparta para sí y te aparta para sí por el bien que hay en ti. Sí me gusta notar en las Escrituras que aunque el pueblo de Dios se describe como un pueblo muy imperfecto, y aunque el Señor nunca es gentil con el pecado, no obstante, él es siempre muy gentil con ellos. Si hay algo bueno en ellos, él lo saca a la luz y es muy misericordioso y su amor cubre con un mantel miles de sus errores y faltas.

A través de la Biblia en un año: Éxodo 5–8

Victoria por medio de Jesús

Sin embargo, en todo esto somos más que vencedores
por medio de aquel que nos amó.
ROMANOS 8:37

¿Estás indefenso? ¿Estás sin consuelo? Este es un día en el que el Señor vendrá para aliviarte. ¿Necesitas fortaleza para romper las cadenas del hábito? Incluso, ¿necesitas poder para arrepentirte? ¿Necesitas ayuda para sentir tu desamparo? ¿Lo necesitas todo? Conozco a algunos que confían en Cristo para el perdón pero su dificultad principal es cómo ser santos. Yo me deleito grandemente en aquellos que buscan y que este es su pensamiento principal; no tanto para escapar al castigo como para evitar el pecado en el futuro. Bueno, si estás luchando contra el mal en el nombre de Jesucristo, no te desanimes, lo dominarás porque este es el día de salvación y está escrito: «Le pondrás por nombre Jesús, porque él salvará a su pueblo de sus pecados». ¿Le estoy hablando a un borracho? ¿Tiene esta copa embriagadora para ti una extraña fascinación y has vuelto a tomar luego de repudiarte muchas veces a ti mismo por hacerlo? No necesitas seguir siendo su esclavo porque este es un día de salvación de ese pecado: mediante la fe en Cristo serás librado de esa trampa mortal. ¿Has sido tentado por alguna otra iniquidad que te tiene obsesionado? ¿Tiene un cierto vicio puesto sus ojos monstruosos en ti y te hechiza al punto que no puedes refrenarte? Regocíjate, entonces, porque este es el día de salvación del pecado. Ni un santo ni un pecador tiene que sentarse bajo el poder de ningún pecado porque en el nombre de Cristo podemos vencer el poder del mal.

A través de la Biblia en un año: Éxodo 9–12

Obediencia en todas las cosas

Así Josué salvó a la prostituta Rajab, a toda su familia y todas sus posesiones, por haber escondido a los mensajeros que él había enviado a Jericó. Y desde entonces, Rajab y su familia viven con el pueblo de Israel.

Josué 6:25

Ahora bien, esta es una pregunta que nunca pretendo responder en lugar de ninguna otra persona porque no tengo la intención de hacerla por mi cuenta. Si un creyente va a perecer o no porque obvie algún deber conocido o una ordenanza de las Escrituras, es una pregunta que solo el egoísmo presentaría. ¿Debemos hacer solo aquello que procure nuestro progreso o que asegure nuestra salvación? ¿Somos egoístas hasta ese punto? ¿Dice un hijo amoroso: «Si me niego a hacer la voluntad de mi padre, no seguiré siendo su hijo? ¿No seguirá él alimentándome y vistiéndome?» Solo un hijo malvado hablaría así. El hijo verdadero pregunta: «¿Qué quiere mi padre que yo haga? Lo haré alegremente por amor a él. ¿Qué me prohíbe mi padre? Porque lo que él me prohíba será abominable para mí». Colócate por encima de todas las preguntas con respecto a lo esencial y a lo que no lo es y aprende a obedecer en todas las cosas; aunque solo sea atar un cordón rojo a la ventana, o bañarte en agua, haz lo que se te pida y en nada te rebeles contra la palabra del Señor.

A través de la Biblia en un año: Éxodo 13–16

Obediencia precisa

De acuerdo respondió Rajab. Que sea tal como ustedes han dicho. Luego los despidió; ellos partieron, y ella ató el cordón rojo a la ventana.
JOSUÉ 2:21

A ella se le dijo que atara el cordón rojo a la ventana y lo hizo; hubo obediencia exacta. No era cualquier cordón, un hilo, sino un cordón rojo. Ella no lo sustituyó por uno azul, verde o blanco. La orden era ese cordón rojo, no otro y ella tomó ese cordón en particular. La obediencia a Dios se apreciará mucho en los asuntos pequeños. El amor siempre se deleita al ocuparse de las pequeñas cosas y, por lo tanto, hace que las cosas pequeñas sean grandes. Escuché de un puritano al que acusaron por ser demasiado preciso, pero su respuesta fue excelente: «Yo sirvo a un Dios preciso». El Señor, nuestro Dios, es un Dios celoso y es muy celoso de sus mandamientos. Parecía que el error de Moisés al golpear la piedra en lugar de hablarle, era un error pequeño, no obstante, él no pudo entrar al descanso prometido debido a su ofensa. Una acción pequeña puede implicar un gran principio y nos corresponde a nosotros ser muy cautelosos y cuidadosos, buscar cuál es la voluntad del Maestro y nunca hacer un alto ni dudar por alguna razón sino hacer su voluntad tan pronto como la sepamos. La vida cristiana debiera ser un mosaico de obediencias minuciosas. Los soldados de Cristo debieran ser famosos por su disciplina exacta.

A través de la Biblia en un año: Éxodo 17–20

Los que aman más

—¡Es el Señor! —dijo a Pedro el discípulo a quien Jesús amaba.
JUAN 21:7

¿Cuál fue la vida de Juan? Primero, fue una vida de comunión íntima. Juan estaba dondequiera que Cristo estuviera. Otros discípulos quedan fuera pero Pedro, Santiago y Juan estaban presentes. Cuando todos los discípulos se sentaron a la mesa, ni tan siquiera Pedro era el más cercano al Señor, pero Juan apoyó su cabeza en su regazo. Su relación era muy íntima y querida. Jesús y Juan eran como una repetición de David y Jonatán. Si tú eres un hombre muy querido, vivirás en Jesús, tu comunión con él será de día en día.

La vida de Juan fue una senda de instrucción especial. A él le enseñaron cosas que los demás no sabían, porque no podían soportarlas. Al final de su vida, él fue favorecido con visiones que ni tan siquiera Pablo, que ni por un ápice se quedaba detrás del jefe de los apóstoles, había visto nunca. Debido a la grandeza del amor del Señor, él le mostró a Juan cosas del futuro y levantó el velo para que pudiera ver el reino y la gloria. Los que más aman, verán más y los que más rinden su corazón a la doctrina, aprenderán más.

A través de la Biblia en un año: Éxodo 21–24

Por toda la eternidad

Yo les doy vida eterna, y nunca perecerán, ni nadie podrá arrebatármelas de la mano.

JUAN 10:28

No puedo avanzar una pulgada sin orar en el camino, ni mantener la pulgada que gano sin vigilar y permanecer firme. Solo la gracia puede preservarme y perfeccionarme. La vieja naturaleza acabará con la nueva naturaleza si le es posible; y hasta este momento la única razón por la que mi nueva naturaleza no está muerta es esta: porque no puede morir. De haber podido morir, hace mucho tiempo que habría sido asesinada, pero Jesús dijo: «A mis ovejas les doy vida eterna» y «el que cree en mí tiene vida eterna» y por lo tanto el creyente no puede morir. La única religión que te salvará es aquella que no puedes dejar porque te posee y no te dejará. Tener a Cristo viviendo en ti y la verdad incrustada en tu misma naturaleza, ay señores, esta es la cosa que salva el alma y nada menos que esto. Está escrito en el texto: «Porque tanto amó Dios al mundo, que dio a su Hijo unigénito, para que todo el que cree en él no se pierda, sino que tenga vida eterna». ¿Qué es esto sino una vida que durará hasta tus sesenta años y hasta diez más, una vida que eclipsará esas estrellas y aquella luna; una vida que coexistirá con la vida del Padre Eterno? Mientras haya un Dios, el creyente no solo existirá sino que vivirá.

A través de la Biblia en un año: Éxodo 25-28

Con una encomienda divina

Pero ustedes son linaje escogido, real sacerdocio, nación santa, pueblo que pertenece a Dios, para que proclamen las obras maravillosas de aquel que los llamó de las tinieblas a su luz admirable.

1 PEDRO 2:9

Los impíos no pueden comprender a los píos, se burlan de ellos, convierten su gloria en vergüenza porque ellos mismos aman la vanidad y buscan la mentira. Las personas entre quienes el hombre piadoso mora, no lo comprenden; Dios ha hecho que él sea un extraño y forastero entre ellos. Los que han nacido dos veces tienen una vida que aquellos que solo han nacido una vez no pueden comprender. Los que han recibido el Espíritu de Dios tienen un nuevo espíritu dentro de sí que es tan peculiar que la mente carnal no puede percibir lo que es. Las cosas espirituales tienen que discernirse espiritualmente. Cuando un hombre se ha convertido en una nueva criatura en Cristo, las viejas criaturas a su alrededor no pueden entenderlo. Lo miran y ven que actúa por motivos que no pueden entender, ven que hay fuerzas que ellos no reconocen que lo mantienen bajo control, que le inhiben energía de las cuales ellos no son partícipes y que él busca algo que ellos no desean; así que el cristiano se convierte de cierta manera como Cristo mismo, de quien el poeta canta: «El mundo judío no conoció a su Rey, el Hijo eterno de Dios. «El mundo no nos conoce, precisamente porque no lo conoció a él» (1 Juan 3:1).

A través de la Biblia en un año: Éxodo 29–32

Sé piadoso y no temas

Pase lo que pase, compórtense de una manera digna del evangelio de Cristo. De este modo, ya sea que vaya a verlos o que, estando ausente, sólo tenga noticias de ustedes, sabré que siguen firmes en un mismo propósito, luchando unánimes por la fe del evangelio y sin temor alguno a sus adversarios.

FILIPENSES 1:27-28

Dios sabe lo que es la piedad, porque él la ha creado, la sostiene, ha prometido perfeccionarla y se deleita en ella. Con tal de que Dios te entienda, ¿qué importa si tus semejantes te comprenden o no? Si él conoce esa oración secreta que tú tienes, no busques que otros la conozcan. Si tu motivo concienzudo se discierne en el cielo, que no te importe aunque sea denunciado en la tierra. Si tus propósitos, los grandes principios que te bambolean, son aquellos que te atreves a confesar en el gran día del juicio, no necesitas detenerte a confesarlos delante de una generación chancera y burlona. Sé piadoso y no temas, si te malentienden, recuerda que si tu carácter queda enterrado como muerto entre los hombres, habrá «una resurrección de reputaciones» así como de los cuerpos. «Entonces los justos brillarán en el reino de su Padre como el sol. El que tenga oídos, que oiga» (Mateo 13:43).

A través de la Biblia en un año: Éxodo 33-36

Perfectos en Cristo Jesús

¡Soy un pobre miserable! ¿Quién me librará de este cuerpo mortal? ¡Gracias a Dios por medio de Jesucristo nuestro Señor!

ROMANOS 7:24-25

Cristiano acongojado, seca tus lágrimas. ¿Estás llorando a causa del pecado? ¿Por qué lloras? Llora por tu pecado pero no llores por temor al castigo. ¿Te ha dicho el maligno que serás condenado? Dile en su cara que miente. Ay, pobre creyente afligido, ¿estás llorando por tus corrupciones? Mira a tu perfecto Señor, y recuerda, estás completo en él. Para Dios eres tan perfecto como si nunca hubieras pecado; incluso más, más que eso, el Señor, nuestra justicia, te ha puesto una vestimenta divina para que tengas algo más que la justicia del hombre, tienes la justicia de Dios. Oh, tú que sufres por causa del pecado innato y por la depravación, recuerda, ninguno de tus pecados puede condenarte. Has aprendido a odiar el pecado pero has aprendido que el pecado no es tuyo, fue puesto sobre la cabeza de Cristo. Ven, anímate, tu posición no está en ti mismo, está en Cristo; tu aceptación no está en ti mismo sino en tu Señor. Con todo tu pecado, hoy eres tan aceptado como en tu santificación; igualmente Dios te acepta hoy, con todas tus iniquidades, como lo serás cuando estés delante de su trono, libre de toda corrupción. Te suplico que te aferres a este precioso pensamiento, ¡perfección en Cristo! Porque eres perfecto en Jesucristo. Anímate, no temas morir, la muerte no tiene nada terrible para ti; Cristo le ha sacado toda la hiel al aguijón de la muerte.

A través de la Biblia en un año: Éxodo 37–40

No siembres remordimiento

Alrededor de las cinco de la tarde, salió y encontró a otros más que estaban sin trabajo. Les preguntó: «¿Por qué han estado aquí desocupados todo el día?» «Porque nadie nos ha contratado», contestaron. Él les dijo: «Vayan también ustedes a trabajar en mi viñedo».

MATEO 20:6-7

He esperado bastante por un tiempo favorable, pero recuerdo que Salomón dijo: «Quien vigila al viento, no siembra; quien contempla las nubes, no cosecha» (Eclesiastés 11:4). ¿Puedo ver aquí a algunos que han sido miembros de la iglesia durante años aunque todavía no han hecho nada para el Señor? Si has sido un siervo de Dios durante muchos años y aún realmente no has trabajado por la salvación de las almas, quiero que ahora sencillamente te digas: «Vamos, realmente tengo que trabajar en esto». Pronto irás a casa y cuando tu Maestro te diga: «¿Sembraste algo para mí?», tendrás que responderle: «No, Señor, comí mucho. Fui al tabernáculo y disfruté los servicios». «Pero, ¿sembraste algo?» «No, Señor, acaparé mucho; almacené una gran cantidad de la buena semilla». «Pero, ¿sembraste algo?», te volverá a preguntar él y esa será una pregunta terrible para aquellos que nunca salieron a sembrar.

No sé cuán lejos estarás yendo, pero que quede escrito para ti hoy: «Los sembradores salieron a sembrar»; salieron con la determinación de que por el poder del vivo Espíritu de Dios, aquellos que son redimidos por la sangre preciosa de Jesús darían a conocer su evangelio a los hijos de los hombres, sembrando esa buena semilla en cualquier lugar en el que tengan la oportunidad, confiando en Dios para hacer que la semilla crezca y se multiplique.

A través de la Biblia en un año: Lucas 1–2

Salvados para servir

Ustedes me llaman Maestro y Señor, y dicen bien, porque lo soy. Pues si yo, el Señor y el Maestro, les he lavado los pies, también ustedes deben lavarse los pies los unos a los otros.

JUAN 13:13–14

Al tomar el cuenco, la jarra y la toalla para lavar los pies de sus discípulos, puedes ver la humildad de su disposición. Y enseguida, después de esto, lo ves entregándose a sí mismo, su cuerpo, su alma y su espíritu para servirnos. Y qué si digo que incluso en este mismo momento, como el Hijo del hombre en el cielo, él sigue haciendo una especie de servicio para su pueblo. Por amor a Sión él no guarda silencio y por amor a Jerusalén él no descansa sino que sigue intercediendo por aquellos cuyos nombres lleva en su corazón. Escuchen pues, todos ustedes, y que todo el que lo escuche aclame ese hecho misericordioso. Sean santos o pecadores, ya salvos o sedientos del conocimiento de la salvación, debe aceptarse la idea de que la encomienda de Cristo no era engrandecerse a sí mismo sino beneficiarnos a nosotros. Él no vino a ser servido, sino a servir. ¿No te viene esto bien a ti, pobre pecador, tú que nunca le serviste, tú que no podrías, como estás, ministrarle a él? Bueno, él no vino a buscar tu servicio, él vino a dar sus servicios, no para que primero tú le muestres honor sino para mostrarte misericordia. ¡Lo necesitas tanto! Y ya que él no ha venido a buscar tesoros sino a conceder riquezas inescrutables, no para buscar muestras de salud sino ejemplos de enfermedad sobre los cuales el arte sanadora de su gracia pueda operar, de seguro hay esperanza para ti.

A través de la Biblia en un año: Lucas 3–4

Que no sea así

Él respondió: Entonces te ruego, padre, que mandes a Lázaro a la casa de mi padre, para que advierta a mis cinco hermanos y no vengan ellos también a este lugar de tormento.
LUCAS 16:27-28

En mi imaginación, oro para que solo sea en mi imaginación, veo que algunos de ustedes mueren sin ser salvos; y los veo pasar al otro mundo no perdonados, y por primera vez su alma se percata de cuál fue la experiencia del hombre rico de quien el Salvador dijo: «En el infierno levantó los ojos», como si antes hubiera estado dormido y acabara de despertarse a su verdadera condición. «Levantó los ojos» y miró a su alrededor pero no podía ver nada, excepto aquello que le causaba abatimiento y horror; no había huellas de gozo ni esperanza, ninguna pista de alivio o paz. Entonces, en medio de la tristeza terrible llegó el sonido de preguntas como: «¿Dónde estás, pecador? Hace una semana estabas en una casa de oración y el predicar te instó a que buscaras al Señor pero tú lo dejaste para después. ¿Dónde estás ahora? Dijiste que no existía un lugar como el infierno y, ¿qué dices ahora? ¿Dónde estás? Despreciaste al cielo y rechazaste a Jesús, ¿dónde estás ahora?» ¡Que el Señor en su misericordia nos libre a todos de eso!

A través de la Biblia en un año: Lucas 5-6

Una vida santificada

Es Dios quien nos ha hecho para este fin y nos ha dado su Espíritu como garantía de sus promesas.

2 Corintios 5:5

Cuando Dios le da una nueva naturaleza a su pueblo, la vida que surge de esa nueva naturaleza brota de esta espontáneamente. Las higueras no dan higos unos días y espinas otros, sino que son fieles a su naturaleza en todas las estaciones. El que ha descubierto en qué consiste el cristianismo sabe que es mucho más una vida que un acto, una forma o una profesión. A pesar de que amo mucho el credo de la cristiandad, estoy listo para decir que el verdadero cristianismo es mucho más una vida que un credo. Es un credo y tiene sus ceremonias pero es principalmente una vida. Es una chispa divina de la propia llama del cielo que cae en el seno humano y quema por dentro, que consume mucho de lo que yace en el alma y que al final, como una vida celestial, arde para que la vean y la perciban los que la rodean. Bajo el poder del Espíritu Santo que mora dentro, una persona regenerada se vuelve como el arbusto en Horeb, que resplandecía con la Divinidad. El Dios dentro de él lo hace brillar para que el lugar a su alrededor sea terreno santo y aquellos que lo miren sientan el poder de su vida santificada.

A través de la Biblia en un año: Lucas 7–8

Apóstoles de la incredulidad

Así que los otros discípulos le dijeron: —¡Hemos visto al Señor! — Mientras no vea yo la marca de los clavos en sus manos, y meta mi dedo en las marcas y mi mano en su costado, no lo creeré —repuso Tomás.

JUAN 20:25

Amado, tu Señor resucitado quiere que seas feliz. Cuando él estaba aquí en la tierra dijo: «No se angustien», él hoy te dice lo mismo. A él no le agradan las angustias de su pueblo. A él le encanta que creas en él y descanses. Amado, encuentra, si puedes, una ocasión en la que Jesús inculcara duda o prometiera que los hombres morarían en incertidumbre. Los apóstoles de la incredulidad están en todas partes hoy y se imaginan que están sirviendo a Dios al difundir lo que ellos llaman «dudas honestas». ¡Esto es la muerte para todo gozo! ¡Veneno para toda paz! El Salvador no lo hizo así. Él les haría tomar medidas extraordinarias para deshacerse de sus dudas. La eliminación de sus dudas en cuanto a la resurrección de nuestro Señor necesitaba que ellos lo tocaran y, por lo tanto, él se los ofreció. Amado, tú que estás afligido y contrariado con pensamientos y que por esa causa no consigues consuelo en tu religión debido a tu desconfianza, tu Señor hará que te acerques a él y pongas a prueba su evangelio de cualquier manera que te satisfaga. Él no puede soportar tu duda. Él apela tiernamente diciendo: «¡Hombre de poca fe! ¿Por qué dudaste?» (Mateo 14:31). Él te haría creer en la realidad substancial de su religión y que lo tocaras y vieras: confía en él de manera grande y sencilla, como confía un niño en su madre y no conoce el miedo.

A través de la Biblia en un año: Lucas 9–10

Amor inescrutable

En esto consiste el amor: no en que nosotros hayamos amado a Dios, sino en que él nos amó y envió a su Hijo para que fuera ofrecido como sacrificio por el perdón de nuestros pecados.

1 JUAN 4:10

¿Acaso no hay circunstancias y escenarios que de vez en cuando transpiren delante de nosotros y nos inspiren una exclamación como la del apóstol: «En esto consiste el amor»? Cuando vemos la devoción de una madre a sus hijos, cuando vemos el afecto de un amigo hacia otro y alcanzamos a ver en las diferentes relaciones humanas algo de la bondad que existe en los corazones humanos, hemos dicho: «¡En esto consiste el amor!» Voy a pedirte que mires y consideres la maravilla que el apóstol descubrió y que lo hizo exclamar con manos levantadas: «¡En esto consiste el amor!»

Cuando Dios ama a aquellos que lo aman, parece estar de acuerdo a la ley de la naturaleza, pero cuando él ama a aquellos que no lo aman, esto debe estar por encima de todas las leyes, está de acuerdo, sin dudas, con la regla extraordinaria de la gracia y solo la gracia. No había ni un hombre en la tierra que amara a Dios. No había ninguno que hiciera el bien, ni uno y, no obstante, el Señor puso los ojos de su amor seleccionador en pecadores que no tenían la más remota idea de amarlo a él. En un corazón no renovado no hay más amor para Dios de lo que hay vida en un pedazo de granito. En un alma perdida no hay más amor a Dios que el fuego que hay en las profundidades de las olas del océano; y aquí yace la maravilla, en que cuando no teníamos amor para Dios, él nos amó.

A través de la Biblia en un año: Lucas 11—12

Listos y esperando

Por lo tanto, manténganse despiertos, porque no saben qué día vendrá su Señor.
MATEO 24:42

En un momento en el que ellos no pensaban, vino el Hijo del Hombre. Sin embargo, ahora que tenemos las palabras de las Escrituras para asegurarnos de que él vendrá pronto y que su premio está con él y su obra delante de él, ¡cuán pocos lo esperan! Desde el mismo momento en que la venida de algún príncipe extranjero o el advenimiento de algún suceso importante se divulga entre la gente, estos se buscan y se anticipan. Pero Jesús, para tu venida, para tu glorioso advenimiento, ¿dónde están aquellos que esfuerzan sus ojos para percibir los primeros rayos del sol naciente? Hay muy pocos de tus seguidores que esperan tu aparición. Nos encontramos con unos pocos hombres que andan como si supieran que el tiempo es corto y que el Maestro pudiera regresar cuando el gallo cante o a media noche o en la vigilia del día. Conocemos a unos pocos discípulos amados que con corazones anhelantes pasan agradablemente las horas tediosas mientras preparan canciones para recibirte, ¡oh, Enmanuel! Señor, aumenta el número de aquellos que te buscan y anhelan y oran y esperan, y que vigilan las horas tediosas de la noche en espera de la mañana que traerá tu venida.

A través de la Biblia en un año: Lucas 13–14

Orgullo agradecido

Pero gracias a él ustedes están unidos a Cristo Jesús, a quien Dios ha hecho nuestra sabiduría —es decir, nuestra justificación, santificación y redención— para que, como está escrito: «El que se quiera enorgullecer, que se enorgullezca en el Señor».

1 CORINTIOS 1:30-31

Cuando agradeces a Dios por las buenas cosas que ha hecho por ti, agradécele no solo por guardarte del pecado sino también por permitirte hacer su voluntad. Ningún hombre tiene el derecho de darse el crédito a sí mismo por su propia integridad, porque si es cristiano, la integridad es el don de la gracia de Dios y la obra del Espíritu de Dios dentro de él. Si en tu juventud sí te formaste un juicio cándido y honesto de la Palabra de Dios y luego quemaste todos los puentes y rompiste toda conexión con aquello que quedaba detrás de ti, si te atreviste a echar tu suerte con el despreciado pueblo de Dios, bendícelo por eso y considera que te hizo un gran favor al permitirte actuar así; y si, cuando has sido tentado con grandes sobornos, has sido capaz de decir: «Aléjate de mí, Satanás» y seguir de cerca los talones de Cristo, dale a Dios la gloria por eso y bendice su santo nombre. En un caso así, la virtud es su propia recompensa. Ser obediente a Cristo es una de las mayores bendiciones que Dios pudiera haber derramado sobre cualquier hombre. Hay algunos de nosotros que tienen que agradecer a Dios que cuando hubo momentos de aprieto, no nos atrevimos a ceder; sino que cuando los amigos y los enemigos por igual señalaban otro camino, nosotros vimos cuál era el camino del Maestro y lo seguimos por su gracia. Tendremos que agradecerle esto por toda la eternidad.

A través de la Biblia en un año: Lucas 15–16

Maná del cielo

¡Cuán dulces son a mi paladar tus palabras! ¡Son más dulces que la miel a mi boca!
SALMOS 119:103

Los mejores de nosotros necesitan instrucción. No es sabio que la gente cristiana esté tan ocupada con la obra de Cristo que no puedan escuchar las palabras de Cristo. Debemos alimentarnos o no podremos alimentar a otros. La sinagoga no debe estar desierta si es una sinagoga en la que Cristo está presente. Y, a veces, cuando el Maestro está presente, qué poder hay en la palabra: no es la elocuencia del predicador, ni la fluidez del lenguaje ni lo novedoso de la idea. Hay una influencia secreta, una influencia tranquila que entra en el alma y la somete a la majestad del amor divino. Uno siente la energía vital de la Palabra divina, y no es la palabra del hombre para ti sino la voz de Dios que te despierta y que suena en las recámaras de tu espíritu y hace que todo su ser viva delante de sus ojos. En tales ocasiones el sermón es como el maná del cielo o como el pan y el vino con los que Melquisedec recibió a Abraham, tú te alegras y te fortaleces y te marchas renovado.

A través de la Biblia en un año: Lucas 17–18

Una perspectiva de negocios duradera

No te afanes acumulando riquezas; no te obsesiones con ellas.
PROVERBIOS 23:4

Yo conocí bien a tu padre. Él comenzó su vida como habría querido que aquellos jóvenes comenzaran y anduvo penosamente hasta el fin de los años que tenía asignado y nunca tuvo tiempo para pensar en la religión. Era un caballero tan raro y sensible, ¡un hombre tan sabio! «Lo que yo quiero son hechos y cifras», decía él, «nada de tus tonterías; no me des tus opiniones; yo hago el balance de libros el domingo y esa es la manera de pasar el día de reposo. Me atrevo a decir que cuando no tenga más nada que hacer, tendré tiempo para pensar en mi alma». Él era un «caballero inglés fino» y raro; con todo, una noche alzó sus ojos en el infierno y con toda su contabilidad exacta y su balance de cuentas, tuvo que resumir: «No hay ganancias, he ganado riquezas, pero he perdido mi alma». Ay, y si él pudiera regresar, le diría a su hijo: «Hijo mío, mejor empieza los negocios por el lugar correcto, asegura tu alma y luego ocúpate del cuerpo; aférrate a la eternidad y hazlo bien y luego encárgate de las cosas escurridizas del tiempo como mejor puedas en subordinación a aquello». De cualquier manera, deja que el Sr. Mundano Sabio diga lo que quiera, porque Dios, quien sabe más de nosotros que nosotros mismos, dice: «Más bien, busquen primeramente el reino de Dios y su justicia, y todas estas cosas les serán añadidas».

A través de la Biblia en un año: Lucas 19–20

No engañes a nuestra juventud

Desde el principio éste ha sido un asesino, y no se mantiene en la verdad, porque no hay verdad en él. Cuando miente, expresa su propia naturaleza, porque es un mentiroso. ¡Es el padre de la mentira!

JUAN 8:44

«Ah, espera un poco más, nos gustaría que estos jóvenes aprendieran algo de la vida». Pero bueno, mundo vil, ¿qué quieres decir con eso? ¿Qué tienes tú que ver con la vida? Nosotros también queremos que los jóvenes aprendan algo de la vida. Pero, ¿qué es la vida? Porque la verdadera vida solo se encuentra en los seguidores de Cristo quien es la vida. «Bueno», dice el mundo, «pero nosotros queremos decir la *vida*». Yo sé lo que tú quieres decir, quieres decir la muerte. Dices que quieres que los jóvenes aprendan algo de la vida. Te escucho, es la voz de la misma serpiente sibilante que dijo: «llegarán a ser como Dios, conocedores del bien y del mal» y nuestra madre Eva, para conocer el mal así como el bien, ha destruido esta raza. Y muchos jóvenes, al tratar de conocer el bien y el mal, han llegado a conocer aquello que causa dolores de cabeza y palpitaciones al corazón y que los nervios se estremecen con un dolor intenso, ¡aquello que ha llevado al cuerpo frágil a una tumba temprana y condena al alma al infierno más bajo! Oro para que nuestros jóvenes no conozcan la vida de esta manera, sino que conozcan la vida en su verdadero sentido y la busquen donde solo se puede encontrar.

A través de la Biblia en un año: Lucas 21–22

El pecado de la ignorancia

¿Cómo puede el joven llevar una vida íntegra? Viviendo conforme a tu palabra. Yo te busco con todo el corazón; no dejes que me desvíe de tus mandamientos.

SALMOS 119:9-10

Una y otra vez te hemos hablado de la preciosa sangre de Cristo que limpia de todo pecado y de las bendiciones que Jesús te trae cuando se convierte en tu Salvador. Pero también estamos obligados a recordarles a todos ustedes, que profesan haber creído en él y haberse convertido en sus discípulos, que no solo deben tenerlo como su Maestro y Señor sino que deben hacer cualquier cosa que él les ordene. La fe debe obedecer a la voluntad del Salvador así como confiar en su gracia. Desde el momento en que nos convertimos en cristianos, salvados por Cristo, nos convertimos en sus siervos para obedecer todos sus mandamientos. Por lo tanto, nos corresponde escudriñar las Escrituras para conocer cuál es la voluntad de nuestro Maestro. Ahí él la ha escrito en letras claras y es un acto de desobediencia descuidar esta búsqueda. Al rehusarnos conocer cuál es la voluntad del Señor, el pecado de ignorancia se vuelve voluntarioso porque no usamos los medios mediante los cuales pudiéramos recibir instrucción. Cada siervo de Cristo está obligado a saber lo que tiene que hacer y entonces, cuando lo sepa, debe hacerlo de una vez. El primer negocio del hombre cristiano es conocer la voluntad de Cristo y el segundo, hacerla. Una vez aprendido esto, esa voluntad es la ley suprema del cristiano no importa lo que parezca oponérsele.

A través de la Biblia en un año: Lucas 23–24

Esposas como consejeras

¡Estamos condenados a morir! le dijo a su esposa. ¡Hemos visto a Dios! Pero su esposa respondió: Si el Señor hubiera querido matarnos, no nos habría aceptado el holocausto ni la ofrenda de cereales de nuestras manos; tampoco nos habría mostrado todas esas cosas ni anunciado todo esto.

JUECES 13:22-23

Manoa se había casado con una esposa excelente. Ella era la mejor de los dos en cuanto al juicio razonable. Por naturaleza ella era el vaso más frágil pero era la creyente más fuerte y probablemente es por eso que a ella le enviaran el ángel porque a los ángeles les agrada más hablar con aquellos que tienen fe y si ellos pueden escoger su compañía, y la esposa tiene más fe que el esposo, ellos visitarán más pronto a la esposa que a su esposo, porque a ellos les encanta llevar los mensajes de Dios a aquellos que los recibirán con confianza. Evidentemente ella estaba llena de fe, así que cuando su esposo dijo tembloroso: «De seguro moriremos», ella no creyó en una inferencia tan desconfiada. Lo que es más, aunque se dice que las mujeres no pueden razonar, no obstante, he aquí una mujer cuyos argumentos eran lógicos y abrumadores. Es cierto que las percepciones de las mujeres por lo general son mucho más claras que los razonamientos de los hombres: ellas ven la verdad de una vez mientras que nosotros andamos buscando nuestros anteojos. Por lo general sus instintos son tan seguros como nuestros razonamientos y, por tanto, cuando tienen además una mente clara y lógica, son las consejeras más sabias.

A través de la Biblia en un año: Levítico 1-4

Oración sin contestar

La oración de fe sanará al enfermo y el Señor lo levantará. Y si ha pecado, su pecado se le perdonará. Por eso, confiésense unos a otros sus pecados, y oren unos por otros, para que sean sanados. La oración del justo es poderosa y eficaz.

SANTIAGO 5:15-16

Muchas veces podría suceder que la causa de la oración sin contestar yazga en algo que esté relacionado con el pecado. ¿No crees tú que las oraciones sin contestar sean a menudo el escarmiento del Padre por nuestras ofensas? El Salvador, en ese capítulo maravilloso donde expresa su amor por nosotros, dice: «Si obedecen mis mandamientos, permanecerán en mi amor» (Juan 15:10) y luego señala, como un favor especial, si un hombre permanece en su amor y guarda sus mandamientos «lo que quieran pedir se les concederá». Entonces, a mí me parece razonable que si yo no hago la voluntad de Dios, Dios se negará a hacer lo que yo quiero: que si él me pide una cierta responsabilidad y yo me niego a cumplirla, cuando yo le pida cierto privilegio o favor, no es descortés, sino al contrario, muy sabio y cortés que él diga: «No, hijo mío, si no escuchas a mi tierna orden, es cortés que yo niegue tu deseo hasta que te arrepientas y obedezcas». Podría ser también aflicción temporal, pero probablemente esta es una de las formas principales en las que el Maestro inflige los azotes a sus hijos. Ellos son negligentes con sus mandamientos y él dice: «Entonces te demorarás un poco. Todavía no te voy a conceder lo que buscas, sino cuando vengas con una mejor actitud y seas más escrupuloso y blando para cumplir mis mandamientos, entonces tus deseos serán satisfechos».

A través de la Biblia en un año: Levítico 5-8

Ten certeza de la voluntad de Dios

Porque las dádivas de Dios son irrevocables, como lo es también su llamamiento.
ROMANOS 11:29

Tengo el derecho de pedir cualquier cosa que Dios me haya prometido, pero si me voy más allá del rango de las promesas divinas, también me voy más allá del rango de la expectativa confiada y segura. Las promesas son grandes y amplias, pero cuando a uno se le mete una fantasía en la cabeza, no debe suponer que Dios está ahí, en su fantasía. He conocido a algunas personas fanáticas que pensaban que podían vivir por fe. Iban a predicar el evangelio sin tener ningún don para predicar. Iban a ser misioneros en un distrito teniendo el mismo don para ser misioneros que tiene un caballo en un arado. Pero creían que estaban destinados a hacerlo y, por lo tanto, trataban de vivir sus vidas por fe y cuando estaban casi muertos de hambres, entonces se quejaban de Dios y abandonaban la labor. Si Dios realmente los hubiera inspirado y enviado, él los hubiera sostenido y guardado pero si lo hacen por voluntad propia y obstinadamente por su cuenta, entonces es necesario volverlos al punto darse cuenta de su ignorancia de la divina voluntad. Y luego, con frecuencia, oramos de manera que nuestras oraciones no tienen coherencia con la dignidad del Altísimo. A mí me encanta una familiaridad santa con Dios y creo que es encomiable, pero, no obstante, el hombre es hombre mientras que Dios es Dios, y no importa cuánta familiaridad tengamos con él en nuestros corazones, todavía debemos recordar la distancia que existe entre el Altísimo y la más elevada y más amada de todas sus criaturas, y no debemos hablar como si tuviéramos el poder de hacer lo que queremos y lo que nos plazca.

A través de la Biblia en un año: Levítico 9–12

El pecado y sus resultados

Porque la paga del pecado es muerte, mientras que la dádiva de Dios es vida eterna en Cristo Jesús, nuestro Señor.
ROMANOS 6:23

El pecado es ese poder malvado que está en el mundo en rebelión contra el poder bueno y misericordioso de la justicia que está en el trono de Dios. Este poder maligno de impiedad, falsedad, pecado y oposición a la mente de Dios en este momento tiene bajo su dominio a la gran masa de nuestros semejantes. Las raciones con las que este gratifica el valor más desesperado de sus campeones es la muerte.

La muerte es el resultado natural de todo pecado. Cuando un hombre actúa según el orden de Dios, vive; pero cuando quebranta las leyes de su Hacedor, se destruye a sí mismo y hace aquello que causa la muerte. Cuando cualquier hombre comete pecado, muere a la santidad y a la pureza. Mientras más lejos va un hombre en lujuria e iniquidad, más muerto se vuelve a la pureza y a la santidad: pierde el poder para apreciar las bellezas de la virtud o para sentir repulsión con las abominaciones de los vicios. Desde el mismo comienzo nuestra naturaleza ha perdido la delicadeza de la percepción que viene con una vida saludable; y cuando los hombres proceden en fornicación, injusticia o incredulidad o un pecado de cualquier índole, se hunden más y más en esa terrible muerte moral que es el pago seguro del pecado. Tú puedes pecar hasta llegar a una muerte total de la conciencia y ese es el primer pago de tu servicio al pecado.

A través de la Biblia en un año: Levítico 13–16

Casi salvos

Pero la esposa de Lot miró hacia atrás, y se quedó convertida en estatua de sal.
GÉNESIS 19:26

Recuerda a la esposa de Lot y cómo ella iba de camino a salvarse. La señora de Lot creyó tanto en el mensaje que vino a ella acerca de la destrucción de la ciudad que entró en acción. Se levantó temprano al igual que su esposo y se preparó para dejar la casa. Corrió por las calles, pasó la puerta de la ciudad y llegó al valle junto con su esposo.

Esta mujer estaba verdaderamente fuera de Sodoma y casi en Zoar, la ciudad refugio y, no obstante, pereció. Casi llega a salvarse, pero no del todo. Déjame repetir esas palabras, porque estas describen a algunos de ustedes que están aquí en esta hora y estas pudieran ser su epitafio si no se ocupan de lo que hacen: «Casi se salva, pero no del todo». Escapó de la forma más vil de pecado pero no estaba verdaderamente en Cristo, la mente no se destetó de los ídolos, no renunció a la iniquidad en el alma, aunque quizá renunció a ella en una obra externa.

¡Realmente debe ser horrible haber vivido con el pueblo de Dios, haber sido contado con ellos, haber estado unido a ellos por vínculos de sangre y luego, al final, perecer! Haber escuchado el evangelio, haberlo experimentado, en cierta medida, haber corregido la vida de uno debido a esto, haber escapado de la corrupción más sucia del mundo y, sin embargo, no haberse destetado del mundo, no haberse divorciado en limpio del pecado y por consecuencia perecer, la idea es intolerable. Aquella misma salmuera y aquel azufre que cayeron en los habitantes de las cuatro ciudades, alcanzaron a la esposa de Lot. Ella estaba en el borde del aguacero y al caer se saló con fuego; quedó convertida en una columna de sal justo donde estaba parada. ¡Un destino espantoso!

A través de la Biblia en un año: Levítico 17–20

El evangelio completo en un solo versículo

Este mensaje es digno de crédito y merece ser aceptado por todos: que Cristo Jesús vino al mundo a salvar a los pecadores, de los cuales yo soy el primero.

1 Timoteo 1:15

Este texto contiene el evangelio en síntesis y, sin embargo, yo pudiera decir que contiene el evangelio sin quitar nada. Si obtienes las notas condensadas de un sermón o de un discurso, a menudo te pierdes el alma y la médula de este; pero aquí tienes toda la condensación posible, como si todas las grandes verdades del evangelio estuvieran comprimidas con un martillo hidráulico, y, no obstante, no quedara fuera ni una partícula de este.

Jesucristo vino a servir pecadores de todos los tipos. Mientras que puedas caer dentro de la descripción general de «pecadores», no importa la forma que haya tomado tu pecado. Todos los hombres han pecado por igual, y, sin embargo, no todos han pecado de la misma forma. Todos han vagado por el camino descendente y, no obstante, cada uno ha tomado una dirección diferente a los demás. Cristo Jesús vino al mundo a salvar a pecadores respetables y a pecadores de mala reputación. Vino al mundo a salvar a pecadores orgullosos y a pecadores desesperados. Vino al mundo a salvar borrachos, ladrones, mentirosos, proxenetas, adúlteros, asesinos y personas por el estilo. Cualquier tipo de pecado que exista, esta palabra es maravillosamente abarcadora y arrolladora: «Cristo Jesús vino al mundo a salvar a los pecadores». Son un grupo horrible, un lote maléfico, y el infierno es la recompensa que merecen, pero estas son personas que Jesús vino a salvar.

A través de la Biblia en un año: Levítico 21–24

Evidencia de la salvación

Fijemos la mirada en Jesús, el iniciador y perfeccionador de nuestra fe, quien por el gozo que le esperaba, soportó la cruz, menospreciando la vergüenza que ella significaba, y ahora está sentado a la derecha del trono de Dios.

HEBREOS 12:2

Desde el momento que el pecador cree, el hacha queda puesta en la raíz del dominio de Satanás. En cuanto aprende a confiar en el Salvador designado, comienza su cura sin lugar a dudas y en breve será llevado a la perfección. Después de la fe viene la gratitud. El pecador dice: «Yo confío en el Dios encarnado para que me salve. Yo creo que él me ha salvado». Bueno, ¿cuál es el resultado natural? Cómo puede un alma que es agradecida evitar exclamar: «¡Bendito sea Dios por su don inefable!» y «¡Bendito sea su querido Hijo que con tanta libertad dio su vida por mí!» No sería natural, sería algo incluso inferior a lo humano, si el sentido de tal favor no fuera la gratitud. La emoción que le sigue a la gratitud es el amor. ¿Ha hecho él esto por mí? ¿Estoy bajo tal obligación? Entonces amaré su nombre. El pensamiento que le sigue al amor es la obediencia. ¿Qué debo hacer para agradar a mi Redentor? ¿Cómo puedo cumplir con sus mandamientos y dar honor a su nombre? ¿No te das cuenta que el pecador se sana con más rapidez? Su enfermedad era que él estaba completamente fuera de sintonía con Dios y se resistía a la ley divina, pero ¡míralo ahora! Con lágrimas en sus ojos se lamenta de haber ofendido alguna vez, gime y sufre por haber lacerado a un amigo tan querido y causarle tales penas y está pidiendo con amor y ahínco: «¿Qué puedo hacer para mostrarte que me aborrezco por mi pasado y que amo a Jesús para el futuro?»

A través de la Biblia en un año: Levítico 25–27

Confía en las promesas de Dios

Ya no te llamarás Abram, sino que de ahora en adelante tu nombre será Abraham, porque te he confirmado como padre de una multitud de naciones.

GÉNESIS 17:5

Yo no sé si Abraham entendió todo el significado espiritual del pacto que se hizo con él; probablemente no, pero él sí entendió que Cristo nacería de él, en quien serían benditas todas las naciones. Aunque para este hombre, viejo, marchito y con una esposa de noventa años, no había probabilidades de convertirse en padre, no obstante, él creyó sin duda alguna que sería el padre de muchas naciones, y eso fue basándose únicamente en que el Dios viviente así se lo había prometido y, por lo tanto, así debía ser.

Pues bien, la fe de cualquier hombre que sea salvo debe tener este carácter. Todo hombre que recibe salvación la recibe mediante una fe como la de Abraham, porque mis hermanos, cuando somos salvos, nosotros también tomamos la promesa de Dios y dependemos de ella. Sí, y al escudriñar la Palabra por fe, tomamos cada promesa que encontramos y decimos: «Esto es verdad» y «Esto es verdad» y así descansamos en todas ellas. ¿No es así con todos ustedes que tienen paz con Dios? ¿No la obtuvieron al descansar en la promesa de Dios según la encontraron en las Escrituras y el Espíritu Santo la abrió ante ustedes? ¿Tienes algún otro fundamento de confianza que no sea la promesa de Dios? La fe que salva al alma cree en la posibilidad de la regeneración y la santificación; no, todavía más, cree en Jesús y obtiene para nosotros poder para convertirnos en hijos de Dios y fortaleza para conquistar el pecado.

A través de la Biblia en un año: Juan 1–2

Fe solo en Cristo

Pues la ley fue dada por medio de Moisés, mientras que la gracia y la verdad nos han llegado por medio de Jesucristo.
JUAN 1:17

Puede que sepas mucho sobre la fe pero la única fe que salva es la creencia en Cristo. «Yo sé en quien he creído». Creer en una doctrina no salvará a un hombre. Tal vez sepas todo el credo y seas ortodoxo, mientras que por otra parte no eres mejor que el diablo; porque yo supongo que el diablo es un teólogo muy atinado. Sin dudas que él conoce la verdad. Él cree y tiembla, pero tú puedes conocerlo y no temblar, y así puedes no llegar a poseer una virtud que hasta el diablo tiene. Una creencia firme en lo que se te predica es bastante bueno, pero creer una doctrina así no te puede salvar.

Algunos tienen fe en su ministro y supongo que eso sea tan halagador para nosotros que difícilmente esperarías que habláramos en contra de esto, pero de todos los vicios este es uno que sin duda debe temerse porque es muy peligroso. Te ordeno ante Dios que siempre sopeses lo que tenemos que decirte y si no está acorde con las Escrituras, échalo a un lado como harías con la basura.

Muchas personas creen a conciencia en sí mismas. La doctrina de la confianza en uno mismo se predica por estos días en muchos lugares. Tu creencia no debe ser que puedes forzar tu entrada al cielo sino que tienes que creer en Cristo porque cualquier otra cosa es una fe que no salva.

Por tanto, ves que tanto el conocimiento que salva como la fe que salva cuelgan de la cruz, ambos miran a las heridas de aquel hombre querido, ese Dios bendito que allí fue la propiciación por nuestros pecados y quien sufrió en nuestro lugar.

A través de la Biblia en un año: Juan 3–4

Amor celestial

Hace mucho tiempo se me apareció el Señor y me dijo: «Con amor eterno te he amado; por eso te sigo con fidelidad.

JEREMÍAS 31:3

Entre el gran corazón del cielo y este pobre palpitante corazón en la tierra se establece el amor, un amor del tipo más querido, verdadero y fiel. De hecho, el amor de una mujer, el amor de una madre, el amor de un cónyuge no es más que agua, pero el amor de Dios es vino; estas son cosas terrenales pero el amor de Dios es celestial. El amor de una madre refleja el amor de Dios, así como una gota de rocío refleja al sol; pero así como la gota de rocío no circunda a ese orbe poderoso, ningún amor que lata en el seno humano podrá jamás circundar, así como ninguna palabra puede expresar la altura, la profanidad, la longitud y la anchura del amor de Dios que es en Cristo Jesús, nuestro Señor. «Te he amado». Acércate entonces, cristiano. Tu Padre, aquel que ayer te castigó, te ama; aquel de quien tan a menudo te olvidas, y a quien ofendes constantemente, aún te ama. Tú sabes lo que es amar. Traduce al amor que sientes por tu amigo más querido, míralo y di: «Dios me ama de manera todavía mejor». Él llevó tus pecados, tus penas, tu muerte, tu tumba, para que tú pudieras recibir el perdón, ser aceptado y recibir el favor divino y así vivir y ser bendecido para siempre.

A través de la Biblia en un año: Juan 5–6

La residencia del corazón

No acumulen para sí tesoros en la tierra, donde la polilla y el óxido destruyen, y donde los ladrones se meten a robar. Más bien, acumulen para sí tesoros en el cielo, donde ni la polilla ni el óxido carcomen, ni los ladrones se meten a robar. Porque donde esté tu tesoro, allí estará también tu corazón.

MATEO 6:19-21

Por otra parte, ¿sientes que día tras día te atraen de la tierra al cielo? ¿Sientes como si allá arriba hubiera un imán que atrae tu corazón de manera que cuando estás trabajando en tu negocio, en tu familia con todos sus cuidados, no puedes evitar lanzar una oración al Altísimo? ¿A veces sientes este impulso inexorable de algo que no entiendes, que te impele a tener comunión con Dios más allá de los cielos? ¡Ay! Si es así, puedes estar seguro que es Cristo quien te atrae. Hay un vínculo entre el cielo y tú, y Cristo está halando ese vínculo y elevando tu alma hacia sí. Si tu corazón está aquí abajo, entonces tu tesoro está aquí; pero si tu corazón está allá arriba, si tus esperanzas más brillantes, tus deseos más tiernos están en los lugares celestiales, tu tesoro claramente está allá y el título de propiedad de ese tesoro se encontrará en el propósito eterno de Dios por el cual él te ordenó para sí mismo para que publiques su alabanza.

A través de la Biblia en un año: Juan 7–8

La necesidad de la vida

Por eso me regocijo en debilidades, insultos, privaciones,
persecuciones y dificultades que sufro por Cristo;
porque cuando soy débil, entonces soy fuerte.
2 CORINTIOS 12:10

Hay un deber y privilegio elevado y bendecido —diré que ambas cosas— que es para todo cristiano la necesidad de su vida y eso es orar. ¿Sabes orar, mi hermano? Si sabes orar, puedes mover el cielo y la tierra. ¿Sabes orar, mi hermano? Entonces puedes poner a funcionar fuerzas todopoderosas. No sufrirás necesidad porque a la mano que ora le aguardan provisiones eternas: «Pidan y se les dará». No perderás el camino porque te guiará a la respuesta de la oración. Escucharás una voz detrás de ti que dice: «Éste es el camino; síguelo» (Isaías 30:21).

«Ay, señor», dices tú, «yo no puedo orar de modo imperante». Entonces no eres como Jacob, bueno en la lucha. Bueno, déjame presentarte el texto. De esta debilidad en la oración solo puedes hacerte fuerte mediante la fe. Cree en Dios y prevalecerás con Dios. Cree en su promesa e implórala. Cree en su Espíritu y ora por su ayuda. Cree en Jesús, quien intercede, porque mediante él puedes ir arriesgadamente al trono de la gracia. El que sabe orar tiene su mano en una palanca que mueve el universo. Pero no hay oración sin fe. Cree en la oración y orarás con fe. Algunos no creen que la oración implica mucho. ¡Pobre de ellos! ¡Que el Señor los enseñe!

A través de la Biblia en un año: Juan 9–10

Un espíritu de vehemencia e iniciativa

¡Miren que vengo pronto! Traigo conmigo mi recompensa, y le pagaré a cada uno según lo que haya hecho. Yo soy el Alfa y la Omega, el Primero y el Último, el Principio y el Fin.
APOCALIPSIS 22:12-13

Cristo ha comprado este mundo y él lo poseerá desde un extremo al otro de la tierra. Él lo ha redimido y lo reclamará para sí. Puedes descansar tranquilo sabiendo que lo que sea que dice el rollo de la profecía se cumplirá según el determinado consejo y preconocimiento de Dios. Que no te perturben los videntes ni los agoreros. Descansa tranquilo. «Ahora bien, hermanos, ustedes no necesitan que se les escriba acerca de tiempos y fechas, porque ya saben que el día del Señor llegará como ladrón en la noche» (1 Tesalonicenses 5:1-2).

En cuanto a ustedes, su asunto es trabajar para la propagación de su reino, esparcir continuamente la luz que ustedes tienen y orar por más, esperar en Dios más de las lenguas de fuego, más del bautismo del Espíritu Eterno, más poder vital. Cuando toda la iglesia se despierte a un espíritu de vehemencia e iniciativa, la conversión de este mundo se logrará rápidamente, se echarán los ídolos a los topos y los murciélagos, el anticristo se hundirá como una piedra de molino en el torrente y se revelará la gloria del Señor y toda carne le verá, porque la boca del Señor lo ha dicho.

A través de la Biblia en un año: Juan 11–12

Apariencias externas

Porque vino Juan, que no comía ni bebía, y ellos dicen: «Tiene un demonio». Vino el Hijo del hombre, que come y bebe, y dicen: «Éste es un glotón y un borracho, amigo de recaudadores de impuestos y de pecadores». Pero la sabiduría queda demostrada por sus hechos.
MATEO 11:18-19

Otros profetas, cuando vinieron, estaban vestidos con vestiduras raídas y sus costumbres eran austeras y solemnes. Cristo no vino así; vino a ser un hombre entre los hombres, un fiestero con los que festejaban, alguien que comía miel con los que comían miel. No era diferente de nadie y por eso lo llamaban glotón y borracho. ¿Por qué Cristo hizo esto? ¿Por qué se comportó así, como decían los hombres, a pesar de que era en verdad una calumnia? Era porque él quería que sus discípulos no estimaran las carnes ni las bebidas sino que despreciaran esas cosas y vivieran como los demás; porque él les enseñaría que lo que contamina al hombre no es lo que entra en él sino lo que sale. Lo que le hace daño a un hombre no es lo que come con moderación, sino lo que un hombre dice y piensa. No es abstenerse de la carne, no es el mandamiento carnal de «no tomes en tus manos, no pruebes, no toques» lo que constituye los fundamentos de nuestra religión, a pesar de que pudiera ser una buena cláusula añadida a esto. Cristo comió mantequilla y miel, y su pueblo puede comer mantequilla y miel; más aun, cualquier cosa que Dios en su providencia les de, ese será el alimento del hijo de Cristo hijo.

A través de la Biblia en un año: Juan 13–14

Luz para todo el mundo

Una vez más Jesús se dirigió a la gente, y les dijo: «Yo soy la luz del mundo. El que me sigue no andará en tinieblas, sino que tendrá la luz de la vida».

JUAN 8:12

Él dice: «Yo soy la luz del mundo». Él no dice sencillamente: «Yo soy la luz de los judíos» o «Yo soy la luz de los gentiles». Él es ambas cosas. Él es la luz de toda la humanidad. Hay un poquito de luz en el mahometismo. De hecho, teniendo en cuenta la época en que Mahoma vivió, tenía bastante luz; la religión del Corán es inconmensurablemente superior a las religiones de la época en la que el profeta floreció. Él hasta enseñó la unidad de la divinidad de manera muy clara. Sin embargo, la luz del Corán se toma prestada del Antiguo y del Nuevo Testamento. Es una luz prestada. La inteligencia es hurtada.

La luz de los persas, la luz de Zaratustra, la luz de Confucio vino originalmente de los libros sagrados de los judíos. Todas deben haber partido de una fuente, porque toda luz viene del gran Padre de las luces.

Cristo es la luz del mundo, destinado a derramar sus rayos sobre toda la tierra. Viene el día en que toda la humanidad verá esta luz. Los que moran en el desierto se inclinarán ante él y sus enemigos lamerán el polvo. Las islas le rendirán tributo; Sabá y Seba le ofrecerán tributos, sí, todos los reyes caerán delante de él. No puedo evitar creer que el evangelio aun no ha triunfado. Espero la venida de Cristo. Que venga cuando él quiera, nuestros corazones saltarán de gozo al encontrarnos con él.

A través de la Biblia en un año: Juan 15–16

La iglesia

Ustedes antes ni siquiera eran pueblo, pero ahora son pueblo de Dios; antes no habían recibido misericordia, pero ahora ya la han recibido.

1 PEDRO 2:10

La Palabra de Dios nos dice que en medio de la gran masa de hombres se encuentra un pueblo especial, un pueblo que Dios escogió de entre la raza común antes de que las estrellas comenzarán a brillar, un pueblo que el corazón de Dios quería desde antes de la fundación del mundo, un pueblo que fue redimido con la sangre preciosa de Jesús más allá y por encima del resto de toda la humanidad, un pueblo que es propiedad especial de Cristo, el rebaño de su pasto, las ovejas de su mano, un pueblo sobre el cual vela la Providencia, que modela su curso en medio del laberinto intrincado de la vida, un pueblo que será producido al final, cada uno de ellos sin falta delante del trono eterno y apto para el destino exaltado que él revelará en la era venidera.

A través de toda las Escrituras uno lee acerca de este pueblo particular y especial. A veces se les llama «simiente», otras veces «un huerto», otras «un tesoro» y a veces «un rebaño». El nombre común de ellos en el Nuevo Testamento es «la iglesia». Cristo nos dice que la única manera para entrar a la iglesia es a través de él mismo. Él es la puerta, la única puerta. No hay otra manera de entrar a la iglesia que no sea mediante él. Si crees en Cristo, eres miembro de su iglesia. Si tu confianza está puesta en Cristo, quien es la gran vía de salvación de Dios, tienes evidencias de que él te escogió antes de la fundación del mundo; y esa fe tuya te da derecho a todos los privilegios que Cristo ha prometido en su Palabra a los creyentes.

A través de la Biblia en un año: Juan 17–18

La tormenta interior

Hombres de poca fe —les contestó—, ¿por qué tienen tanto miedo? Entonces se levantó y reprendió a los vientos y a las olas, y todo quedó completamente tranquilo.

MATEO 8:26

Los vientos bramaban, las aguas rugían y los discípulos pensaron que de seguro el mar enfurecido se tragaría la pequeña embarcación, así que despertaron a su Maestro del sueño que él tanto necesitaba y le gritaron: «¡Señor, sálvanos, que nos vamos a ahogar!» Al despertarse porque había peligro, él trató primero la causa principal del peligro, ¿cuál era? No los vientos ni las olas sino la incredulidad de los discípulos. Hay más peligro para un cristiano en su propia incredulidad que en las circunstancias más adversas que pudieran rodearle.

Creo que me atrevo a decir, aunque con el Omnipotente todo es posible, que era más fácil para Cristo calmar los vientos y las olas que aquietar la conmoción que surgió a causa de las dudas en las mentes de sus discípulos; él podía traer la calma con más rapidez a la superficie del lago galileo que a los espíritus perturbados de sus apóstoles aterrorizados. Lo mental siempre supera a lo físico; el gobierno de los corazones es mayor que el gobierno de los vientos y las olas. Así que cuando tengamos que batallar con los problemas, empecemos siempre por nosotros mismos: nuestros temores, falta de confianza, egoísmo y voluntad propia, porque el peligro principal reside ahí. Todos los problemas del mundo no pueden hacerte tanto daño como la mitad de un grano de incredulidad. Aquel que por la gracia de Dios es capaz de dominar su propia alma, no necesita dudar que también será dueño de cualquier cosa que se le oponga.

A través de la Biblia en un año: Juan 19–21

Visión divina

Unos hombres le llevaron un paralítico, acostado en una camilla. Al ver Jesús la fe de ellos, le dijo al paralítico: ¡Ánimo, hijo; tus pecados quedan perdonados!

MATEO 9:2

Notarás que nuestro Señor no esperó a que se dijera palabra alguna, sencillamente miró y vio la fe de ellos. Mateo escribe: «Al ver Jesús la fe de ellos». ¿Quién puede ver la fe? Es algo cuyos efectos pueden verse, sus señales e indicios se pueden descubrir y en este caso eran tan eminentes porque romper el techo y bajar al hombre para ponerlo delante de Jesús de una manera tan extraña eran evidencias de su fe en que Jesús lo sanaría. No obstante, los ojos de Cristo no solo vieron las pruebas de su fe sino la fe misma. Allí estaban parados los cuatro hombres, hablando con sus ojos y diciendo: «¡Maestro, mira lo que hemos hecho! Estamos convencidos de que hemos hecho lo correcto y de que tú lo sanarás». Allí estaba el hombre, acostado en su cama, mirando hacia arriba y preguntándose qué haría el Señor, pero evidentemente estaba animado por la creencia de que ahora estaba en una posición de esperanza en la que con toda probabilidad se convertiría en un hombre favorecido más allá de todo el mundo. Cristo no solo vio las miradas de este hombre y de sus portadores, también vio su fe.

Ay, amigos, no podemos ver la fe los unos de los otros; pero podemos ver el fruto de esta. A veces pensamos que podemos discernir la falta de fe, pero para ver la fe en sí se necesita una visión divina; esto necesita la mirada del ojo del Hijo del Hombre. Jesús vio su fe y ahora ese mismo ojo está mirando a todos en este público y él ve tu fe. ¿Tienes alguna que él pueda ver?

A través de la Biblia en un año: Números 1–4

Perdón y obediencia

Pues para que sepan que el Hijo del hombre tiene autoridad en la tierra para perdonar pecados —se dirigió entonces al paralítico—: Levántate, toma tu camilla y vete a tu casa. Y el hombre se levantó y se fue a su casa.
MATEO 9:6-7

Yo creo que la obediencia minuciosa que el Salvador requería era la mejor evidencia de que él había perdonado el pecado del hombre: «Levántate, toma tu camilla y vete a tu casa». De aquí en lo adelante, hacer todo lo que Cristo te ordene, de la manera en que él te ordene hacerlo, porque él te lo ordena, hacerlo de una vez, hacerlo con gozo, hacerlo constantemente, hacerlo con oración, hacerlo con gratitud, debe ser la señal de que en realidad él ha tratado contigo como un Dios perdonador. Me temo que hay algunos que profesan haber sido perdonados ¡que no son tan obedientes a Cristo como debieran serlo! Sé que han descuidado ciertos deberes; una vez hasta conocí a un hombre que no leía ciertas partes de la Palabra de Dios porque le hacían sentir incómodo; pero asegúrate de esto, cuando tú y la Palabra de Dios se pelean, la Palabra de Dios tiene la razón. Hay algo podrido en el estado de Dinamarca si tú no puedes leer un capítulo deseando que no estuviera ahí. Hay algo mal en ti cuando discutes con la Palabra de Dios. Yo digo que la obediencia minuciosa es la evidencia más segura de que el Señor ha perdonado tu pecado. Por ejemplo: «El que crea y sea bautizado será salvo» (Marcos 16:16). No omitas ninguna parte de este precepto, y si Cristo te ordena venir a su mesa y así recordarlo, no vivas descuidando ese mandamiento.

A través de la Biblia en un año: Números 5-8

El toque sanador

«Iré a sanarlo», respondió Jesús.
MATEO 8:7

Durante tres años nuestro Señor anduvo por los hospitales: se pasaba el día entero en una enfermería, en una ocasión a todo su alrededor pusieron a los enfermos en las calles y en todo momento el mal físico cruzaba su camino de una manera u otra. Él extendía su mano o hablaba la palabra y sanaba todo tipo de dolencias, porque era parte del trabajo de toda su vida. «Iré a sanarlo», dijo él, porque era un médico que constantemente estaba ejerciendo y pasaba visitas enseguida para ver al paciente. «Él se ocupaba de hacer el bien» y en todo esto le hacía saber a su pueblo que su intención no era bendecir solo una parte del hombre sino toda nuestra naturaleza, llevando sobre sí no solo nuestros pecados sino también nuestras enfermedades. Jesús quiere bendecir tanto el cuerpo como el alma, y aunque por el tiempo presente él ha dejado nuestro cuerpo en gran parte bajo el control de la enfermedad, porque todavía «el cuerpo está muerto a causa del pecado, pero el Espíritu que está en ustedes es vida a causa de la justicia» (Romanos 8:10), no obstante, cada miembro restaurado, cada ojo abierto y cada herida sanada es una señal de que Jesús se interesa por nuestra carne y nuestros huesos y quiere que el cuerpo comparta los beneficios de su muerte mediante una gloriosa resurrección.

La genialidad del cristianismo es sentir pena por los pecadores y los que sufren. Que la iglesia sea sanadora como su Señor: al menos si no puede desprender sanidad con el borde de su manto ni «decir la palabra» para que la enfermedad huya, que esté entre los más dispuesto a ayudar en todo lo que pueda mitigar el dolor o socorrer en la pobreza.

A través de la Biblia en un año: Números 9–12

Los días de la preparación

El día en que venga para ser glorificado por medio de sus santos
y admirado por todos los que hayan creído, entre los cuales
están ustedes porque creyeron el testimonio que les dimos.
2 TESALONICENSES 1:10

La completa glorificación de Cristo en sus santos será cuando él venga por segunda vez, de acuerdo a la segura palabra de la profecía. Él ahora se glorifica en ellos porque dice: «Todo lo que yo tengo es tuyo, y todo lo que tú tienes es mío; y por medio de ellos he sido glorificado» (Juan 17:10); pero hasta el momento esa gloria es más bien perceptible para sí mismo que para el mundo exterior. Las lámparas se están despabilando y brillarán en breve. Estos son los días de la preparación antes del día de reposo que es un sentido infinito, un día de fiesta. Como se dijo de Ester, que durante muchos meses se preparó con mirra y dulces fragancias antes de entrar al palacio del rey para casarse con él, así mismo ahora nosotros somos purificados y preparados para ese día majestuoso cuando la iglesia perfeccionada se presentará ante Cristo como una novia ante su esposo. Juan dice de ella que estará «preparada como una novia hermosamente vestida para su prometido». Esta es nuestra noche en la que debemos velar, pero mira, viene la mañana, una mañana sin nubes y luego caminaremos en luz porque ha venido nuestro Bien Amado. Esa segunda venida suya será su revelación, aquí estuvo bajo una nube y los hombres no lo percibieron, excepto unos pocos que contemplaron su gloria; pero cuando él venga por segunda vez, todos los velos serán quitados y todo ojo verá la gloria de su rostro. Él aguarda esto y su iglesia le aguarda a él.

A través de la Biblia en un año: Números 13-16

Dios no es mudo

Habla, que tu siervo escucha respondió Samuel.
1 SAMUEL 3:10

El que quiera escuchar a Dios hablar no tiene que esperar mucho porque Dios habla constantemente a los hombres por medio de las Escrituras que nos fueron dadas mediante la inspiración. ¡Qué pena que seamos tan sordos a sus enseñanzas! Se lee tan poco este maravilloso volumen, tan lleno de sabiduría, que muy pocos de nosotros nos podríamos atrever a mirar sus páginas y decir: «Ay, Señor, en este libro he escuchado tu palabra». En otras ocasiones el Señor habla por medio de la providencia. Las providencias tanto nacionales como personales tienen un significado, providencias que afligen y providencias que consuelan, todas tienen una voz. Pero, por desgracia, temo que a menudo la providencia para nosotros es muda porque nosotros somos sordos. Temo que muy pocos de ustedes pueden decir: «Ay, Señor, en la providencia he escuchado tu palabra». El Dios del cielo habla a los hombres por medio de su Espíritu Santo. Él hace esto, a veces, en las funciones comunes del Espíritu sobre los impíos a las que ellos se resisten, como también hicieron sus padres. El Espíritu lucha con hombres; él llama, ellos se niegan; él extiende su mano, pero ellos no lo reconocen. Aunque tenemos oídos para oír, a menudo apagamos al Espíritu, lo entristecemos, hacemos poco caso de sus admoniciones y, no obstante, si no despreciamos sus enseñanzas, muy a menudo las olvidamos y escuchamos las tonterías de la tierra en lugar de la sabiduría de los cielos.

A través de la Biblia en un año: Números 17-20

Atraer la bendición

El justo se ve coronado de bendiciones, pero la boca del malvado encubre violencia.

PROVERBIOS 10:6

Considera. Si reflexionas, verás que Dios es capaz de darle a su iglesia la mayor bendición y de dársela en cualquier momento. Guarda silencio y considera, y verás que él puede dar la bendición a través de ti o de mí; él puede hacer que cualquiera de nosotros, débiles como somos, sea poderoso en Dios para la destrucción de fortalezas; puede hacer que nuestras manos endebles, aunque solo tengamos unas pocas barras de pan y unos peces, sean capaces de alimentar a miles con el pan de vida. Considera esto y pregúntate en la tranquilidad de tu espíritu, ¿qué podemos hacer para obtener la bendición? ¿Lo estamos haciendo? ¿Qué hay en nuestro temperamento, en nuestra oración privada, en nuestras acciones para que Dios nos mande la bendición? ¿Actuamos de manera sincera? ¿Realmente tenemos un deseo de esas cosas que decimos desear? ¿Podríamos renunciar a compromisos mundanos para ocuparnos de la obra de Dios? ¿Podríamos separar tiempo para cuidar la viña del Señor? ¿Estamos dispuestos a hacer la obra del Señor y tiene nuestro corazón la condición para hacerlo de manera eficiente y aceptable? Guarda silencio y considera. Yo sugeriría a cada cristiano que se sentara un rato delante de Dios cuando llegue a casa y adore con el silencio del sobrecogimiento, con el silencio de la vergüenza y con el silencio de pensar cuidadosamente en estas cosas.

A través de la Biblia en un año: Números 21–24

Sentarse a los pies del maestro

Mientras iba de camino con sus discípulos, Jesús entró en una aldea, y una mujer llamada Marta lo recibió en su casa. Tenía ella una hermana llamada María que, sentada a los pies del Señor, escuchaba lo que él decía. Marta, por su parte, se sentía abrumada porque tenía mucho que hacer.

LUCAS 10:38-40

El sonido nos agota, el silencio nos alimenta. Hacer los mandados del Maestro siempre es bueno, pero sentarse a los pies del Maestro es igual de necesario, porque al igual que los ángeles sobresalen en fuerza, nuestro poder para hacer sus mandamientos surge de que aguce-mos el oído a su Palabra. Si incluso para una controversia humana el silencio es una preparación adecuada, ¿cuánto más no será necesario en las súplicas solemnes con el Eterno? Deja que los manantiales profundos se abran y que las solemnidades de la eternidad ejerzan su poder mientras todavía todo está quieto dentro de nosotros.

Pero, ¿cómo es que ese silencio renueva nuestras fuerzas? Lo hace, primero, al dar espacio para que la Palabra fortalecedora entre a nuestra alma y se sienta realmente la energía del Espíritu Santo. Palabras, palabras, palabras; tenemos tantas palabras y no son más que paja, pero ¿dónde está *el Verbo* que en el principio era Dios y estaba con Dios? Esta Palabra es la semilla viva e incorruptible: «¿Qué tiene que ver la paja con el grano? afirma el Señor» (Jeremías 23:28). Queremos menos de las palabras del hombre y más de él que es la misma Palabra de Dios. Guarda silencio, guarda silencio y deja que Jesús hable.

A través de la Biblia en un año: Números 25-28

Trabajo que no es en vano

Si el hacha pierde su filo, y no se vuelve a afilar, hay que golpear con más fuerza. El éxito radica en la acción sabia y bien ejecutada.
ECLESIASTÉS 10:10

La fuente de nuestra peor debilidad es nuestra fortaleza nacida en casa y la fuente de nuestra peor tontería es nuestra sabiduría personal. Señor, ayúdanos a estar tranquilos hasta que hayamos renunciado a nosotros mismos, hasta que hayamos dicho: «Señor, nuestra manera de trabajar no se compara con la tuya, enséñanos a trabajar. Señor, nuestros juicios son débiles en comparación con tu juicio perfecto; somos tontos; sé nuestro maestro y guíanos en todas las cosas».

Jehová trabaja en todas partes y todas las cosas le sirven. Él obra en la luz, y vemos su gloria, pero igualmente obra en la oscuridad donde no podemos percibirlo. Su sabiduría es demasiado profunda para que hombres mortales puedan entenderla en todo momento. Seamos pacientes y esperemos por su tiempo. Confiemos en el poder de nuestro padre, como confía el niño que está en el pecho de su madre acerca del amor de esta; sin más dudas de las que puede tener de la majestad de Jehová un ángel que está ante el trono, comprometámonos, cada uno según su propia forma, a sufrir y trabajar para la gran causa de Dios, sintiéndonos seguros de que ningún trabajo ni sufrimiento en el Señor puede ser en vano.

A través de la Biblia en un año: Números 29-32

Intercede valientemente

Así que somos embajadores de Cristo, como si Dios los exhortara a ustedes por medio de nosotros.
2 CORINTIOS 5:20

Amado, tú que conoces al Señor, te imploro que te *acerques*. Estás callado, has renovado tu fuerza; ahora disfruta el acceso con valentía. La condición para interceder por otros no es estar alejados de Dios sino muy cerca a él. Hasta Abraham se acercó cuando imploró por Sodoma y Gomorra. Recordemos cuán cerca estamos realmente. Hemos sido lavados de todo pecado en la preciosa sangre de Jesús, en este momento estamos cubiertos de pies a cabeza con la justicia inmaculada de Enmanuel, Dios con nosotros. El Amado nos acepta, sí, en este momento somos uno con Cristo y miembros de su cuerpo. ¿Cómo podríamos estar más cerca? ¿Cuán cerca está Cristo de Dios? ¡Así de cerca estamos nosotros! Entonces, acércate en tus súplicas personales, porque estás cerca a tu Representante del pacto. El Señor Jesús ha llevado a la humanidad en unión con la naturaleza divina y ahora entre Dios y el hombre existe una relación especial y sin paralelo que el universo no puede igualar. Acérquense entonces, hijos de Dios, acérquense porque están cerca. Párense en el lugar que su condición de hijos les da, ahí donde su Representante está parado a vuestro favor.

A través de la Biblia en un año: Números 33–36

Un Dios que escucha la oración

Pero mientras mantenían a Pedro en la cárcel, la iglesia oraba constante y fervientemente a Dios por él.
HECHOS 12:5

Dios le ha concedido a la iglesia misericordias indecibles como respuesta a la intercesión, porque él se complace en bendecir a su pueblo en el propiciatorio. La iglesia de Dios nunca ha ganado una victoria que no sea respuesta a la oración. Toda su historia es para la alabanza de un Dios que escucha la oración. Ven entonces, si antes nos fue tan bien, y si Dios nos invita ahora, sí, si él se deleita en nuestras peticiones, no seamos descuidados y, por el contrario, aumentemos nuestras peticiones delante de él.

Insto encarecidamente a mis hermanos en Cristo a altercar así con el Señor: «Señor, tu verdad no prospera en la tierra, sin embargo, tú has dicho: "Mi palabra no regresará a mí vacía". Señor, cada día eres blasfemado y, no obstante, tú has dicho que toda carne verá tu gloria. Señor, han puesto ídolos, incluso en esta tierra, donde quemaron a tus mártires, están levantando otra vez las imágenes esculpidas. Señor, derrúmbalas por amor a tu nombre, por tu honor te lo imploramos, hazlo. ¿No escuchas el triunfo del enemigo? Dicen que el evangelio está desgastado. Nos dicen que somos reliquias de una raza anticuada, que el progreso moderno ha barrido la fe. ¿Permitirás que así sea, buen Señor? ¿Será el evangelio considerado como un almanaque atrasado y pondrán ellos nuevos evangelios en su lugar? Las almas se pierden. ¡Oh, Dios de misericordia! ¡El infierno se llena, oh Dios de compasión infinita! Jesús solo ve que pocos llegan ante él y se lavan en su preciosa sangre. ¡El tiempo vuela y cada año aumenta el número de los perdidos! ¿Cuánto tiempo, oh Dios, cuánto tiempo? ¿Por qué tardas?» De esta manera, presenta tu caso ante el Señor y él te prestará oído.

A través de la Biblia en un año: Hechos 1–3

Multiplicación espiritual

Y la palabra de Dios se difundía: el número de los discípulos aumentaba considerablemente en Jerusalén, e incluso muchos de los sacerdotes obedecían a la fe.
HECHOS 6:7

La multiplicación es una forma muy antigua de bendición. La bendición que se pronunció sobre el hombre fue de este tipo, porque en el primer capítulo de Génesis leemos en primer lugar: «Los bendijo con estas palabras: "Sean fructíferos y multiplíquense; llenen la tierra"». En un sentido espiritual, esta es la bendición de la iglesia de Dios. Cuando el poder del Espíritu Santo visita la iglesia, esta aumenta en cada aspecto. Cuando una iglesia en medio de una amplia población permanece estática en los números, o incluso se reduce, ningún hombre puede ver en dicha condición la bendición de Dios. Sin dudas, sería una bendición novedosa, porque la primera bendición, la bendición de Pentecostés trajo como resultado que se añadieran tres mil a la iglesia en un día y luego encontramos que «Cada día el Señor añadía al grupo los que iban siendo salvos» (Hechos 2:47). Está claro que la bendición que como iglesia debemos buscar con todo nuestro corazón es ese aumento continuo.

A través de la Biblia en un año: Hechos 4–6

Un buen motivo para orar

Así que acerquémonos confiadamente al trono de la gracia para recibir misericordia y hallar la gracia que nos ayude en el momento que más la necesitemos.
HEBREOS 4:16

Todo verdadero cristiano desea ver que la iglesia crezca; en todo caso yo me compadezco del hombre que se crea cristiano y que no tenga tal deseo. «Que toda la tierra se llene de su gloria» es una aspiración natural de todo hijo de Dios y si algún hombre está convencido de ser un hijo de Dios y, no obstante, no tiene el deseo de ver que la gloria de Dios se manifieste con la conversión de multitudes, yo me compadezco de la condición de su corazón y de su entendimiento. Confío en que todos sintamos el espíritu misionero, todos anhelamos ver el reino del Señor venir y ver que los convertidos en Sión se multipliquen. Pero Dios ha agregado a la concesión de nuestro deseo que debemos orar por este, debemos suplicar y pedir, de lo contrario el crecimiento será retenido.

El Señor sabe cuán beneficioso es para nosotros orar mucho y por tanto él nos facilita acercarnos a él. Él nos da una multitud de razones para acercarnos al propiciatorio y nos da tareas que pueden usarse como argumentos para hacer peticiones frecuentes. Ahora bien, como al Señor le encanta comunicarse con las personas, él se ocupa de darles tareas por las cuales ellos deban venir a él. Nunca debemos temer que se nos interrogue en la puerta de la misericordia y que se nos haga esta dura pregunta: «¿Qué haces aquí?» Porque siempre tenemos alguna razón para orar, de hecho, cada promesa se convierte en una razón para orar porque no se nos concederá la promesa hasta que la hayamos pedido en el propiciatorio.

A través de la Biblia en un año: Hechos 7–9

Nuestro canal de bendición

Por aquellos días Ezequías se enfermó gravemente y estuvo a punto de morir. ... Ezequías volvió el rostro hacia la pared y le rogó al Señor: «Recuerda, Señor, que yo me he conducido delante de ti con lealtad y con un corazón íntegro, y que he hecho lo que te agrada.» Y Ezequías lloró amargamente. ... «Regresa y dile a Ezequías, gobernante de mi pueblo, que así dice el Señor, Dios de su antepasado David: He escuchado tu oración y he visto tus lágrimas. Voy a sanarte, y en tres días podrás subir al templo del Señor.»

2 Reyes 20:1-5

¿No debiera haber oración en nuestros corazones cuando Dios ha señalado que la oración debe ser el canal de bendición para los pecadores así como para nosotros mismos? Entonces, ¿cómo podemos decir que somos cristianos? Tú podrías decir: «Bueno, yo creo que yo podría ser dispensado», pero debo contestarte que no. «Estoy muy enfermo», dice alguno. Ah, entonces puedes acostarte y orar.

«Soy tan pobre», dice otro. Bueno, no te cobran ni un centavo cada vez que ores a Dios. No importa cuán pobre seas, tus oraciones son iguales de aceptables; solo recuerda, si eres tan pobre, debes orar todavía más porque no puedes dar tu ofrenda en forma de oro. Me gustaría que dijeras como el apóstol: «No tengo plata ni oro pero lo que tengo te doy. Mi Maestro, oraré mucho».

«Ah» dice otro, «pero yo no tengo talentos». Esa es otra razón por la que debes orar más y no por la cual debas dejar de orar porque si no puedes contribuir al servicio público de la iglesia por falta de talento, debes contribuir aun con más fervor a su fortalecimiento mediante el ejercicio privado de la oración y la intercesión y así hacer fuerte a aquellos que son más aptos para ir al frente.

A través de la Biblia en un año: Hechos 10–12

Sin excusa

Oren en el Espíritu en todo momento, con peticiones y ruegos. Manténganse alerta y perseveren en oración por todos los santos.
EFESIOS 6:18

¿Sobre qué base puede alguien ser eximido del deber de orar? Respuesta: Sobre ninguna base. No puedes ser eximido basándote en una simple naturaleza humana porque si Dios salvará a los pecadores en base a la oración y yo no oro, ¿qué soy? Las almas mueren, perecen, se hunden en el infierno mientras que el mecanismo establecido para la salvación es la oración y la predicación de la Palabra y si yo restrinjo la oración, ¿qué soy? Sin duda la bondad humana se ha marchado de mi pecho y he dejado de ser humano, y si es así, no tiene valor hablar de comunión con lo divino. Aquel que no se compadece de un hombre herido y no busca aliviar el hambre de alguien que muere de necesidad es un monstruo. Pero el que no se apiada de las almas que se están hundiendo en un fuego eterno, ¿qué es?

Además, ¿puede encontrarse alguna excusa en el cristianismo para abandonar la oración? Yo respondo, no se encuentra ninguna en el cristianismo más que en la naturaleza humana porque si Cristo nos ha salvado, él nos ha dado de su Espíritu: «si alguno no tiene el Espíritu de Cristo, no es de Cristo» (Romanos 8:9). ¿Y cuál era el Espíritu de Cristo? ¿Miró él a Jerusalén y dijo: «Yo creo que se ha renunciado a la ciudad, está predestinada a la destrucción» y luego siguió tranquilamente su camino? No, no lo hizo. Él creía en la predestinación pero esa verdad nunca enfrió su corazón. Él lloró por Jerusalén y dijo: «¡Jerusalén, Jerusalén, cuántas veces quise reunir a tus hijos, como reúne la gallina a sus pollitos debajo de sus alas, pero no quisiste!»

A través de la Biblia en un año: Hechos 13–16

Compasión por otros

Ríos de lágrimas corren por mis mejillas porque ha sido destruida la capital de mi pueblo. Se inundarán en llanto mis ojos, sin cesar y sin consuelo, hasta que desde el cielo el Señor se digne mirarnos.

LAMENTACIONES 3:48-50

Mientras más nos convirtamos en lo que debemos ser, más dominará la compasión nuestros corazones. ¿Qué dijo el Señor Jesucristo, que es el modelo y el reflejo de la hombría perfecta, con respecto a los pecados y a las aflicciones de Jerusalén? Él sabía que Jerusalén debía perecer, ¿enterró él su pena tras el hecho del decreto divino y endureció su corazón por la idea de la soberanía o la justicia que sería resplandeciente en la destrucción de la ciudad? No, él no, sino que lloró con ojos que borboteaban como una fuente: «¡Jerusalén, Jerusalén, cuántas veces quise reunir a tus hijos, como reúne la gallina a sus pollitos debajo de sus alas, pero no quisiste!» Si vas a ser como Jesús, debes ser tierno y compasivo. Serías el opuesto extremo de él si pudieras sentarte con un contentamiento sombrío y, con una filosofía estoica, convertir en piedra toda la carne que hay en ti. Si es natural, entonces, y por encima de todo, si es natural de la naturaleza dada por la gracia, les imploro, dejen que sus corazones se muevan con piedad; no resistan ver la muerte espiritual de la humanidad. Agoniza cada vez que contemples la ruina de cualquier alma de la simiente de Adán.

Sin duda que los que reciben misericordia deben mostrar misericordia; aquellos que deben todo lo que tienen a la piedad de Dios no deben mostrarse despiadados para con sus hermanos. Encontrarás en todas partes por todo el evangelio que este habla de amor fraternal, de compasiva misericordia y de una piedad que llora. Déjame implorarte que creas que es necesario así como justificable que sientas compasión por los hijos de los hombres.

A través de la Biblia en un año: Hechos 17–19

Un hambre divina

Digo la verdad en Cristo; no miento. Mi conciencia me lo confirma en el Espíritu Santo. Me invade una gran tristeza y me embarga un continuo dolor. Desearía yo mismo ser maldecido y separado de Cristo por el bien de mis hermanos, los de mi propia raza, el pueblo de Israel.

ROMANOS 9:1-4

Pablo se convierte en el salvador de muchos debido al deseo de su corazón y su oración a Dios para que estos se salven. ¡Ay, le imploro a Dios que venga sobre nosotros un hambre divina que no pueda satisfacerse a menos que los hombres se rindan a Jesús!; un deseo intenso y ferviente, un deseo jadeante de que los hombres se sometan al evangelio de Jesús. Esto te enseñará mejor que la mejor preparación que una universidad pueda darte acerca de cómo tratar con los corazones humanos. Esto le dará a la lengua tartamuda la palabra pronta; el corazón ardiente quemará las cuerdas que aprietan firmemente a la lengua. Te convertirás en sabio para ganar almas, aunque quizá nunca exhibas la brillante elocuencia o la fuerza de la lógica. Los hombres se maravillarán ante tu poder, el secreto les será oculto, y el hecho es que el Espíritu Santo te cubrirá y tu corazón te enseñará sabiduría, Dios enseñará a tu corazón. Profundos sentimientos de tu parte hacia otros harán que otros sientan por sí mismo y Dios te bendecirá y eso desde bien temprano.

A través de la Biblia en un año: Hechos 20–22

No te olvides

Si hablo en lenguas humanas y angelicales, pero no tengo amor, no soy más que un metal que resuena o un platillo que hace ruido.
1 CORINTIOS 13:1

En cada uno de nosotros existe la tentación de tratar de olvidar que las almas se están perdiendo. Puedo ir a mi casa por calles respetables y escoger ese camino de modo natural porque así no veo la pobreza de los locales más bajos de la ciudad pero, ¿estoy haciendo lo correcto si trato de olvidar que existen lugares como Bethnal Greens y Kent Streets, y otros lugares semejantes de pobreza? Los patios cerrados, los sótanos, las buhardillas atestadas, las casas de hospedaje, ¿me voy a olvidar de que existen? De seguro que la única manera de que una mente caritativa duerma cómodamente en Londres es olvidar cómo vive la mitad de la población; pero ¿es nuestro objetivo vivir cómodamente? ¿Somos bestias tan brutas que lo único que nos interesa es la comodidad, como los cerdos en su pocilga? No, hermanos, traigamos a la memoria los pecados de nuestra gran ciudad, sus penas y sufrimientos y recordemos también los pecados y las penas del vasto mundo y las decenas de miles de nuestra raza que están marchando constantemente a la eternidad. Más aun, ¡míralos! ¡No cierres los ojos! ¿El horror de la visión hace que te duelan los ojos? Entonces mira hasta que también te duela tu corazón y tu espíritu prorrumpa en agonía delante del Señor.

Mira hacia el infierno un momento; abre bien la puerta; escucha y vuelve a escuchar. Dices que no puedes, que enferma tu alma; deja que se enferme y en su desmayo, déjala caer en los brazos de Cristo el Salvador y exhala un lamento para que él se apure en salvar a los hombres de la ira venidera. No ignores, pido en oración, lo que sí existe.

A través de la Biblia en un año: Hechos 23–25

Amigos de Dios

Yo les he dicho estas cosas para que en mí hallen paz. En este mundo afrontarán aflicciones, pero ¡anímense! Yo he vencido al mundo.

JUAN 16:33

Ismael no recibió burlas, pero Isaac sí porque él nació de la promesa. La posteridad de Esaú nunca sufrió esclavitud en Egipto pero Israel tuvo que prepararse por medio del arduo servicio. La persecución es para el justo; los hombres malvados reciben honra de sus cómplices impíos. La calumnia dispara sus flechas envenenadas no a los depravados, sino a los virtuosos. Los pájaros no picotean las frutas agrias sino que atacan tanto las dulces como las maduras. Los hombres santos deben esperar que se les desvirtúe y a menudo se les difame intencionalmente, mientras que los hipócritas tienen su premio en un homenaje inmerecido. Lleva sobre tus hombros la carga que escojas y nadie se dará cuenta a menos que de hecho ellos obedezcan la vieja regla y «respeten la carga», pero si tomas la cruz de Cristo y valientemente la llevas, muy pocos respetarán la carga o alabarán al que la lleva. Hombres sin gracia le añadirán peso a tu carga porque la ofensa de la cruz aun no ha cesado. La naturaleza de los malvados es odiar al justo así como el lobo se enfurece contra las ovejas. Este mundo no puede ser amigo del amigo de Dios a menos que en verdad Belial pueda tener comunión con Cristo y nosotros sabemos que eso es imposible. De una manera u otra, los egipcios oprimirán a los israelitas hasta el día en que Dios los libere de estos con mano fuerte y brazo extendido. Si hoy la enemistad se restringe en su manifestación es porque la ley de la nación, por la providencia de Dios, no permite la tortura, la hoguera ni la mazmorra.

A través de la Biblia en un año: Hechos 26–28

¿Cómo podemos no amarlo?

Ama al Señor tu Dios con todo tu corazón, con toda tu alma, con toda tu mente y con todas tus fuerzas.
MARCOS 12:30

Dios merece, en todos los aspectos, el amor que exhorta a los santos tener. Piensa en la excelencia del carácter de quien se te pide que ames. Dios es un ser tan perfecto que ahora yo siento que, apartándome por completo de cualquier cosa que él ha hecho por mí, yo lo amo porque él es tan bueno, tan justo, tan santo, tan fiel, tan verdadero. No hay uno solo de sus atributos que no sea exactamente lo que debiera ser. Si miro a su amado Hijo, veo que su carácter está balanceado de una manera tan gloriosa que me pregunto por qué incluso aquellos que niegan su divinidad no adoran un carácter como el de él, porque es absolutamente único. Cuando pienso en el carácter del Espíritu para siempre bendecido, en su paciencia y en su sabiduría, su ternura y su amor para con nosotros, no puedo evitar amarlo. Sí amado, tenemos que amar al Padre, al Hijo y al Espíritu porque nunca los corazones humanos tuvieron tal objeto de amor como la divina Trinidad en unidad.

¿Qué es Dios? «Dios es amor». Esa corta frase lo encierra todo. Él es un Dios maravilloso pero es tan misericordioso como maravilloso. Él está tan lleno de bondad así como el sol está lleno de luz y tan lleno de gracia como el mar está lleno de agua y él se complace en dar a otros todo lo que tiene. Dios, mi Dios, tú eres todo un encanto y el corazón que esté en buena condición tiene que amarte.

A través de la Biblia en un año: Deuteronomio 1–4

La verdad elemental

Por eso Cristo es mediador de un nuevo pacto, para que los llamados reciban la herencia eterna prometida, ahora que él ha muerto para liberarlos de los pecados cometidos bajo el primer pacto.
HEBREOS 9:15

El centro del evangelio es la redención y la esencia de la redención es el sacrificio sustitutivo de Cristo. Aquellos que predican esta verdad, predican el evangelio sin considerar cualquier otro error que pudieran tener, pero los que no predican la expiación, sin considerar lo demás que declaren, han perdido el alma y la esencia del mensaje divino. En estos días me siento obligado a repasar las verdades elementales del evangelio. En la misma iglesia se han levantado hombres que hablan cosas perversas. Hay muchos que nos preocupan con sus filosofías y sus novedosas interpretaciones, por medio de las cuales niegan las doctrinas que profesan enseñar para socavar la fe que han prometido mantener. No tengo deseos de tener fama en nada que no sea predicar el viejo evangelio.

Hermanos míos, por experiencia he encontrado que nada toca el corazón como la cruz de Cristo y cuando la espada de doble filo de la ley toca y hiere el corazón, nada cura sus heridas como el bálsamo que fluye del corazón traspasado de Jesús. Cuando vemos hombres vivificados, convertidos y santificados mediante la doctrina del sacrificio sustitutivo podemos concluir debidamente que esta es la verdadera doctrina de la expiación. No he conocido a hombres que revivan para Dios y la santidad excepto mediante la doctrina de la muerte de Cristo en lugar del hombre.

A través de la Biblia en un año: Deuteronomio 5–8

Ciudadanos del cielo

En cambio, nosotros somos ciudadanos del cielo, de donde anhelamos recibir al Salvador, el Señor Jesucristo.
FILIPENSES 3:20

Mientras estemos aquí tenemos que hacer nuestro mayor esfuerzo por llevar hombres a Cristo, por ganarlos de sus malos caminos, por llevarlos a la vida eterna y por hacerlos, junto con nosotros, ciudadanos de otra tierra mejor.

Al buscar el bien del país como extranjeros, también tenemos que recordar que les corresponde a los extranjeros mantenerse muy tranquilos. ¿Por qué han de conspirar los extranjeros contra el gobierno ni entremeterse en la política de un país del que no tienen ciudadanía? Así que en esta tierra nuestra, donde tú y yo somos extranjeros, debemos ser advenedizos ordenados, que se someten constantemente a aquellos que están en autoridad, llevando vidas ordenadas y pacíficas y, según el mando del Santo Espíritu por medio del apóstol: «Den a todos el debido respeto: amen a los hermanos, teman a Dios, respeten al rey»; «sométanse por causa del Señor a toda autoridad humana». En esta tierra solo estamos de paso y debemos bendecirla al pasar por ella, pero nunca debemos hacer yugo con sus asuntos. Los cristianos, como hombres, aman la libertada y no están dispuestos a perderla ni en el menor sentido, pero espiritualmente sus políticas de gobierno son espirituales y como ciudadanos, velan por el interés de esa república divina a la que pertenecen y aguardan el momento en que, habiendo soportado las leyes de la tierra de su exilio, estarán bajo el dominio bienhechor de aquel que reina en gloria, el Rey de Reyes y Señor de Señores. Si es posible, en cuanto dependa de ustedes, vivan en paz con todos los hombres y sirvan a su tiempo y su generación con tranquilidad, pero no construyan morada para su alma aquí, porque toda esta tierra será destruida con la venida del día terrible.

A través de la Biblia en un año: Deuteronomio 9–12

Discurso celestial

Encarga y enseña estas cosas. Que nadie te menosprecie por ser joven. Al contrario, que los creyentes vean en ti un ejemplo a seguir en la manera de hablar, en la conducta, y en amor, fe y pureza.
1 TIMOTEO 4:11-12

Nuestra manera de hablar debe ser tal que se detecte nuestra ciudadanía. No debemos ser capaces de vivir en una casa mucho tiempo sin que los hombres se enteren quiénes somos. Una vez un amigo mío fue a los Estados Unidos y creo que desembarcó en Boston. No conocía a nadie pero cuando oyó a un hombre decir, porque alguien había dejado caer un barril en el muelle: «Cuidado, o harás de eso un Coggeshall», él dijo: «Usted es de Essex porque ese refrán no se usa en ningún otro lugar que en Essex; déme la mano» y de inmediato se hicieron amigos. Así que nuestra manera de hablar debiera ser tal que cuando un hermano se encuentre con nosotros pueda decir: «Tú eres cristiano, lo sé, porque nadie más habla o actúa así, solo los cristianos». «Seguro que estuviste con Jesús de Nazaret, se te nota por tu acento». Nuestra santidad debiera ser como una especie de francomasonería por medio de la cual sepamos cómo darle la mano al extraño, quién no es un verdadero extraño sino un conciudadano de la familia de la fe.

Oh, queridos amigos, adondequiera que vayamos, nunca debemos olvidar nuestra amada tierra. Hermanos, así como la gente en tierra extranjera ama a su país y siempre se alegra de recibir muchas cartas de su país, espero que tengamos mucha comunicación con la madre patria. Enviamos nuestras oraciones allá como cartas a nuestro Padre y recibimos sus cartas de vuelta en este bendito volumen, su Palabra.

A través de la Biblia en un año: Deuteronomio 13–16

Preparado para ser héroe

Sé lo que es vivir en la pobreza, y lo que es vivir en la abundancia. He aprendido a vivir en todas y cada una de las circunstancias, tanto a quedar saciado como a pasar hambre, a tener de sobra como a sufrir escasez. Todo lo puedo en Cristo que me fortalece.

FILIPENSES 4:12-13

Aquellas personas que solo navegan en un barco pequeño por un lago no tienen historias que contar acerca de aventuras en el mar. Pero el que va a escribir un libro acerca de viajes largos debe viajar muy lejos de la tierra y contemplar el mar en tiempos de tormenta así como de calma. Quizá te convertirás en un cristiano experimentado; darás gran honor a Dios al ser el medio de consuelo para otros que serán probados de manera similar a como tú lo fuiste. Te prepararás para ser un héroe y eso no puede lograrse excepto por medio de penas grandes y amargas que te sobrevengan. Creo que entre nosotros hay algunos a quienes Dios no puede confiarles mucho gozo. La cabeza se marearía si se le pone en un pináculo muy alto y se volvería orgullosa y autosuficiente y por lo tanto se destruiría. Dios no mataría a sus hijos con caramelos como tampoco lo haría con amargura. Cuando lo necesiten tendrán un tónico, pero si el tónico es tan amargo que pareciera que no pueden tomarlo y seguir viviendo, el Señor les quitará el tónico o les dará alguna dulzura deliciosa que quite todo el sabor amargo.

A través de la Biblia en un año: Deuteronomio 17–20

Nuestro todo en todo

Al sentir que se me iba la vida, me acordé del Señor, y mi oración llegó hasta ti, hasta tu santo templo. Los que siguen a ídolos vanos abandonan el amor de Dios. Yo, en cambio, te ofreceré sacrificios y cánticos de gratitud. Cumpliré las promesas que te hice. ¡La salvación viene del Señor!

JONÁS 2:7-9

Desde el principio la dificultad ha sido llegar al final de uno, porque cuando un hombre llega al fin de sí mismo, ha llegado al comienzo de la obra de Dios. Cuando uno está vaciado y no queda nada en lo absoluto, entonces toda la misericordia del pacto de la gracia es suya. Puede que yo tenga dudas en cuanto a si la gracia de Dios se ejercerá en ciertos casos pero no puedo presentar ninguna duda acerca de la liberalidad de la gracia divina para un alma que está vacía, para un alma que está lista para perecer, para un alma que está buscando a Dios y que tiene hambre y sed de justicia. Una vez que tu alma esté tan consciente de tu pecado que toda esperanza de salvación por tus propias obras quede abandonada y sientas que estás completamente condenado, entonces Jesucristo es tuyo porque él vino a llamar, no a justos, sino a pecadores. Así que acéptalo como tuyo, tómalo, recíbelo ahora. Dios ha hecho que Cristo sea la plenitud para llenar nuestro vacío, la justicia para nuestra injusticia, la vida para nuestra muerte, la salvación para nuestra condenación, el todo en todo para nuestra pobreza, nuestra miseria, nuestro pecado.

A través de la Biblia en un año: Deuteronomio 21–24

Una señal esperanzadora

Por lo tanto, le daré un puesto entre los grandes, y repartirá el botín con los fuertes, porque derramó su vida hasta la muerte, y fue contado entre los transgresores. Cargó con el pecado de muchos, e intercedió por los pecadores.

ISAÍAS 53:12

Los movimientos del Espíritu de Dios en las almas de su pueblo son las pisadas de los propósitos eternos de Dios a punto de cumplirse. Para un hombre siempre es una señal esperanzadora que otro ore por él. Es difícil arrastrar a un hombre al infierno a quien un hijo de Dios está halando hacia el cielo mediante la intercesión. A menudo la intercesión de los santos derrota a Satanás en sus tentaciones. Entonces, ten esperanza de que tu sentido personal de compasión por las almas sea un indicio de que Dios las bendecirá. Ismael, de quien Hagar se compadecía, fue un muchacho acerca de quien se hicieron grandes y amplias promesas. Él no podía morir, a Hagar se le había olvidado eso, pero a Dios no. No había sed que pudiera destruirlo porque Dios dijo que haría de Ismael una gran nación. Esperemos que aquellos por quienes tú y yo estamos orando y trabajando estén, de acuerdo con el propósito eterno de Dios, salvaguardados del infierno porque la sangre de Cristo los ha comprado y ellos tienen que pertenecerle al Señor. Nuestras oraciones son insignias de la voluntad de Dios. El Espíritu Santo nos guía a orar por aquellos a quienes él tiene la intención de llamar.

A través de la Biblia en un año: Deuteronomio 25–28

Habla primero con el amo

Entonces comenzó a orar: «Señor, Dios de mi amo Abraham, te ruego que hoy me vaya bien, y que demuestres el amor que le tienes a mi amo. Aquí me tienes, a la espera junto a la fuente, mientras las jóvenes de esta ciudad vienen a sacar agua. Permite que la joven a quien le diga: Por favor, baje usted su cántaro para que tome yo un poco de agua, y que me conteste: Tome usted, y además les daré agua a sus camellos, sea la que tú has elegido para tu siervo Isaac. Así estaré seguro de que tú has demostrado el amor que le tienes a mi amo.»

GÉNESIS 24:12-14

El fiel siervo de Abraham, antes de comenzar, se comunicó con su amo, y esto es una lección para nosotros, los que realizamos tareas de nuestro Señor. Antes de involucrarnos en algún servicio, busquemos el rostro del Amo, hablemos con él y digámosle cualquier dificultad que vislumbremos en nuestra mente. Antes de ponernos a trabajar, sepamos qué debemos hacer y qué respaldo tenemos. Escuchemos de la propia boca de nuestro Señor lo que él espera que hagamos y hasta dónde nos ayudará para hacerlo. Les encargo, mis consiervos, que nunca vayan adelante a suplicarle a los hombres por Dios hasta que no hayan suplicado primero a Dios por los hombres. No intenten presentar un mensaje que no hayan recibido primero que nada del Espíritu Santo. Salgan de la recámara de la comunión con Dios al púlpito del ministerio entre los hombres y habrá un poder y una frescura en ustedes que nadie podrá resistir. El siervo de Abraham habló y actuó como alguien que se sentía obligado a hacer exactamente lo que su amo le ordenó y a decir lo que su amo le dijo; por tanto, su única ansiedad era saber la esencia y la medida de su comisión.

A través de la Biblia en un año: Deuteronomio 29–31

Lluvias de misericordia

Y dijo Manoa a su mujer: Ciertamente moriremos, porque a Dios hemos visto.
JUECES 13:22 (RVR 1960)

Para Manoa y para su mujer fue el mayor gozo posible de la vida, el clímax de su ambición, que serían los padres de un hijo por medio de quien el Señor comenzaría a liberar a Israel. De tan solo pensarlo, el gozo los inundaba, un gozo indecible; pero en el momento en que recibieron la noticia, al menos Manoa se sintió tan cargada en el espíritu que dijo: «Ciertamente moriremos, porque a Dios hemos visto». Tómalo como una regla general: los cielos nublados pronostican una lluvia de misericordia. Cuando experimentes una terrible aflicción, espera un dulce favor. ¿No te acuerdas, con relación a los apóstoles, que sintieron temor cuando entraron en la nube en el monte Tabor? Y, no obstante, fue en esa nube que vieron a su Maestro transfigurado, y tú y yo hemos tenido mucho miedo cuando entramos a la nube, aunque estuvimos ahí para ver más de Cristo y su gloria que nunca antes. La nube que temes es la pared externa de la recámara secreta donde el Señor se revela a sí mismo.

Yo sí creo que cada vez que el Señor está a punto de usarnos en su familia, nos toma como si fuéramos un plato y nos limpia por completo y nos pone en el estante y luego nos baja y pone ahí mismo su propia carne celestial con la cual llenará las almas de otros. Como regla debe haber un vaciamiento, un virar al revés y dejar a un lado, antes de que venga la mayor bendición. Manoa sentía que debía morir y no obstante no podía morir porque él sería el padre de Sansón, el liberador de Israel y el terror de los filisteos.

A través de la Biblia en un año: Deuteronomio 32–34

El remedio divino

Para que por fe Cristo habite en sus corazones. Y pido que, arraigados y cimentados en amor, puedan comprender, junto con todos los santos, cuán ancho y largo, alto y profundo es el amor de Cristo; en fin, que conozcan ese amor que sobrepasa nuestro conocimiento, para que sean llenos de la plenitud de Dios.
EFESIOS 3:17-19

La caída de Adán y la destrucción de la humanidad dieron amplio espacio y margen suficiente para el amor todopoderoso. Entre las ruinas de la humanidad había espacio para mostrar cuánto Jehová amaba a los hijos de los hombres, porque la circunferencia de su amor no era menor que el mundo, y el objeto de este no menos que liberar a los hombres de caer en el foso, y el resultado de este no menos que encontrar un rescate para ellos. El propósito trascendental de ese amor era tanto negativo como positivo: que al creer en Jesús los hombres no perecieran sino que tuvieran vida eterna. La grave enfermedad del hombre dio motivo a la introducción de ese remedio divino que solo Dios pudiera haber ideado y suministrado. Mediante el plan de misericordia y el gran regalo que se necesitaba para llevarlo a cabo, el Señor encontró los medios para mostrar su amor ilimitado a hombres culpables. De no haber caída ni destrucción, Dios nos hubiera mostrado su amor como lo hace a los espíritus puros y perfectos que rodean su trono, pero nunca pudiera habernos presentado su amor en la medida en que lo hace. En el regalo de su Hijo unigénito, Dios nos mostró su amor ya que siendo aun pecadores, en el debido tiempo, Cristo murió por los impíos.

A través de la Biblia en un año: Romanos 1–2

Ama al Señor

Amen al Señor, todos sus fieles.
SALMOS 31:23

Algunas pasiones de nuestra naturaleza pudieran ser exageradas y hacia ciertos objetos, pudieran ir demasiado lejos, pero el corazón, cuando se vuelve a Dios, nunca puede ser demasiado cálido ni estar demasiado emocionado, ni demasiado concentrado en el objeto divino: «Amen al Señor, todos sus fieles».

Pon el énfasis en esa dulce palabra: *amor, amar al Señor como no podrías amar a nadie ni a nada más.* Esposo, ama a tu esposa; padre, ama a tus hijos; hijos, amen a sus padres y todos ustedes amen a sus amigos, y está bien que lo hagan. Sin embargo, deben deletrear todos los otros amores con letras minúsculas pero el AMOR a Dios se deletrea con las mayúsculas más grandes que puedas encontrar. Ámalo intensamente, amen al Señor, todos su fieles, sin ningún límite en su amor.

Además, ámenlo con un principio de amor profundo y duradero. Existe un cierto tipo de amor humano que arde rápidamente como la maleza y luego se apaga. Así hay también algunos cristianos que parecen amar al Señor de manera irregular y rápida, cuando se emocionan o en ciertas épocas especiales; pero les pido, amados, que dejen que su amor sea un fuego profundamente arraigado y duradero. ¿Y si lo comparo con la combustión en el mismo centro de un volcán? Es posible que no siempre esté en erupción pero siempre tiene dentro un calor intenso y cuando sí arde, ay, ¡qué tremenda marea, qué bullir, qué hervidero, qué llamas y que torrentes de lava a todo alrededor! Siempre debe haber fuego en le corazón aunque este sea un tanto callado y tranquilo.

A través de la Biblia en un año: Romanos 3–4

Anticipar el conflicto

El traidor les había dado esta contraseña: «Al que le dé un beso, ése es; arréstenlo y llévenselo bien asegurado.» Tan pronto como llegó, Judas se acercó a Jesús. —¡Rabí! —le dijo, y lo besó. Entonces los hombres prendieron a Jesús.

MARCOS 14:44-46

Nuestro Señor les dijo a los discípulos: «En este mundo afrontarán aflicciones» (Juan 16:33), y explicó que esto quería decir que los hombres los expulsarían de las sinagogas; sí, que llegaría el momento en que aquellos que los mataran pensarían que estaban sirviendo a Dios. «Así mismo serán perseguidos todos los que quieran llevar una vida piadosa en Cristo Jesús» (2 Timoteo 3:12).

La oposición del mundo no está confinada a la persecución sino que a veces toma la forma aun más peligrosa de la adulación, se ofrecen anzuelos agradables y se utilizan encantos para alejar al creyente de su Señor. El mundo ha herido a muchos penosamente cuando los ha saludado con el beso de Judas en sus labios y un puñal en la mano derecha con el cual matar el alma. Pobre de aquellos que ignoran las artimañas del mundo. Este es un problema lastimoso bajo el sol: que los hombres son falsos; sus palabras más suaves que la mantequilla pero por dentro son espadas desenvainadas. Esto a menudo sorprende a los cristianos jóvenes. Ellos imaginaron que ya que los piadosos estaban fascinados con sus encantos, todos los demás estarían igualmente complacidos, tropiezan cuando descubren que se habla mal de su bondad. ¿Hay algún recluta primerizo entre mis oyentes? Dejen que aprenda que ser un soldado de la cruz significa una verdadera guerra y no una pelea falsa. Él está en territorio enemigo y llegará el momento en que, como veterano de guerra, se sorprenderá si pasa un día sin conflicto o es capaz de envainar su espada durante una hora.

A través de la Biblia en un año: Romanos 5–6

Los compasivos

Mientras lo apedreaban, Esteban oraba. —Señor Jesús —decía—, recibe mi espíritu. Luego cayó de rodillas y gritó: —¡Señor, no les tomes en cuenta este pecado! Cuando hubo dicho esto, murió.

HECHOS 7:59-60

Algunos corazones tiernos no solo se sorprenden sino que se quedan consternados y se afligen ante la oposición del mundo. Espíritus tiernos y gentiles que no se enfrentarían a nadie si pudieran evitarlo, que sienten agudamente los ataques injustificados de aquellos que preferirían agradar en lugar de provocar. La sensibilidad del amor hace que los caracteres más delicados sean los más susceptibles al dolor bajo la cruel oposición, especialmente cuando viene de un pariente querido. Para aquellos que aman a Dios y al hombre, a veces es una agonía verse obligados a parecer como la causa de la contienda, incluso por amor a Cristo.

El que más ama es quien más se parece a Dios, y aquel cuyo corazón está más lleno de compasión es quien más se acerca a la imagen de Cristo. En el reino de Dios los espíritus más fuertes resultan ser más bien enanos y no gigantes. Debemos tener fuerza de carácter y estar preparados para luchar tenazmente por la fe; no obstante, mientras más amor mostremos, mejor y, por lo tanto, más dolor nos costará estar continuamente en guerra con los espíritus fríos. Esta es una parte de la tribulación que debemos soportar, y mientras más valentía mostremos al enfrentarla, más a fondo ganaremos las batallas de la paz y la pureza.

A través de la Biblia en un año: Romanos 7–8

El abanderado

Pues los sufrimientos ligeros y efímeros que ahora padecemos producen una gloria eterna que vale muchísimo más que todo sufrimiento.
2 CORINTIOS 4:17

Pensamos demasiado en nosotros mismos y hablamos de la vida como si fuera un conflicto demasiado duro debido a la carga de nuestros cuidados y responsabilidades; pero, ¿qué comparación existe entre nuestra carga y la de Jesús? Un pastor con un gran rebaño no carece de ansiedades a cada hora; pero, ¿qué son esas antes los cuidados del pastor Jefe? Él veló por la gran multitud que ningún hombre puede contar, quienes le fueron encargados por el padre, y él llevó los dolores de todos ellos. Esta es una carga que tú y yo, mi querido amigo, ni tan siquiera podemos imaginar y, no obstante, sin dejar a un lado el peso, él luchó contra el mundo y lo venció.

Cuando toda la multitud marcha a la batalla, cada uno de nosotros toma un lugar en las filas y la guerra continúa contra todos nosotros; pero, ¿adónde crees tú que las flechas volaron en mayor cantidad? ¿Adónde fueron arrojadas las jabalinas una tras otra, gruesas como pedriscos? «El abanderado entre los diez miles» era el blanco principal. A mí me parece que el príncipe de las tinieblas le dijo a sus ejércitos: «No luchen ni con pequeños ni con grandes, excepto con el Rey de Israel», porque él fue tentado en todo al igual que nosotros. Tú y yo encontramos algunas tentaciones pero él las soporta todas. Yo tengo las mías y tú tienes las tuyas, pero él tuvo las mías y las tuyas y aquellas que son comunes a todos sus santos; no obstante, estando en el centro de la refriega, él permaneció ileso y clamó: «yo he vencido al mundo». La gracia, por lo tanto, también nos puede vestir de triunfo porque ninguna carga suprema de huestes sobre huestes será jamás dirigida en contra nuestra.

A través de la Biblia en un año: Romanos 9–10

Nuestra guía

Todo esto lo digo ahora que estoy con ustedes. Pero el Consolador, el Espíritu Santo, a quien el Padre enviará en mi nombre, les enseñará todas las cosas y les hará recordar todo lo que les he dicho.

JUAN 14:25-26

El Espíritu Santo dentro de nosotros es para servirnos de guía. Él nos revela una verdad tras otra mediante su luz y su guía y sí «aprendemos del Señor». Él es también nuestra guía práctica al cielo, nos ayuda y nos dirige en el viaje hacia arriba. Ojalá que los cristianos, para su vida diaria, averiguaran más a menudo en cuanto a la guía del Espíritu Santo. ¿No sabes tú que el Espíritu de Dios mora dentro de ti? No necesitas andar siempre corriendo de un amigo a otro en busca de dirección: espera en el Señor en silencio, siéntate tranquilo delante del oráculo de Dios. Usa el discernimiento que Dios te ha dado, pero cuando eso no sea suficiente, recurre a aquel a quien el señor Bunyan llama «el Secretario Supremo», quien vive dentro, que es infinitamente sabio y quien puede guiarte al hacerte escuchar la voz detrás de ti que dice: «este es el camino, ve por él». El Espíritu Santo te guiará en la vida, te guiará en la muerte y te guiará a la gloria. Te protegerá del error moderno y también del error antiguo. Te guiará de manera que no sabes y en la oscuridad te guiará de manera que no has visto: él hará estas cosas en ti y no te abandonará.

A través de la Biblia en un año: Romanos 11-12

El consolador

Alabado sea el Dios y Padre de nuestro Señor Jesucristo, Padre misericordioso y Dios de toda consolación, quien nos consuela en todas nuestras tribulaciones para que con el mismo consuelo que de Dios hemos recibido, también nosotros podamos consolar a todos los que sufren.

2 CORINTIOS 1:3-4

Nuestro Dios no quiere que sus hijos sean infelices y por lo tanto, él mismo, en la tercera persona de la bendita Trinidad, ha asumido el cargo de Consolador. ¿Por qué lleva tu rostro colores tan lúgubres? Dios puede consolarte. Tú que estás bajo la carga del pecado, es verdad que ningún hombre puede ayudarte para darte paz, pero el Espíritu Santo sí puede. ¡Oh, Dios, a todo el que busca y no ha logrado encontrar reposo, concédele tu Santo Espíritu! Pon tu Espíritu dentro de él y él descansará en Jesús. Y tú, querido pueblo de Dios, que estás preocupado, recuerda que la preocupación y el Espíritu Santo se contradicen entre sí. «Pondré mi Espíritu en ustedes» quiere decir que te convertirás en alguien apacible, tranquilo, resignado y conforme con la voluntad divina. Entonces tendrás fe en Dios de que todo está bien. ¿Puedes tú decir: «Dios mío, Díos mío»? ¿Quieres algo más? ¿Puedes concebir algo más allá de tu Dios? ¡Omnipotente para hacerlo todo eternamente! ¡Infinito para dar! ¡Fiel para recordar! Él es todo lo que es bueno. Él solo es la luz: «En él no hay oscuridad». El Espíritu Santo nos hace entender esto cuando está dentro de nosotros. En él nuestra felicidad a veces se eleva a grandes olas de regocijo, como si saltara a la gloria.

A través de la Biblia en un año: Romanos 13–14

El poder sustentador de Dios

¡Alabado sea Dios, Padre de nuestro Señor Jesucristo! Por su gran misericordia, nos ha hecho nacer de nuevo mediante la resurrección de Jesucristo, para que tengamos una esperanza viva y recibamos una herencia indestructible, incontaminada e inmarchitable. Tal herencia está reservada en el cielo para ustedes.

1 PEDRO 1:3-4

«Reservada en el cielo para ustedes, a quienes el poder de Dios protege mediante la fe hasta que llegue la salvación» (1 Pedro 1:4-5). Quizá este sea uno de los mejores elíxires para un cristiano con pesadumbre: que no está protegido por su propio poder y que no ha quedado a merced de su propia protección sino que lo protege el Altísimo. «Podrán desfallecer mi cuerpo y mi espíritu, pero Dios fortalece mi corazón; él es mi herencia eterna» (Salmos 73:26). «Porque sé en quién he creído, y estoy seguro de que tiene poder para guardar hasta aquel día lo que he dejado a su cuidado» (2 Timoteo 1:12). Pero si quitara esa doctrina de que el Salvador guarda a su pueblo, ¿dónde quedaría mi esperanza? ¿Qué tiene el evangelio que merezca mi predicación o que merezca que tú la recibas? Yo sé que él ha dicho: «Yo les doy vida eterna, y nunca perecerán, ni nadie podrá arrebatármelas de la mano» (Juan 10:28). Pero, Señor, ¿qué si desmayan, si comienzan a murmurar en su aflicción? ¿No perecerán entonces? No, nunca perecerán. Pero imagínate que el dolor se haga tan intenso que su fe flaquee. ¿No perecerán entonces? No. «Nunca perecerán ni ningún hombre los arrebatará de mi mano». ¡Ah! Esta es la doctrina, la seguridad que da ánimo: «Esto es para ustedes motivo de gran alegría, a pesar de que hasta ahora han tenido que sufrir diversas pruebas por un tiempo» (1 Pedro 1:6).

A través de la Biblia en un año: Romanos 15–16

Adoración por medio de la ofrenda

Cada uno debe dar según lo que haya decidido en su corazón, no de mala gana ni por obligación, porque Dios ama al que da con alegría.
2 CORINTIOS 9:7

Observa también, una vez más —en lo referente a las acciones misericordiosas que la mayoría de la humanidad poco estima— que sabemos que Dios acepta nuestra adoración en las cosas pequeñas. Él permitió que su pueblo llevara sus novillos, a otros que llevaran sus carneros y se los ofrecieran a él, aunque estas eran personas que tenían suficientes riquezas como para ser capaces de ofrecerle un tributo de sus rebaños y manadas. Pero también le permitió a lo pobres ofrecer un par de tórtolas o dos pichones de palomas, y nunca he encontrado en la Palabra de Dios que él diera menos importancia a la ofrenda de las tórtolas que al sacrificio de los novillos. También sé que nuestro Señor siempre bendito, cuando estuvo aquí, amó la alabanza de los niños pequeños. Ellos no traían ni oro ni plata como los sabios del Oriente, pero clamaban: «Hosanna» y el Señor no se disgustó con sus Hosannas sino que aceptó su alabanza juvenil. Y recordamos que una viuda echó en la ofrenda dos moneditas, que solo era un cuarto de un penique, pero ya que era todo lo que tenía, él no rechazó el regalo sino que más bien tomó nota de este en su honor. Ahora estamos bastante familiarizados con el incidente, pero con todo y eso, es maravilloso. ¡Dos moneditas que son un cuarto de penique dadas al Dios infinito! ¡Un cuarto de penique aceptado por el Rey de Reyes! Por lo tanto, no midas las acciones pequeñas con las escalas y medidas humanas, sino estímalas como lo hace Dios, porque el Señor siente respeto por el corazón de su pueblo; él no da tanta importancia a sus obras en sí mismas sino a los motivos por los que se dan en servicio.

A través de la Biblia en un año: Josué 1–4

Cada uno ha sido llamado de manera especial

Pasando Jesús de allí, vio a un hombre llamado Mateo, que estaba sentado al banco de los tributos públicos, y le dijo: Sígueme. Y se levantó y le siguió.

MATEO 9:9 (RVR 1960)

El llamamiento del hombre llamado Mateo pareció accidental e improbable. «Pasando Jesús de allí», cuando estaba a punto de ir a realizar otra cosa, alejándose de Capernaúm, o sencillamente andando por una de sus calles, fue «pasando de allí» que esto sucedió.

En ese momento también había muchas otras personas en Capernaúm, sin embargo, Cristo no los llamó. Él los vio, pero no de la misma manera en que vio al hombre llamado Mateo. Y de manera similar, en ese día de misericordia en que recibiste la bendición de la salvación, quizá había una congregación muy concurrida, pero hasta donde sabes, la bendición no llegó a más nadie, solo a ti. ¿Por qué, entonces, vino a ti? Tú no sabes, a menos que hayas aprendido a mirar más allá de las cortinas en el Lugar Santo y a ver por la luz de la lámpara en el velo. Si has mirado allí, sabes que cuando Jesucristo pasa, lo que los hombres consideran accidentes es intencional, las miradas de sus ojos han sido ordenadas desde la eternidad; y cuando él mira a alguien, lo hace de acuerdo al propósito eterno y al preconocimiento de Dios. Hacía mucho tiempo que el Señor había considerado a ese hombre llamado Mateo, así que cuando el tiempo se cumplió, Jesucristo pasó por ese camino y miró con amor y misericordia a aquel hombre llamado Mateo. Él lo vio en ese momento porque, mucho antes, lo había vislumbrado.

A través de la Biblia en un año: Josué 5–8

Cuando el Señor pregunta

Cuando el día comenzó a refrescar, oyeron el hombre y la mujer que Dios andaba recorriendo el jardín; entonces corrieron a esconderse entre los árboles, para que Dios no los viera. Pero Dios el Señor llamó al hombre y le dijo: ¿Dónde estás?

GÉNESIS 3:8–9

Una de las cosas más terribles con relación a este encuentro de Dios con Adán fue que Adán tuvo que responder a las preguntas del Señor. El Señor le dijo: «¿Acaso has comido del fruto del árbol que yo te prohibí comer?» (Génesis 3:11). En nuestros tribunales de justicia no requerimos que los hombres responden a preguntas que los incriminaría, pero Dios lo hace; y en el gran día final, los impíos serán condenados por su propia confesión de culpa. Mientras están en este mundo, ponen un rostro cínico y declaran que no le han hecho daño a nadie, ni tan siquiera a Dios: pagan lo que les corresponde, son tan buenos como sus vecinos y mejores que la mayoría de ellos; pero todo su alarde y valentía desaparecerá el día del juicio. O se parará en silencio delante de Dios —y su silencio reconocerá la culpa ante los ojos de Dios— o si hablan, sus vanas excusas y disculpas no harán otra cosa que condenarlos. Ellos se condenarán a sí mismo con su propia boca, como aquel siervo malvado y perezoso que fue lanzado a las tinieblas de afuera donde está el lloro y el crujir de dientes. ¡Quiera Dios que nunca conozcamos por experiencia personal y triste lo que significan esas expresiones!

A través de la Biblia en un año: Josué 9–12

El estado natural de la tierra

Padre —dijo Jesús—, perdónalos, porque no saben lo que hacen. Mientras tanto, echaban suertes para repartirse entre sí la ropa de Jesús.
LUCAS 23:34

Cuando un hombre es ignorante y no sabe lo que debe hacer, ¿qué debe hacer? Bueno, no debe hacer nada hasta que sepa. Pero he ahí el problema, aunque no sabíamos, escogimos hacer lo incorrecto. Si no sabíamos, ¿por qué no escogimos hacer lo correcto? Pero al estar en la oscuridad, nunca nos volvemos a lo bueno sino que siempre damos bandazos a la izquierda, de pecado en pecado. ¿No nos demuestra esto cuán depravados son nuestros corazones? Aunque buscamos estar en lo correcto, cuando nos dejan solos, nos vamos a hacer lo malo. Deja a un niño solo, a un hombre solo, a una tribu sola sin enseñanza e instrucción, y ¿cuál es el resultado? Pues el mismo que cuando uno deja solo un campo. Nunca produce, ni por casualidad, trigo o cebada. Déjalo solo y aparecen hileras de malas hierbas, espinas y zarzas, lo que demuestra que el estado natural de la tierra se inclina a producir aquello que no vale nada.

Necesitabas luz pero cerraste tus ojos al sol. Tuviste sed pero no tomaste del manantial de agua viva de modo que tu ignorancia, aunque estaba allí, era una ignorancia criminal que debías confesar ante el Señor. ¡Oh, ven a la cruz, tú que ya has estado allí y has perdido allí tu carga! Ven y confiesa tu culpa una vez más y abraza de nuevo esa cruz y mira a aquel que derramó en ella su sangre y alaba su querido nombre, aquel que una vez oró por ti: «Padre —dijo Jesús—, perdónalos, porque no saben lo que hacen».

A través de la Biblia en un año: Josué 13–16

Imita a Cristo

Por eso, dispónganse para actuar con inteligencia; tengan dominio propio; pongan su esperanza completamente en la gracia que se les dará cuando se revele Jesucristo. Como hijos obedientes, no se amolden a los malos deseos que tenían antes, cuando vivían en la ignorancia.

1 PEDRO 1:13-14

La ignorancia de Cristo y de las cosas eternas debiera ser detestable para nosotros. Si por medio de la ignorancia hemos pecado, debiéramos terminar con esa ignorancia. Seremos estudiantes de su Palabra. Estudiaremos la obra maestra de todas las ciencias, el conocimiento de Cristo crucificado. Pediremos al Espíritu Santo que aleje de nosotros la ignorancia que genera el pecado. Que Dios permita que no volvamos a caer en los pecados de la ignorancia, sino que seamos capaces de decir: «Sé en quien he creído y por lo tanto, buscaré más conocimiento hasta que comprenda, junto con todos los santos, cuán ancho y largo, alto y profundo es el amor de Cristo; en fin, que conozcan ese amor que sobrepasa nuestro conocimiento».

Voy a incluir aquí algo práctico. Si te regocijas por estar perdonado, muestra tu gratitud imitando a Cristo. Nunca antes hubo una súplica como esta: «Padre, perdónalos, porque no saben lo que hacen». Suplica así por otros. ¿Alguien te ha hecho daño? ¿Hay personas que te calumnian? Ora esta noche: «Padre, perdónalos, porque no saben lo que hacen». Demos siempre bien por mal, bendición por maldición y cuando se nos llame a sufrir las maldades de otros, creamos que no actuarían como lo hacen si no fuera por su ignorancia. Oremos por ellos y hagamos que su ignorancia sea la súplica por su perdón: «Padre, perdónalos, porque no saben lo que hacen».

A través de la Biblia en un año: Josué 17-20

El camino a la misericordia

Pero en ti se halla perdón, y por eso debes ser temido.

SALMOS 130:4

¿Has observado el versículo que viene antes de este texto? Dice así: «Si tú, Señor, tomaras en cuenta los pecados, ¿quién, Señor, sería declarado inocente? (Salmos 130:3). Eso es una confesión. Ahora bien, la confesión siempre debe preceder al perdón. «Si confesamos nuestros pecados, Dios, que es fiel y justo, nos los perdonará y nos limpiará de toda maldad» (1 Juan 1:9). Si tratamos de encubrir nuestro pecado, «si afirmamos que no tenemos pecado, nos engañamos a nosotros mismos y no tenemos la verdad» (1 Juan 1:8), y no puede venir ningún perdón de parte de Dios para nosotros. Por lo tanto, declárate culpable, declárate culpable. Debes hacerlo porque eres culpable. Descubrirás que es lo más sabio que puedes hacer, porque esta es la única manera de obtener misericordia. Entrégate a la misericordia de tu Juez y encontrarás misericordia, pero primero reconoce que necesitas misericordia. Sé honesto con tu conciencia y honesto con tu Dios, y confiesa tu iniquidad y acongójate ante la justicia que no has alcanzado.

A través de la Biblia en un año: Josué 21–24

¿Cuestionar a Dios?

¿Te has puesto a pensar en mi siervo Job? —volvió a preguntarle el Señor—. No hay en la tierra nadie como él; es un hombre recto e intachable, que me honra y vive apartado del mal. Y aunque tú me incitaste contra él para arruinarlo sin motivo, ¡todavía mantiene firme su integridad!

JOB 2:3

El Señor nos envía lo malo así como lo bueno de esta vida mortal, de él son el sol que alegra y la escarcha que hiela; de él son la calma profunda y el tornado feroz. Hacer hincapié en segundas razones es a menudo frívolo, carente de validez. Los hombres dicen de cada aflicción: «Podría haberse evitado si tal y tal cosa hubiera ocurrido». Quizá si se hubiera llamado a otro médico, la vida de este niño querido se hubiera salvado. Es posible que si me hubiera movido en tal dirección en los negocios, no hubiera sido un perdedor. ¿Quién puede juzgar lo que podría haber sido? Nos perdemos en conjeturas interminables y somos crueles con nosotros mismos, recopilamos material para dolores innecesarios. Las cosas no sucedieron así, entonces, ¿por qué hacer conjeturas de cómo habría sido si las cosas hubieran sido diferentes? Es una tontería. Nos indignamos con la causa más inmediata de nuestro dolor y por tanto no nos sometemos a Dios. Siempre y cuando yo busque el origen de mi aflicción en el error, mi pérdida en la equivocación de otro, mi dolencia en un enemigo y demás, yo soy de la tierra, terrenal, pero cuando me elevo a mi Dios y veo su mano obrando, obtengo calma. No tengo una palabra de queja. «He guardado silencio; no he abierto la boca, pues tú eres quien actúa» (Salmos 39:9). «Hecha sobre Jehová tu carga» es un precepto que será fácil practicar cuando veas que la carga tuvo su origen en Dios.

A través de la Biblia en un año: 1 Corintios 1 –2

La causa está distante

¿Por qué me rechazas, Señor? ¿Por qué escondes de mí tu rostro?

SALMOS 88:14

No me pregunto por qué sufren algunos cristianos, pero si no sufrieran entonces sí debo cuestionarme. Los he visto, por ejemplo, descuidar la oración familiar y otros deberes hogareños y sus hijos han llegado a deshonrarlos. Si claman: «¡Qué aflicción!», no nos gusta decir: «Ah, pero debieras haberla esperado, tú fuiste la causa», pero decir eso sería la verdad. Cuando los hijos se marchan del hogar paterno y se entregan al pecado, no nos sorprende que el padre haya tenido un temperamento áspero, amargado y malhumorado. No esperaríamos recoger higos de espinos ni uvas de cardos. Hemos visto hombres que su único pensamiento era: «conseguir dinero, conseguir dinero» y, no obstante, profesan ser cristianos. Tales personas han sido preocupadas e infelices, pero no nos hemos asombrado. No, si se alejan tercamente de Cristo, él se alejará de ellos.

Pero a veces la causa del castigo está más allá. Todo cirujano te dirá que en el comienzo de la vida o en la vejez existen enfermedades que se vuelven problemáticas y que pudieron tener su causa en la juventud debido a alguna maldad o por accidente, y el mal puede haber estado latente todos esos años. Así mismo los pecados de nuestra juventud pueden traernos las penas de nuestros años más maduros, y las faltas y las omisiones de hace veinte años pueden azotarnos hoy. Yo sé que es así. Si la falta fuera de una época tan grande, debiera llevarnos a una búsqueda más completa y a una oración más frecuente.

A través de la Biblia en un año: 1 Corintios 3–4

Agitar las aguas

Quita la escoria de la plata, y de allí saldrá material para el orfebre.
PROVERBIOS 25:4

Dios visitará las transgresiones de sus hijos. Él dejará con frecuencia que los pecadores comunes vayan por la vida sin increpaciones, pero no así con sus hijos. Si fuera hoy a tu casa y en el camino vieras a varios muchachos lanzando piedras y rompiendo ventanas, puede que no interfirieras, pero si vieras a tu hijo entre ellos, estoy seguro de que lo llamarías y harías que se arrepintiera de eso.

Quizá se envíe el castigo por causa de un pecado que todavía no se ha desarrollado, cierta propensión latente a hacer el mal. Puede que el dolor tenga la intención de descubrir el pecado, para que tú lo busques. ¿Tienes idea de cuán malo eres por naturaleza? Ninguno de nosotros sabe de lo que seríamos capaces si no fuera por la gracia. ¡Creemos que tenemos un temperamento dulce, una disposición amigable! ¡Esto lo veremos! Andamos con una compañía irritante, estamos fastidiados e insultados, y nos tocan con tanta destreza en lugares sensibles que nos enloquecemos con la ira y nuestro espíritu bueno y amigable se desvanece como el humo, y esto no sucederá sin dejar atrás las manchas negras. ¿No es algo temible estar tan agitados? Sí, lo es, pero si nuestros corazones fueran puros, ningún tipo de agitación los contaminaría. Agita el agua pura tanto tiempo como quieras y no aparecerá ningún fango. El mal es malo cuando se ve pero es igual de malo cuando no se ve. Sería de gran provecho para un hombre saber qué pecado hay en él porque entonces se humillará a sí mismo delante de su Dios y comenzará a luchar contra su propensión. A veces, por tanto, puede que se nos envíe la prueba para que podamos discernir el pecado que mora en nosotros y busquemos su destrucción.

A través de la Biblia en un año: 1 Corintios 5–6

El fruto viene más adelante

Toda rama que en mí no da fruto, la corta; pero toda rama que da fruto la poda para que dé más fruto todavía.*

JUAN 15:2

Cuando tengamos problemas, no esperemos percibir algún beneficio inmediato como resultado de este. Yo mismo he tratado de ver, estando en un profundo dolor, si me he resignado un poco más o si me he vuelto más fervoroso en la oración, o más absorto en la comunión con Dios, y confieso que en dichos momentos nunca he sido capaz de ver ni la más ligera huella de mejoría porque el dolor distrae y dispersa los pensamientos. Recuerda la palabra: «sin embargo, después produce una cosecha de justicia y paz» (Hebreos 12:11). El jardinero toma su cuchillo y poda los árboles frutales para que estos den más fruto; su hijito viene caminando detrás pisándole los talones y grita: «Padre, yo no veo que el fruto salga en los árboles después que los has cortado». No, hijo querido, no es probable que lo veas, pero regresa en unos pocos meses cuando llegue la época de dar frutos y verás las manzanas doradas que agradecen el cuchillo. El fruto del Espíritu que tiene la intención de perdurar, requiere un tiempo para producirse y no se madura en una noche.

En un verdadero creyente los problemas graves tienen el efecto de aflojar las raíces de su alma hacia la tierra y de apretar el firme anclaje de su corazón hacia el cielo. Todo marinero del mar de la vida sabe que cuando soplan las brisas suaves, los hombres tientan al mar abierto con velas desplegadas, pero cuando viene la tormenta negra, aullando desde su guarida, se apresuran al puerto con toda velocidad.

A través de la Biblia en un año: 1 Corintios 7–8

El poder de condolerse

Tú dijiste: '¡Ay de mí! ¡El Señor añade angustia a mi dolor! Estoy agotado de tanto gemir, y no encuentro descanso.

JEREMÍAS 45:3

La aflicción nos da, por medio de la gracia, el inestimable privilegio de conformidad al Señor Jesús. Oramos para ser semejantes a Cristo pero, ¿cómo podemos serlo si no somos gente de dolores en lo absoluto y nunca nos convertimos en amigos de la aflicción? Semejantes a Cristo y, sin embargo, ¡nunca atravesamos el valle de las lágrimas! Semejantes a Cristo y no obstante, tenemos todo lo que el corazón pudiera desear, y nunca soportamos la contradicción de pecadores en contra nuestra, y nunca decimos: «¡Mi alma sobrepasa el dolor, hasta la muerte!» No sabes lo que estás pidiendo. ¿Has dicho: «¿Déjame sentarme a tu derecha en tu reino?» Esto no se te puede conceder a menos que estés dispuesto también a beber de su copa y ser bautizado con su bautismo. La participación de su pena debe preceder la participación de su gloria.

Una vez más, nuestros sufrimientos son muy útiles para nosotros cuando Dios los bendice, porque nos ayudan a ser útiles a otros. Debe ser algo terrible nunca haber sufrido el dolor físico. Tú dirás: «Me gustaría ser ese hombre». Ah, a menos que tuvieras una gracia extraordinaria, te volverías duro y frío; llegarías a ser una especie de hombre de hierro fundido, que rompe a la gente con su toque. No, que mi corazón sea tierno, hasta suave, aunque para ablandarlo necesite el dolor, porque anhelo saber cómo sujetar las heridas de mi hermano. Que mi ojo tenga lista una lágrima por las penas de mi hermano incluso si para hacerlo, tuviera que derramar miles por mí mismo. Escapar del sufrimiento sería escapar del poder de condolerme y eso, entre todas las cosas, se debe despreciar.

A través de la Biblia en un año: 1 Corintios 9–10

El perdón

De modo que se toleren unos a otros y se perdonen si alguno tiene queja contra otro. Así como el Señor los perdonó, perdonen también ustedes.
COLOSENSES 3:13

Ve al Antiguo Testamento y verás que este revela sacrificios: de ovejas, novillos y cabras. ¿Qué significaban todos ellos? Significaban que había una vía de perdón por medio del derramamiento de sangre, le enseñaban esto a los hombres: Que Dios aceptaría ciertos sacrificios a favor de ellos. Luego ve al Nuevo Testamento y verás que este revela más claramente que Dios aceptó un sacrificio, el sacrificio que él mismo dio, porque «no escatimó ni a su propio Hijo, sino que lo entregó por todos nosotros» (Romanos 8:32). En este Libro lees cómo «Dios es justo y, a la vez, el que justifica a los que tienen fe en Jesús» (Romanos 3:26); cómo puede ser él un Dios justo y a la vez un Salvador; cómo puede perdonar y, no obstante, ser tan justo como si castigara y no mostrara misericordia. Esto, en realidad, es la revelación del evangelio; fue para enseñar esto que se escribió este libro, para decirte que «en Cristo, Dios estaba reconciliando al mundo consigo mismo, no tomándole en cuenta sus pecados» (2 Corintios 5:19). Por lo tanto, venimos a ti, no solo con un susurro esperanzado, sino con una seguridad completa, clara, enfática e incuestionable: «Hay perdón. Hay perdón».

A través de la Biblia en un año: 1 Corintios 11–12

¡Gracias a Dios que es así!

Y todo el que invoque el nombre del Señor será salvo.
HECHOS 2:21

Aquí hay una palabra amplia, una palabra muy amplia: «*todo* el que invoque el nombre del Señor será salvo». «*Todo*». Yo he escuchado que cuando una persona está haciendo su testamento, si desea dejar todo lo que tiene a una persona, digamos, a su esposa, si simplemente lo dice, es lo mejor que puede hacer, que más le vale no entrar en detalles y empezar a hacer una lista de lo que deja porque probablemente deje algo fuera. Ahora bien, Dios hace este testamento muy claro, él no entra en detalles, solo dice: «todo». Eso significa el hombre negro, el rojo, el amarillo y el blanco. Significa el hombre rico y el hombre pobre. Significa todo el mundo de todo tipo y los que no son de ningún tipo o todos los tipos juntos. «Todo». Eso me incluye a mí, estoy seguro, pero estoy igualmente seguro de que te incluye a ti, tú que eres un extranjero y peregrino, quienquiera que seas. Es mucho mejor decirlo así, sin entrar en detalles, porque de otra manera, alguien podría quedarse fuera.

A través de la Biblia en un año: 1 Corintios 13–14

¿Escuchas la llamada?

Ahora bien, ¿cómo invocarán a aquel en quien no han creído? ¿Y cómo creerán en aquel de quien no han oído? ¿Y cómo oirán si no hay quien les predique? ¿Y quién predicará sin ser enviado? Así está escrito: «¡Qué hermoso es recibir al mensajero que trae buenas nuevas!»
ROMANOS 10:14-15

¿Entonces quién debe predicar? Todo el que pueda predicar debe hacerlo. El don de la predicación es la responsabilidad de predicar. Hay muchas personas que debieran predicar el evangelio pero que no lo hacen. Para esta obra no se requiere un alto grado de dones. No dice: «¿Cómo oirán sin un doctor en divinidad?» No dice: «¿Cómo oirán sin un predicador popular?» ¡Ay, querido! Algunos de nosotros estuviéramos perdidos si la salvación dependiera de escuchar a un hombre de grandes habilidades. Yo aprendí mi teología, de la cual nunca me he desviado, de una anciana que era la cocinera en la casa donde yo era un ujier. Ella podía hablar sobre las cosas profundas de Dios y mientras yo me sentaba y escuchaba lo que, como una cristiana madura, tenía que decir sobre lo que el Señor había hecho por ella, aprendí más de su enseñanza que de nadie que haya conocido desde entonces. No es necesario tener instrucción universitaria para ser capaz de hablar de Cristo; algunos de los mejores trabajadores de esta iglesia tienen muy poca educación pero traen muchos a Cristo.

A través de la Biblia en un año: 1 Corintios 15–16

Mira hacia arriba

Al día siguiente Juan vio a Jesús que se acercaba a él, y dijo: «¡Aquí tienen al Cordero de Dios, que quita el pecado del mundo!»
JUAN 1:29

Conozco a muchas personas cuyas conciencias están realmente despiertas y se ven como pecadores ante los ojos de Dios, pero en lugar de mirar al Cordero de Dios, se miran continuamente a sí mismos. No creo que tengan ninguna confianza en su propia justicia pero temen no sentir su culpa tanto como debieran. Creen que todavía no están lo suficientemente despiertos, lo suficientemente humillados, lo suficientemente penitentes, etc., y así fijan sus ojos en sí mismos con la esperanza de obtener paz con Dios. Imagina que ayer o antes de ayer, hayas sentido mucho frío y por tanto saliste fuera de tu casa y fijaste tu mirada en el hielo y en la nieve. ¿Crees que ese cuadro te habría calentado? No, sabes que habrías sentido más frío a cada instante. Imagina que eres muy pobre y con esmero fijas tus ojos en tu bolsillo vacío. ¿Crees que eso te enriquecerá? O imagina que tuviste un accidente y que uno de tus huesos se fracturó. Si piensas seriamente en ese hueso fracturado, ¿crees que tu consideración lo enmendaría? Sin embargo, algunos pecadores parecen imaginar que la salvación viene a ellos por medio de la consideración de su condición perdida y arruinada. Mis queridos oyentes no convertidos, están perdidos lo sepan o no. Den eso por sentado. Si van a ser salvos, no se miren a sí mismos, sino miren «al cordero de Dios».

A través de la Biblia en un año: Jueces 1–4

Nuestra luz verdadera

En el principio ya existía el Verbo, y el Verbo estaba con Dios, y el Verbo era Dios. Él estaba con Dios en el principio. Por medio de él todas las cosas fueron creadas; sin él, nada de lo creado llegó a existir. En él estaba la vida, y la vida era la luz de la humanidad. Esta luz resplandece en las tinieblas, y las tinieblas no han podido extinguirla.

JUAN 1:1-5

Jesucristo fue la Luz verdadera en oposición al lino humeante de la tradición. ¡Escuchen a esos rabinos! Se creen que son la luz del mundo. Su sofisma es una contienda interminable de palabras; su investigación no merita tu estudio; su conocimiento no merita a los entendidos. Ellos pueden decirte exactamente cuál es el versículo que está en el medio de la Biblia y cuál es la letra central en la palabra central. Discutían sus paradojas hasta volverse tontos. Refinaban sus sutilezas hasta que la doctrina acababa en la duda; la verdad simple se degradaba a una tonta charla sin sentido; sus traducciones de las Escrituras eran una parodia y sus comentarios un insulto al sentido común. Pero Cristo, la Luz verdadera y celestial, apaga todas tus luminarias terrenales. El rabino judío, el filósofo griego, el padre eclesiástico y el pensador teológico moderno son meteoritos que se disuelven en la bruma. Mediante sus tradiciones o conjeturas anulan la Palabra de Dios. Cree lo que dijo Jesús y lo que pensaban sus apóstoles y lo que te revela su propia Palabra: Cristo es la Luz verdadera.

A través de la Biblia en un año: Jueces 5–7

Dar la gloria a Dios

Ustedes son la luz del mundo. Una ciudad en lo alto de una colina no puede esconderse. Ni se enciende una lámpara para cubrirla con un cajón. Por el contrario, se pone en la repisa para que alumbre a todos los que están en la casa. Hagan brillar su luz delante de todos, para que ellos puedan ver las buenas obras de ustedes y alaben al Padre que está en el cielo.

MATEO 5:14-16

Si has recibido la luz de Dios, deja que tu luz brille tanto delante de los hombres que la vean y le den la gloria a Dios por ello. Me temo que esta observación perturbará a muchos cristianos practicantes. Dicen que han visto al Señor. No tengo razones para dudar la verdad de lo que dicen, pero si lo han visto, ¿por qué no testifican? Juan escribe: «Yo lo he visto y por eso testifico» (Juan 1:34); pero en muchos casos en estos tiempo, pudiera escribirse: «Lo hemos visto y no testificamos», porque algunos de los que profesan haber visto a Cristo por fe ni tan siquiera dan el paso al frente para confesarlo en el bautismo, según lo que dice su Palabra; y muchos no se unen a la iglesia visible y no se ocupan en la Escuela Dominical ni en ninguna otra forma de servicio cristiano. ¿Qué será de ustedes que, teniendo un talento, no lo ponen en acción? ¡Ay, perezosos!, que han envuelto su talento en una servilleta, ¿cómo responderán por esto el día en que el Maestro llame a sus siervos para hacerles el juicio?

A través de la Biblia en un año: Jueces 8–10

Trofeos de Cristo

Escrito está: «Creí, y por eso hablé». Con ese mismo espíritu de fe también nosotros creemos, y por eso hablamos. Pues sabemos que aquel que resucitó al Señor Jesús nos resucitará también a nosotros con él y nos llevará junto con ustedes a su presencia. Todo esto es por el bien de ustedes, para que la gracia que está alcanzando a más y más personas haga abundar la acción de gracias para la gloria de Dios.

2 CORINTIOS 4:13-1 5

Puedo hablar sobre asuntos que me confirman el poder de mi Señor y Maestro porque he visto los triunfos de Cristo. He visto hombres que solían vivir en pecado y borracheras y se han hecho honestos y sobrios; y he visto mujeres caídas llegar a los pies de Jesús como penitentes. Desde el principio, lo que ha llegado a ser un largo ministerio, la carroza del evangelio en la que he montado, ha tenido cautivos para honrar los triunfos de Cristo. Desde el principio, las multitudes han decidido dejar el pecado y se han vuelto al Dios viviente, y tengo que creer en el poder de la gracia divina, no puedo dudarlo. No hay duda alguna, la prueba de lo que el árbol es se encuentra en el fruto y el fruto es muy abundante. Pregúntales a los misioneros lo que Cristo ha hecho en los mares del sur, y te hablarán de islas que una vez estuvieron habitadas por caníbales desnudos, donde ahora los hombres están vestidos y en sus cabales, sentados a los pies de Jesús. El mundo entero pulula de trofeos de Cristo y aun pululará más. «Y nosotros hemos visto y declaramos que el Padre envió a su Hijo para ser el Salvador del mundo» (1 Juan 4:14) y predicamos con la completa convicción de que «rebosará la tierra con el conocimiento del Señor como rebosa el mar con las aguas» (Isaías 11:9).

A través de la Biblia en un año: Jueces 11–13

Ora por el poder

Una vez, mientras comía con ellos, les ordenó: —No se alejen de Jerusalén, sino esperen la promesa del Padre, de la cual les he hablado: Juan bautizó con agua, pero dentro de pocos días ustedes serán bautizados con el Espíritu Santo.

HECHOS 1:4-5

Si sientes la necesidad de clamar a Dios para que te dé el poder de predicar, el poder espiritual, el poder del Espíritu Santo; si sientes la necesidad de enseñar en la Escuela Dominical —y no vale la pena que lo hagas a menos que sientas la necesidad de hacerlo y te han enviado a hacerlo—, entonces ora pidiendo el poder para ganar las almas de esos queridos hijos para Cristo. Si mañana sientes el llamado a escribir una carta a un amigo o amiga acerca de su alma, hazlo porque sientes el llamado a hacerlo, pero ora a Dios para que te muestre cómo hacerlo. Ora para que él le dé poder a las palabras que pronuncies, para que puedas decir las palabras correctas e incluso dar el tono correcto a esas palabras. Hasta el tono de un predicador tiene mucha importancia. «¿Y quién predicará sin ser enviado?» (Romanos 10:15). Deben estar revestidos de poder divino, pero el Señor puede vestir hasta a un niño con ese poder, lo ha hecho con frecuencia. Él puede revestir a una humilde mujer cristiana, que nunca ha hablado en público, con el poder de ganar almas, con frecuencia lo ha hecho. Primero aguarda en Jerusalén hasta que seas investido con poder de lo alto, y luego sal como testigo de Cristo, porque ¿cómo predicarás excepto si te envían?

A través de la Biblia en un año: Jueces 14–17

Nuestro servicio razonable

Hermanos míos, ¿de qué le sirve a uno alegar que tiene fe, si no tiene obras? ¿Acaso podrá salvarlo esa fe? Supongamos que un hermano o una hermana no tienen con qué vestirse y carecen del alimento diario, y uno de ustedes les dice: "Que les vaya bien; abríguense y coman hasta saciarse", pero no les da lo necesario para el cuerpo. ¿De qué servirá eso? Así también la fe por sí sola, si no tiene obras, está muerta.

SANTIAGO 2:14-17

Hay algunos que parecen estar dispuestos a aceptar a Cristo como su Salvador que no lo recibirían como Señor. Ellos no lo dirían así claramente, pero como las acciones dicen más que las palabras, eso es lo que prácticamente dicen sus acciones. Qué triste es que algunos hablen de su fe en Cristo y no obstante, ¡sus obras no dan pruebas de su fe! Algunos hasta hablan como si entendieran lo que queremos decir con el pacto de la gracia, sin embargo, no hay ninguna buena evidencia de la gracia en sus vidas sino que abunda una prueba muy clara del pecado (no de la gracia). No puedo concebir que sea posible que alguien reciba a Cristo como Salvador y, no obstante, no lo reciba como Señor. Uno de los primeros instintos de un alma redimida es caer a los pies del Salvador y con gratitud y adoración clamar: «Bendito Maestro, reconozco que, al comprarme con tu sangre preciosa, soy tuyo, solo tuyo, completamente, para siempre. Señor, ¿qué quieres que haga?» Un hombre que realmente ha sido salvado por gracia no necesita que se le diga que está bajo obligación solemne de servir a Cristo, la nueva vida que hay dentro de él se lo dice. En lugar de considerarlo una carga, gustosamente se rinde en alma, cuerpo y espíritu al Señor que lo ha redimido, y considera que este es su servicio razonable.

A través de la Biblia en un año: Jueces 18–21

Gracia completa y gratuita

Mis queridos hijos, les escribo estas cosas para que no pequen. Pero si alguno peca, tenemos ante el Padre a un intercesor, a Jesucristo, el Justo.

1 JUAN 2:1

El apóstol Juan nos presenta un testimonio muy claro y enfático de la doctrina del perdón completo y gratuito del pecado. Él declara que la sangre de Jesucristo, el amado Hijo de Dios, nos limpia de todo pecado y que si algún hombre peca, tenemos un abogado. Es evidente que no teme cometer alguna travesura al declarar esta verdad tan ampliamente Por el contrario, él hace esta afirmación con la idea de promover la santidad de sus «queridos hijos». El objetivo de esta valiente declaración sobre el amor del Padre para con sus hijos pecadores es «para que no pequen». Esta es una respuesta triunfante a esa objeción terriblemente incierta que tan a menudo incita a los adversarios del evangelio contra las doctrinas de la gracia gratuita: que estas llevan a los hombres al libertinaje. No parece que el apóstol Juan pensara de esta manera porque para que estos «queridos hijos» no pecaran, él en realidad les declara la misma doctrina que nuestros adversarios llaman licenciosa. Aquellos hombres que creen que predicar la gracia de Dios completa, honesta y claramente, llevará a los hombres al pecado, no saben lo que dicen ni lo que afirman. Los hombres no tienen un argumento para pecar ni en la naturaleza ni en la gracia de la bondad de Dios.

A través de la Biblia en un año: 2 Corintios 1–3

Armados con valor santo

Cuando los setenta y dos regresaron, dijeron contentos: «Señor, hasta los demonios se nos someten en tu nombre». «Yo veía a Satanás caer del cielo como un rayo», respondió él. «Sí, les he dado autoridad a ustedes para pisotear serpientes y escorpiones y vencer todo el poder del enemigo; nada les podrá hacer daño. Sin embargo, no se alegren de que puedan someter a los espíritus, sino alégrense de que sus nombres están escritos en el cielo».

LUCAS 10:17-20

En presencia del hombre, Satanás es grande, fuerte y astuto, pero en presencia del Cristo de Dios, él se reduce en completa intrascendencia. Él sabe que no puede resistir siquiera una palabra de los labios de Cristo ni una mirada de sus ojos, así que dice: «¿Por qué te entrometes, Jesús, Hijo del Dios Altísimo?» (Marcos 5:7). La pregunta es como si Satanás le suplicara a Cristo que no expusiera su poder, que no lo tocara sino que lo dejara en paz, como si fuera demasiado insignificante para que lo notaran. Así son las artimañas de Satanás, él lloriquea como un perro azotado y se agacha a los pies del gran Maestro y mira a su rostro y le pide que lo deje solo porque él conoce bien el poder del Hijo de Dios. Sí, el nombre de Jesús tiene un poder maravilloso sobre todas las huestes del infierno; así que no nos desconcertemos ni desmayemos ante todos los ejércitos de Satanás, por contrario, debemos luchar con valor santo, contra todos los poderes del mal, porque seremos más que vencedores sobre estas por medio de nuestro Señor Jesucristo.

A través de la Biblia en un año: 2 Corintios 4–6

Sirve con gozo

Y los discípulos quedaron llenos de alegría y del Espíritu Santo.
HECHOS 13:52

Muchas personas parecen creer que ser cristiano es algo muy pesaroso, que los creyentes en Cristo son un grupo miserable e infeliz que nunca se alegra. Bueno, debo admitir que sí conozco algunas pequeñas comunidades de personas que se consideran lo mejor de los cristianos y que se reúnen los domingos para tener juntos un quejido común; pero no considero que la mayoría de nosotros, que adoramos en este lugar, somos culpados de algo así. Servimos a un Dios feliz, y creemos en un evangelio gozoso, y el amor de Cristo en nuestros corazones nos ha hecho anticipar muchos de los gozos del cielo aunque estamos aquí en la tierra.

«La paz de Dios, que sobrepasa todo entendimiento», cuida nuestros corazones y pensamientos en Cristo Jesús y «el gozo del Señor es nuestra fortaleza». Quizá, si dejáramos que los impíos supieran de este gozo y de esta paz, bajarían las armas de su rebelión y dirían: «no sabíamos que la religión de Jesucristo era así tan bendecida. No sabíamos que había una música así en la gran casa del Padre. No sabíamos que había un becerro gordo esperando a que lo maten por nosotros y que toda la familia se alegraría por nosotros. Ahora que sabemos el gozo que hay ahí, entraremos y nunca más saldremos».

A través de la Biblia en un año: 2 Corintios 7–8

Atrapados en la gran red

También se parece el reino de los cielos a una red echada al lago, que recoge peces de toda clase. Cuando se llena, los pescadores la sacan a la orilla, se sientan y recogen en canastas los peces buenos, y desechan los malos.

MATEO 13:47-48

Recuerdas que el Señor Jesucristo dijo, con respecto a esa ciudad en las que sus obras poderosas se llevaron a cabo, que sería más tolerable el día del juicio para Sodoma y Gomorra que para Capernaúm y Betsaida donde él había estado tan a menudo. Cristo ha estado cerca de ti y tú has escuchado su evangelio, el que muchos pobres paganos no han escuchado. Ahora que has escuchado el evangelio, el evangelio del sacrificio expiatorio de Cristo, su sangre clamará en tu contra, así como la sangre de Abel clamó en contra de Caín, si no se aplica a ti para limpiarte de pecado. No puedes escapar del Señor Jesucristo. Estás atrapado en la malla de la gran red que él ha lanzado sobre todos aquellos que han escuchado el evangelio. «El que cree en él no es condenado, pero el que no cree ya está condenado por no haber creído en el nombre del Hijo unigénito de Dios. Ésta es la causa de la condenación: que la luz vino al mundo, pero la humanidad prefirió las tinieblas a la luz, porque sus hechos eran perversos» (Juan 3:18-19). Si no crees en el Señor Jesucristo, decides que él no te salve y quedarte en la condición en la que ya estás, es decir «condenado».

A través de la Biblia en un año: 2 Corintios 9–10

Remedios

Jesús continuó: "Seguramente ustedes me van a citar el proverbio: '¡Médico, cúrate a ti mismo!'"
LUCAS 4:23

Viaja tan rápido como puedas por una dirección equivocada y no llegarás al lugar que buscas. Vanas son todas las cosas fuera de Jesús, nuestro Señor.

¿Has visitado al doctor Ceremonia? Él es, en este momento, el doctor de moda. ¿Te ha dicho que debes cuidar de formas y reglas? ¿Te ha recetado tantas oraciones y tantos cultos? ¡Ah! Muchos van a él y perseveran en un ciclo de ceremonias religiosas pero, estas no traen alivio duradero a la conciencia. ¿Has probado con el doctor Moralidad? Él tiene una amplia clientela y es un buen médico judío viejo. «Sé bueno en el carácter exterior», dice él, «y esto trabajará en el interior y limpiará el corazón». Se supone que él y su asistente, el doctor Educación —quien es casi tan inteligente como su maestro— hayan curado a muchas personas, pero tengo buena evidencia de que ninguno de los dos, ni juntos ni separados, podrían tratar alguna vez con una enfermedad interior. Hagas lo que hagas, tus propios esfuerzos no detendrán la herida de un corazón sangrante. El doctor Mortificación también tiene una clientela selecta, pero los hombres no se salvan negándose a sí mismos hasta que antes nieguen su propia justicia. El doctor Emoción tiene muchos pacientes, pero sus curas rara vez sobreviven a la puesta del sol. Los espíritus tiernos buscan mucho al doctor Sentimiento, estos tratan de sentir pena y remordimiento, pero, de hecho, la manera de curarse no está en ese distrito. Hágase todo lo que se pueda hacer fuera de nuestro bendito Señor Jesucristo y el alma enferma no mejorará en nada. Puedes probar remedios humanos durante toda una vida pero el pecado seguirá teniendo el poder, la culpa seguirá aferrada a la conciencia y el corazón permanecerá tan duro como siempre.

A través de la Biblia en un año: 2 Corintios 11-13

A los pies de Jesús

Uno de ellos, al verse ya sano, regresó alabando a Dios a grandes voces. Cayó rostro en tierra a los pies de Jesús y le dio las gracias, no obstante que era samaritano.

LUCAS 17:15-16

Este hombre cayó a los pies de Jesús, él no se sentía bien en su lugar hasta que cayó allí. «No soy nadie, Señor», pareció decir y por tanto, cayó con el rostro en tierra. Pero el lugar en que se postró fue «a los pies de Jesús». ¡Yo prefiero no ser nadie a los pies de Jesús que ser cualquier cosa en algún otro lugar! No hay lugar tan honorable como a los pies de Jesús. Ah, ¡yacer ahí siempre y solo amarlo por completo y dejar que el yo muera! ¡Ay, tener a Cristo parado sobre uno, como la única figura que eclipsa tu vida de ahora en adelante y para siempre! El verdadero agradecimiento se postra delante del Señor.

Añadido a esto estaba la adoración. Él cayó a los pies de Jesús glorificando a Dios y dándole gracias. Adoremos a nuestro Salvador. Que otros piensen de Jesús como les plazca, pero nosotros pondremos nuestro dedo en la marca de los clavos y diremos: «¡Mi Señor y mi Dios!» Si hay un Dios, él es Dios en Cristo Jesús para nosotros. No debemos dejar de adorar nunca a aquel que ha demostrado su divinidad al librarnos de la lepra del pecado. ¡Toda adoración sea a su suprema majestad!

A través de la Biblia en un año: Rut 1–2

La línea de demarcación

Cierto día Josué, que acampaba cerca de Jericó, levantó la vista y vio a un hombre de pie frente a él, espada en mano. Josué se le acercó y le preguntó: ¿Es usted de los nuestros, o del enemigo? ¡De ninguno! respondió. Me presento ante ti como comandante del ejército del Señor. Entonces Josué se postró rostro en tierra.

JOSUÉ 5:13-14

Una línea roja se extiende entre los justos y los malvados, la línea del sacrificio expiatorio; la fe cruza esa línea, pero nada más lo puede hacer. Fe en la preciosa sangre es la gran distinción en el fundamento y todas esas gracias que brotan de la fe hacen que el justo se separe más y más del mundo impío que, al no tener raíz, no tienen el fruto. ¿Tú crees en Jesucristo? ¿De qué lado estás? ¿Estás con nosotros o con nuestros enemigos? ¿Te unes al grito de la cruz? ¿Te atrae la bandera alzada del amor de un Salvador que esta a punto de morir? Si no, entonces sigues estando fuera de Dios, fuera de Cristo, un extranjero del estado de Israel y tendrás tu porción entre los enemigos del Salvador.

Hay una aguada línea divisoria entre los justos y los malvados, tan clara como esa que divide la muerte de la vida. Un hombre no puede estar entre la vida y la muerte, está vivo o está muerto. Existe una clara línea de demarcación entre la vida y la muerte, Dios ha fijado una división similar entre los justos y los malvados. No hay *estados intermedios*, no hay moradores anfibios en la gracia y fuera de la gracia; no hay indefinidos monstruosos que no son ni santos ni pecadores. Hoy estás vivo por las influencias vigorizantes del Espíritu Santo o estás muerto en tus transgresiones y pecados.

A través de la Biblia en un año: Rut 3–4

¿Calcular la omnipotencia?

¿Puedes hacer que las constelaciones salgan a tiempo? ¿Puedes guiar a la Osa Mayor y a la Menor? ¿Conoces las leyes que rigen los cielos? ¿Puedes establecer mi dominio sobre la tierra? ¿Puedes elevar tu voz hasta las nubes para que te cubran aguas torrenciales? ¿Eres tú quien señala el curso de los rayos? ¿Acaso te responden: Estamos a tus órdenes? ¿Quién infundió sabiduría en el ibis, o dio al gallo entendimiento?¿Quién tiene sabiduría para contar las nubes?

JOB 38:32-37

Con demasiada frecuencia queremos ver cómo el Señor llevará a cabo su Palabra. Comenzamos a calcular, como los discípulos, que doscientos denarios de pan no serán suficientes para la multitud, y en cuanto a unos pocos peces, no podemos creer que sirvan de algo entre tantos. Por supuesto, si tenemos que diseñar de acuerdo a las leyes de la mecánica, tenemos que calcular nuestras fuerzas y medios de demanda en proporción a los resultados que se quieren producir; pero ¿por qué aplicar la línea delgada de la mecánica al Dios omnipotente? No, creo que hacemos algo peor, porque no realizamos nuestros cálculos de manera correcta con respecto a la obra del Señor, si lo hiciéramos, calcularíamos que dada la omnipotencia, ya no existen las dificultades y las imposibilidades han desaparecido. Si en realidad el Señor es todopoderoso, entonces, ¿cómo nos atrevemos a cuestionar las formas y los medios? Las formas y los medios son asunto suyo y no nuestro y con él nunca debieran surgir preguntas así.

A través de la Biblia en un año: Gálatas 1–2

¡No pongas a Dios en una caja!

¿Quién eres tú para juzgar al siervo de otro? Que se mantenga en pie, o que caiga, es asunto de su propio señor. Y se mantendrá en pie, porque el Señor tiene poder para sostenerlo.

ROMANOS 14:4

Dios tiene mil maneras de lograr sus propósitos. De haberlo querido, habría convertido en pan cada piedra de Samaria y habría hecho harina del polvo de sus calles. Si mandó alimento al desierto sin cosecha, y agua al desierto sin viento y sin lluvia, él podría hacer lo que quisiera y realizar su obra a su manera. No nos permitamos el pensar en limitar al Santo de Israel a un modo especial de actuar. Cuando escuchamos de hombres a quienes están llevando a manifestarse con nuevas formas de hacer la obra, no sintamos que «esto tiene que estar mal», más bien esperemos que sea muy probable que esté bien porque necesitamos escapar de estas rutinas horribles y convencionalismos miserables que son más bien impedimentos que ayudas. Algunos hermanos muy estereotipados consideran que es un crimen que un evangelista cante el evangelio; y en cuanto a ese órgano americano, ¡espantoso! Uno de estos días otro grupo de almas conservadoras difícilmente soportará un servicio sin cosas así, porque el horror de los tiempos pasados es el ídolo de los siguientes. Cada hombre en su propio orden, y Dios los usa a todos; y si hay alguna peculiaridad, idiosincrasia, mucho mejor. Dios no hace a sus siervos de la misma manera que los hombres echan el hierro en los moldes, él tiene una obra separada para cada uno y deja que cada hombre haga su obra a su forma y que Dios lo bendiga.

A través de la Biblia en un año: Gálatas 3–4

Pon las cosas en claro con Dios

Vengan, pongamos las cosas en claro dice el Señor. ¿Son sus pecados como escarlata? ¡Quedarán blancos como la nieve! ¿Son rojos como la púrpura? ¡Quedarán como la lana! ¿Están ustedes dispuestos a obedecer? ¡Comerán lo mejor de la tierra! ¿Se niegan y se rebelan? ¡Serán devorados por la espada! El Señor mismo lo ha dicho.

ISAÍAS 1:18-20

Creo que sería sabio de nuestra parte, criaturas pecadoras que somos, aceptar la conferencia que Dios propone. De todos modos, no perdemos nada con ello. Si el Señor dice: «Vengan, pongamos las cosas en claro», él debe tener algún propósito de amor con eso; por lo tanto, vayamos a nuestro Dios y razonemos con él. Yo invitaría a cualquier hombre aquí que esté todo deseoso de estar bien con Dios, a que empiece a pensar en su Dios y en sus propios caminos. De seguro que para algunos de ustedes llegó la hora de volverse a él, a quien han provocado durante tanto tiempo. Por ejemplo, ahí está su Libro, ¿lo lees tú? ¿No testifica en tu contra el polvo que tiene encima? No crees que valga la pena saber lo que Dios ha revelado en su Palabra. Tratas a tu Hacedor y Amigo como si sus cartas no merecieran siquiera una hora de lectura; y las dejas completamente olvidadas. ¿Es así como debiera ser? Si quieres estar bien con Dios, ¿el primer paso no sería obedecer su mandamiento «Así dice ahora el Señor Todopoderoso: "Reflexionen sobre su proceder!"» (Hageo 1:5)? ¿Y el próximo paso no debiera ser obedecer esa otra palabra: «Sométete a Dios; ponte en paz con él, y volverá a ti la prosperidad» (Job 22:21)?

A través de la Biblia en un año: Gálatas 5-6

No por obras

Porque por gracia ustedes han sido salvados mediante la fe; esto no procede de ustedes, sino que es el regalo de Dios, no por obras, para que nadie se jacte. Porque somos hechura de Dios, creados en Cristo Jesús para buenas obras, las cuales Dios dispuso de antemano a fin de que las pongamos en práctica.

EFESIOS 2:8-10

Tenemos necesidad de seguir repudiando esta vieja mentira de Satanás de que los hombres se salvan por sus obras. Esas hojas de higuera que Adán cosió para cubrir su desnudez todavía están a favor de sus descendientes. No toman el manto de justicia de Cristo sino que más bien prefieren salvarse a sí mismos. Una o dos palabras para ti, mi amigo. ¿Dices que irás al cielo por guardar la ley? Ah, has escuchado el viejo refrán de cerrar el establo cuando el caballo no está, ¡me temo que esto te aplicaría muy bien a ti también! ¿Así que ahora vas a dejar cerrado el establo y estás seguro de que el caballo nunca saldrá? Si amablemente vas y miras, ¡descubrirás que se fue! Pero, ¿cómo puedes guardar una ley que ya se quebrantó? Si vas a ser salvo, la ley de Dios es como un vaso de puro alabastro que debe presentarse a Dios sin grietas ni manchas. ¿No te das cuenta de que ya has roto el vaso? Mira, allí hay una grieta. «¡Ah!», dices tú, «eso fue hace mucho tiempo». Sí, yo lo sé, pero es una grieta; y ahí mismo está la marca negra de tu dedo pulgar. Hombre, el vaso ya está roto y no puedes ir al cielo mediante tus buenas obras cuando no tienes ninguna.

A través de la Biblia en un año: 1 Samuel 1–4

Pareció bueno a sus ojos

¿Pueden dos caminar juntos sin antes ponerse de acuerdo?

AMÓS 3:3

El diablo le teme a todo contacto con Cristo y lo hace porque, en primer lugar, la naturaleza de Cristo es muy contraria a la suya. Y estos dos, en lugar de estar de acuerdo, se oponen entre sí en todo sentido. Hay una guerra muy antigua entre ambos, una guerra que, en lo que concierne a este mundo, se proclamó en el huerto del Edén cuando Dios le dijo a la serpiente: «pondré enemistad entre tú y la mujer, y entre tu simiente y la de ella; su simiente te aplastará la cabeza, pero tú le morderás el talón» (Génesis 3:15). Cristo ama la luz, Satanás ama las tinieblas. Cristo obra vida, Satanás obra muerte. Cristo es amor, Satanás es odio. Cristo es bondad, Satanás es maldad. Cristo es verdad, Satanás es falsedad.

Además, Satanás está muy consciente de que la misión de nuestro Señor Jesucristo en este mundo no es para su bien. Él no tiene parte en la encarnación de Cristo ni en su sacrificio expiatorio. Este es uno de los resultados maravillosos de la elección de la gracia. Esas personas que tropiezan en la elección de algunos hombres en lugar de otros, también debieran tropezar ante el hecho de que Cristo no redimió a los ángeles caídos, solo a hombres caídos. ¿Quién de nosotros puede decir por qué Dios escogió salvar a los hombres y no a los ángeles? La única respuesta que conozco para esa pregunta es: «Sí, Padre, porque esa fue tu buena voluntad» (Mateo 11:26). Se obvió a los ángeles poderosos y a nosotros, que no somos más que gusanos de la tierra, se nos miró con ojos de misericordia y amor; y Satanás, al saber esto y estar celoso del amor que ilumina a los hombres, no puede soportar la presencia de Cristo.

A través de la Biblia en un año: 1 Samuel 5–8

¿Bronce con oro?

Nadie puede servir a dos señores, pues menospreciará a uno y amará al otro, o querrá mucho a uno y despreciará al otro. No se puede servir a la vez a Dios y a las riquezas.

MATEO 6:24

Que cada creyente considere la vida de Dios dentro de él como su posesión más preciosa, mucho más valiosa que la vida natural. ¿No es el espíritu infinitamente más precioso que el cuerpo? Hermanos, si vamos a padecer hambre, que padezca hambre nuestro cuerpo y no nuestro espíritu. Si algo no debe crecer, que sea la naturaleza más vil. No vivamos ansiosamente por este mundo y lánguidamente por el mundo que vendrá. Al tener la vida divina dentro de nosotros, no descuidemos alimentarla y suplir sus necesidades. Tenemos al hombre que renuncia a asistir a servicios religiosos durante la semana porque tiene hambre de aumentar su negocio: compra bronce con oro. Otro abandona el lugar donde disfruta el ministerio del evangelio para ir en busca de un salario mayor a un lugar donde su alma morirá de hambre: cambia harina fina por cáscara. Otro se une a todo tipo de malas compañías, donde él sabe que su carácter sufre y su alma corre peligro, y su excusa es para bien. Ay, señores, ¿será que esta vida eterna que ustedes dicen poseer tiene tan poco valor ante sus ojos? Entonces, protesto ante ustedes los que no la tienen en lo absoluto. ¿Cómo entonces podrían ser tontos si el Señor los ha hecho sabios para salvación? «Echen mano de la vida eterna» porque este es el bien principal, por amor a esta pueden dejar cosas inferiores. «Busquen primeramente el reino de Dios y su justicia, y todas estas cosas les serán añadidas».

A través de la Biblia en un año: 1 Samuel 9–12

Vive para la vida eterna

«Todo está permitido», pero no todo es provechoso. «Todo está permitido», pero no todo es constructivo. Que nadie busque sus propios intereses sino los del prójimo.

1 CORINTIOS 10:23-24

Ojalá que todos los hombres en este tiempo abundaran en dar limosnas, pero especialmente aquellos que son seguidores del amoroso Jesús. Considera tus transacciones desde el punto de vista de la eternidad. Mide lo que haces, no como si fueran a considerarlos los hombres del mundo, sino como si tú mismo lo fueras a juzgar cuando contemples en el país celestial el rostro de aquel a quien amas. No quiero que cuando vayas a morir tengas que decir: «Tuve muchas posesiones, pero he sido un mal mayordomo. Tuve habilidad pero malgasté las mercancías de mi Amo. Lo único que hice con mi riqueza fue habilitar bien mi casa, quizá comprar cuadros costosos y darme lujos que me hicieron más daño que bien». Espero, por el contrario, que puedas decir: «Solo por gracia soy salvo, pero esa gracia me permitió consagrar mis bienes y darles el mejor uso. Puedo presentar mi mayordomía sin temor. No viví para la vida fugaz que ahora ha terminado, sino para la vida eterna». Hermanos, algunos hombres gastan tanto en sí mismo y tan poco en el Señor que para mí es como si se comieran la manzana y le dieran a Cristo las cáscaras: acumulan la harina y le dan al Señor un poquito del salvado. No vivas como los insectos que mueren en un día, sino como hombres que viven para siempre.

A través de la Biblia en un año: 1 Samuel 13–16

Examínense a sí mismos

Examínense para ver si están en la fe; pruébense a sí mismos. ¿No se dan cuenta de que Cristo Jesús está en ustedes? ¡A menos que fracasen en la prueba! Espero que reconozcan que nosotros no hemos fracasado.
2 CORINTIOS 13:5-6

He conocido a muchos creyentes verdaderos que se preocupan porque temen ser hipócritas, mientras que muchos hipócritas nunca se han hecho esa pregunta. Miles de los que han ido con toda seguridad al cielo se detuvieron muchas veces en el camino, pusieron sus dedos en las cejas y se preguntaron: «¿Soy un creyente verdadero? ¡Qué raras confusiones surgen! ¿Realmente he pasado de muerte a vida o es una fantasía y un sueño?» Y, no obstante, te digo que el hipócrita ha ido cantando por su mundo, seguro, creía él, de pasar por la puerta de perla hasta que al final se encontró a sí mismo arrastrado hasta el hoyo en la montaña que es la puerta secreta del infierno. Muchos que parecían justos han estado podridos hasta la médula, un fruto que el Rey no puede aceptar en su mesa. Ay, ustedes que nunca se preguntan si son cristianos, comiencen a hacerse la pregunta, examínense a sí mismos si están en la fe, no dejen que ninguna presunción los atrape con su abrazo mortífero.

A través de la Biblia en un año: 1 Samuel 17–20

Protéjanse de la vanagloria

Por lo tanto, si alguien piensa que está firme, tenga cuidado de no caer.
1 CORINTIOS 10:12

Ahora intentaré describir el peligro que quiero advertirte. Un hombre cristiano se pasa mucho tiempo sin ningún problema sobresaliente: tiene a sus hijos con él, su hogar es feliz, el negocio es extremadamente próspero, de hecho tiene todo lo que el corazón pudiera desear: cuando mira a su alrededor puede decir como David: «Bellos lugares me han tocado en suerte; ¡preciosa herencia me ha correspondido!» (Salmos 16:6). Ahora, el peligro está en que él piense demasiado en estas cosas secundarias y se diga a sí mismo: «Mi montaña está firme, jamás seré conmovido». Y luego, aunque el hombre nunca se atrevió a decirlo con palabras, un sentimiento indistinto avanza lentamente dentro de él, que no hay necesidad de que él vele tanto como otras personas; estaría seguro de no caer si fuera tentado. De hecho, se pregunta cómo algunos de sus hermanos pueden vivir de la manera en que viven, él está seguro de que no podría hacerlo. Siente que podría luchar con cualquier tentación y salir más que vencedor. Se ha vuelto tan fuerte que se siente como si fuera un Sansón. Ahora sabe mucho más de lo que sabía antes y cree que ya está viejo como para caer como le hubiera sucedido algunos años atrás. «¡Ah!», piensa él, «soy un cristiano modelo». Él no lo dice así pero eso acecha en su mente. Su corazón está entorpecido con las cosas terrenales y su mente inflada con la vanagloria.

A través de la Biblia en un año: 1 Samuel 21–24

Aflojarse gradualmente

¿Quién puede afirmar: «Tengo puro el corazón; estoy limpio de pecado»?
PROVERBIOS 20:9

Qué noticias tan desgarradoras nos llegan a veces a nosotros, los que velamos por la iglesia cristiana. Fulano de tal, alguien que conocíamos como un gran practicante que se sentaba con nosotros a la mesa de la comunión y quien parecía estar muy avanzado en las cosas espirituales, ha caído en cierta clase de vicio que es absolutamente repulsivo, del cual el alma se rebela y este es el mismo hombre de quien recibimos consejos y con quien íbamos a la casa de Dios. Si pudiera rastrearse la historia de estos tremendos criminales, sería en gran medida así: empezaron bien, pero se fueron aflojando gradualmente, hasta que al final estuvieron maduros para el pecado inmundo. ¡Ah! No sabemos en lo que podemos caer cuando comenzamos a ir cuesta abajo, muy abajo, adonde terminará. Debemos orar a Dios que mejor nos fuera morirnos pronto que vivir para caer en los terrores de ese descenso. ¿Quién habría pensado que David, el hombre conforme al corazón de Dios, llegaría a ser el asesino de su amigo Urías con la intensión de robarle a su esposa? Oh, David, ¿estás tan cerca del cielo y a la vez tan cerca del infierno? En cada uno de nuestros corazones hay un David, y si comenzamos a resbalarnos de Dios, no sabemos hasta dónde podamos llegar. El peligro secreto que sale de todo esto es que cuando un hombre llega al estado de la seguridad carnal, está listo para cualquier mal.

A través de la Biblia en un año: 1 Samuel 25–28

¿Qué regalos traes tú?

Tome Su Majestad y presente como ofrenda lo que mejor le parezca...Pero el rey le respondió a Arauna: Eso no puede ser. No voy a ofrecer al Señor mi Dios holocaustos que nada me cuesten.
2 SAMUEL 24:22, 24

Hay cientos de practicantes que nunca le dieron a Dios nada que les costara la auto negación; no, no tanto como quedarse sin un plato en la mesa, sin un cuadro en la pared o sin un anillo en el dedo. Hay varios cristianos practicantes que gastan mucho más en las suelas de sus botas que en Cristo, y muchas mujeres que gastan más en las plumas y las flores que adornan sus sombreros que en su Salvador. Sí, he oído de hombres que decían que eran perfectos y, no obstante, ¡tenían medio millón y estaban acumulando más! Los pecadores mueren y son condenados y los misioneros no tienen apoyo y, sin embargo, estos hombres absolutamente perfectos están apilando el oro y dejando que la causa de Cristo se detenga por falta de medios. Esa no es mi teoría de la perfección; no, no me parece a mí que corresponda con la idea de un cristiano común que dice que no es dueño de sí. Si realmente eres salvo, hermano, ni un cabello de tu cabeza te pertenece; la sangre de Cristo o te ha comprado o no, y si lo ha hecho, entonces eres todo de Cristo, cada parte de ti y no puedes comer, ni beber ni dormir sino para Cristo. «En conclusión, ya sea que coman o beban o hagan cualquier otra cosa, háganlo todo para la gloria de Dios» (1 Corintios 10:31). ¿Comprendes eso?

A través de la Biblia en un año: 1 Samuel 29–31

Servicio de primera clase

Ahora, hermanos, queremos que se enteren de la gracia que Dios ha dado a las iglesias de Macedonia. En medio de las pruebas más difíciles, su desbordante alegría y su extrema pobreza abundaron en rica generosidad. Soy testigo de que dieron espontáneamente tanto como podían, y aún más de lo que podían, rogándonos con insistencia que les concediéramos el privilegio de tomar parte en esta ayuda para los santos.

2 CORINTIOS 8:1-4

Hermanos, sean tan apasionados para honrar a Cristo como lo fueron una vez para deshonrarlo. Así como le han dado al diablo servicio de primera clase, dejen que Cristo reciba lo mismo. Recuerden que en los días de su pecado, algunos de ustedes se dedicaron a esto por completo, que ningún gasto los detenía, ¿verdad? Oh, no, si querían placer en el pecado, allá iban las cinco y las cien libras esterlinas. Cuán a menudo me encuentro hombres, particularmente aquellos dados a la bebida, que tienen libras en sus bolsillos y nunca saben adónde van, pero no se detienen hasta que todo se gasta, sea poco o mucho. Pobres tontos, pobres tontos. Sin embargo, quisiera que pudiéramos servir a Cristo con igual generosidad. No debiera considerarse ningún gasto siempre y cuando podamos honrar a Dios y bendecir su nombre. Trae la caja de alabastro, rómpela, no importan los pedazos, derrama el aceite y deja que todo sea para Jesús. Fue así como serví a Satanás y será así como serviré a Cristo.

A través de la Biblia en un año: Efesios 1–2

Soldados consagrados

No es que esté dándoles órdenes, sino que quiero probar la sinceridad de su amor en comparación con la dedicación de los demás. Ya conocen la gracia de nuestro Señor Jesucristo, que aunque era rico, por causa de ustedes se hizo pobre, para que mediante su pobreza ustedes llegaran a ser ricos.
2 CORINTIOS 8:8-9

Oh, ¿quién será el siervo de mi Amo? ¡Ahí viene! ¿No lo ves? No lleva sobre su cabeza una diadema sino una corona de espinas, bajo sus mejillas ves los escupitajos corriendo, sus pies todavía están enrojecidos por las heridas y sus manos todavía están adornadas con las marcas de los clavos. Este es tu Amo, y estas son las insignias de su amor por ti. ¿Qué servicio le darás? ¿El de un simple practicante que pronuncia su nombre pero que no le ama? ¿El de un frío religioso que ofrece un servicio mal dispuesto por causa del temor? Oro para que no lo deshonres así. Yo elevo el estandarte para reclutar bajo la bandera de Cristo a aquellos que de ahora en adelante sean hombres de Cristo de pies a cabeza; y la iglesia debe ser feliz y feliz debe ser todo el Israel de Dios si un número escogido se recluta y permanece fiel a sus colores. No necesitamos más cristianos nominales, ni cristianos tibios, a quienes mi Amo escupirá de su boca. Necesitamos hombres que ardan de amor, totalmente consagrados, intensamente dedicados, quienes, por la esclavitud de la que han escapado y la libertad en la que han entrado, están bajo promesa para gastarse y ser gastados por el nombre de Jesús hasta que hayan llenado la tierra de su gloria y hayan hecho que todo el cielo repique con su alabanza.

A través de la Biblia en un año: Efesios 3–4

Sellados continuamente

En él también ustedes, cuando oyeron el mensaje de la verdad, el evangelio que les trajo la salvación, y lo creyeron, fueron marcados con el sello que es el Espíritu Santo prometido. Éste garantiza nuestra herencia hasta que llegue la redención final del pueblo adquirido por Dios, para alabanza de su gloria.

EFESIOS 1:13-14

Algunos han imaginado que existe un acto separado del Espíritu de Dios en el que este sella a los creyentes. Pudiera ser así, no voy a cuestionar eso, pero sentiría mucho si cualquier hombre aquí, viviendo en pecado, pudiera con todo y eso mirar atrás a una especie de entusiasmo religioso o regocijo y decir: «Estoy a salvo porque en aquella ocasión yo fui sellado» y sentiría mucho que cualquier hermano considerara alguna experiencia extraordinaria, que vivió en un día determinado hace mucho tiempo, la razón verdadera por la cual es salvo. Un sello es para el presente y no es un mero recuerdo, sino un objeto palpable *ahora,* y delante de los ojos. Me temo que muchos han sido engañados al caer en la despreocupación por la noción de un sello que recibieron hace mucho tiempo. Busquemos la verdad. Según el texto, hasta donde puedo leerlo, he aquí un hombre que creyó en Jesús y desea un sello de que Dios lo ama: Dios le da el Espíritu y eso es todo lo que él puede desear o esperar. No se desea nada más; nada más sería tan bueno. El mismo hecho de que el Espíritu de Dios obra en ti tanto el querer como el hacer para que se cumpla la buena voluntad de Dios, es tu sello, no necesitas nada más. No digo que cualquier acción del Espíritu Santo deba considerarse como el sello, sino que todas estas juntas constituyen ese sello, ya que demuestran que él está en nosotros.

A través de la Biblia en un año: Efesios 5–6

Cristo debe causar la conmoción

Cuando vio a Jesús desde lejos, corrió y se postró delante de él.
—¿Por qué te entrometes, Jesús, Hijo del Dios Altísimo? —gritó
con fuerza—. ¡Te ruego por Dios que no me atormentes!
MARCOS 5:6-7

Adondequiera que Jesús llega, hay conmoción. No había acabado de poner los pies en las costas de Gadara cuando de una vez lo atacan los poderes de las tinieblas, y no había pasado mucho tiempo cuando toda la población del distrito quedó afectada con su presencia. No importa cuán poco influyentes sean las demás personas, nunca es así con Jesús. Él siempre es o el «olor de muerte que los lleva a la muerte» o el «olor de vida que los lleva a la vida» (2 Corintios 2:16). Él nunca es un Cristo insípido. De él siempre sale virtud y la virtud agita la oposición de los malhechores de manera que, inmediatamente, salen a luchar contra él.

Recuerda que cuando Pablo y Silas predicaron en Tesalónica, los judíos incrédulos gritaban: «¡Estos que han trastornado el mundo entero han venido también acá!» (Hechos 17:6). ¿Era eso algo maravilloso? No, ¿no era más bien exactamente lo que el Señor Jesucristo había profetizado cuando dijo: «No vine a traer paz sino espada (Mateo 10:34)? Él dijo que por su causa habría división incluso en las familias, de manera que un hombre estaría en desacuerdo con su padre, y una hija con su madre y los enemigos de un hombre serían los de su propia familia. Cristo debe causar conmoción adondequiera que vaya y su evangelio debe causar conmoción dondequiera que se predique. El estancamiento es incoherente con la vida. Un sueño sepulcral es la condición de aquellos que están muertos en el pecado, pero estar despiertos en acción es la consecuencia segura de cuando el evangelio viene a alguien con poder.

A través de la Biblia en un año: 2 Samuel 1–4

En construcción

Él mismo constituyó a unos, apóstoles; a otros, profetas; a otros, evangelistas; y a otros, pastores y maestros, a fin de capacitar al pueblo de Dios para la obra de servicio, para edificar el cuerpo de Cristo. De este modo, todos llegaremos a la unidad de la fe y del conocimiento del Hijo de Dios, a una humanidad perfecta que se conforme a la plena estatura de Cristo.
EFESIOS 4:11 13

¿No están ustedes conscientes, creyentes, de estar edificados conforme a un glorioso modelo elevado y noble? Todavía no parece lo que seremos, pero deben estar conscientes de que cada hilada de piedras preciosas se edifica sobre el fundamento de la fe en Cristo. Ya que ustedes han conocido al Señor, han hecho un notable avance. Por momentos tienes temor de solo crecer hacia abajo, pero has crecido; hay algo en ti ahora que no tenías hace diez años. Yo estoy claramente consciente, de alguna manera, de que hace veinte años no estaba donde estoy ahora. Quiero que la vida que hay en mí se desarrolle y sea libre. ¿Nunca te sientes así? ¿No has sentido como si tú mismo fueras grande con una naturaleza muchos más gloriosa y has deseado la liberación de la carne y la debilidad? Estos gemidos, aspiraciones, esperanzas y deseos son todos sellos de salvación; tú nunca encontrarás a los impíos así conmovidos. Estos dolores son característicos de la vida. Tú no eres una estructura terminada, sino una casa en proceso de construcción y puedes estar seguro de que uno de estos días se pondrá la última piedra con gritos de «Gracia, gracia para con ella».

A través de la Biblia en un año: 2 Samuel 5–8

Lazos de gracia

En esto conocemos lo que es el amor: en que Jesucristo entregó su vida por nosotros. Así también nosotros debemos entregar la vida por nuestros hermanos. Si alguien que posee bienes materiales ve que su hermano está pasando necesidad, y no tiene compasión de él, ¿cómo se puede decir que el amor de Dios habita en él? Queridos hijos, no amemos de palabra ni de labios para afuera, sino con hechos y de verdad.

1 JUAN 3:16-18

Nosotros debiéramos reconocer los lazos de sangre más de lo que lo hacemos. Somos demasiado propensos a olvidar que Dios «de un solo hombre hizo todas las naciones para que habitaran toda la tierra» (Hechos 17:26), de manera que mediante el común vínculo de sangre, todos somos hermanos. Pero amados, los lazos de gracia son mucho más fuertes que los lazos de sangre. Si realmente nacieron de Dios, son hermanos por medio de una hermandad que es más fuerte que la hermandad natural que te permitió acostarte en la misma cuna y prenderte al mismo pecho porque los hermanos según la carne pudieran estar separados eternamente. La mano derecha del Rey podría ser la posición conferida a uno y su izquierda, la posición conferida al otro, pero los hermanos que realmente nacieron de Dios comparten una hermandad que debe durar para siempre.

Si somos del mundo, el mundo amará a los suyos, lo mismo sucede si somos del Espíritu, el Espíritu amará a los suyos. Toda la familia redimida de Cristo está firmemente ligada. Nosotros mismos, habiendo nacido de Dios, seguimos buscando para ver a aquellos que han «nacido de nuevo, no de simiente perecedera, sino de simiente imperecedera» (1 Pedro 1:23), y cuando los vemos, no podemos evitar amarlos. De una vez se produce entre nosotros un lazo de unión.

A través de la Biblia en un año: 2 Samuel 9–12

Aférrense los unos a los otros

Tengan cuidado de sí mismos y de todo el rebaño sobre el cual el Espíritu Santo los ha puesto como obispos para pastorear la iglesia de Dios, que él adquirió con su propia sangre. Sé que después de mi partida entrarán en medio de ustedes lobos feroces que procurarán acabar con el rebaño.
HECHOS 20:28–29

Los cristianos deben amarse unos a otros porque son súbditos de un Rey quien es también su Salvador. Somos una pequeña pandilla de hermanos en medio de una vasta multitud de enemigos. Cristo dijo a sus discípulos: «Los envío como ovejas en medio de lobos» (Mateo 10:16). Si son verdaderos cristianos, no tendrán el amor de la gente de este mundo, no es posible. Ellos se asegurarán de ridiculizarte y llamarte tonto o hipócrita o algo igual de menospreciativo. Bueno, entonces, aférrense más los unos a los otros. Somos como una compañía pequeña de solados en un país enemigo, fuertemente acuartelados por los enormes batallones del enemigo, tenemos que unirnos, tenemos que ser como un solo hombre, agrupados en la comunión más íntima, tal y como nos ordena nuestro gran Capitán. Quiera Dios que el hecho de encontrarnos en un país enemigo dé como resultado que seamos más unidos de lo que hemos sido antes. Cuando escucho a un hombre cristiano encontrarle defectos a su ministro, siempre deseo que el diablo hubiera encontrado a alguna otra persona para hacer su sucia obra. Espero que ninguno de ustedes sea hallado jamás quejándose de los siervos de Dios que están dando lo mejor de sí para ayudar en la causa de su Señor. Hay muchos que están listos para encontrarles defectos y sería mucho mejor que sus faltas, si las tienen, fueran señaladas por un enemigo que por ustedes que pertenecen a la misma familia que ellos.

A través de la Biblia en un año: 2 Samuel 13–16

Nuestro apuntador santo

Cuando los hagan comparecer ante las sinagogas, los gobernantes y las autoridades, no se preocupen de cómo van a defenderse o de qué van a decir, porque en ese momento el Espíritu Santo les enseñará lo que deben responder.

LUCAS 12:11-12

El Espíritu Santo actúa para con su pueblo como una especie de apuntador de un declamador. Un hombre tiene que presentar una parte de la obra que se ha aprendido, pero su memoria es traicionera y, por lo tanto, en algún lugar fuera del alcance de la vista hay un apuntador de manera que cuando el orador no sepa qué decir y pudiera utilizar una palabra equivocada, se escucha un murmullo que sugiere la palabra correcta. Cuando el orador prácticamente ha perdido el hilo de su discurso, él inclina su oído y el apuntador le da la palabra clave que lo ayudará con su memoria. Si se me permite el símil, yo diría que esto representa en parte la obra del Espíritu de Dios en nosotros, sugiriéndonos el deseo correcto y trayendo a nuestra memoria lo que sea que Cristo nos ha dicho. A menudo en la oración llegamos a un punto muerto, pero él incita, sugiere e inspira y así seguimos adelante. Puede que nos cansemos en la oración, pero el Consolador nos alienta y nos refresca con pensamientos que dan ánimo. Cuando de hecho, en nuestro desconcierto, casi nos sentimos impulsados a abandonar la oración, el murmullo de su amor deja caer un carbón encendido desde el altar a nuestra alma y nuestros corazones resplandecen con mayor ardor que antes. Considera al Espíritu Santo como tu apuntador y deja que tu oído esté abierto a su voz.

A través de la Biblia en un año: 2 Samuel 17–20

Apartados

De este evangelio he sido yo designado heraldo, apóstol y maestro. Por ese motivo padezco estos sufrimientos. Pero no me avergüenzo, porque sé en quién he creído, y estoy seguro de que tiene poder para guardar hasta aquel día lo que he dejado a su cuidado. Con fe y amor en Cristo Jesús, sigue el ejemplo de la sana doctrina que de mí aprendiste. Con el poder del Espíritu Santo que vive en nosotros, cuida la preciosa enseñanza que se te ha confiado.

2 TIMOTEO 1:11-14

Todo hombre es llamado a hacer tanto bien como pueda, pero algunos hombres son apartados para trabajar en departamentos específicos de la obra cristiana y deben ser doblemente cuidadosos de hacerlo todo en nombre de su Maestro. Si un barco estuviera encallado y rompiéndose, y la tripulación estuviera a punto de perecer, estamos todos autorizados para hacer tanto como podamos para salvar la nave naufragada, pero los hombres que pertenecen a la tripulación designada para el bote salvavidas, tienen el derecho de ir a la vanguardia, tomar los remos y hacerse a la mar. Están autorizados para ir a la cabeza con valentía ante el peligro. Entonces, hermanos míos, aquellos de ustedes que han sentido dentro de sí el llamamiento divino, el impulso sagrado que los obliga a dedicar sus vidas a la salvación de quienes los rodean, pueden hacerlo valientemente y sin excusas. Vuestra autoridad viene de Cristo porque el Espíritu Santo los ha apartado para la obra. Que ningún hombre les ponga obstáculos ni los desanime. Avancen a las filas delanteras negándose a sí mismos.

A través de la Biblia en un año: 2 Samuel 21–24

Permanecer siempre

Permanezcan en mí, y yo permaneceré en ustedes. Así como ninguna rama puede dar fruto por sí misma, sino que tiene que permanecer en la vid, así tampoco ustedes pueden dar fruto si no permanecen en mí.

JUAN 15:4

«Separados de mí no pueden ustedes hacer nada», dijo nuestro Señor (Juan 15:5) y nosotros hemos conocido la verdad de esa frase al ver los intentos desacertados que han terminado en fracasos funestos; pero en el futuro recordemos esta verdad de manera práctica. Nunca comencemos una obra sin buscar poder de lo alto. A menudo realizamos el servicio cristiano como si nos sintiéramos a la altura del mismo; oramos sin pedirle a Dios que nos prepare el corazón; cantamos —ay hermanos, y cómo sucede esto a nivel mundial— sin suplicarle al Espíritu Santo en lo absoluto que reanime nuestras alabanzas; y temo que algunos de nosotros debemos confesar con pesar que en ocasiones predicamos como si la predicación fuera obra nuestra y no obra del Espíritu Santo que está dentro de nosotros.

Hazlo todo con la fortaleza del Maestro y ¡qué distinto será todo! Reconoce siempre que estés trabajando que tu fortaleza solo proviene del Señor. Nunca permitas que te pase por la mente que como un cristiano experimentado tienes una habilidad para el trabajo que es particularmente tuya, de manera que puedes prescindir de las oraciones pidiendo ayuda divina, algo tan necesario para los jóvenes. Nunca imagines que porque durante muchos años has realizado un servicio con aceptación, puedes, por lo tanto, hacerlo ahora sin una ayuda renovada. Esta es la manera en la que el poder de Dios y la vitalidad de la piedad resultan tan raras en las iglesias. Si no nos sentimos consciente día tras día de la debilidad que mora en nosotros y por consiguiente la necesidad de fortaleza fresca del Altísimo, pronto dejaremos de estar llenos de gracia.

A través de la Biblia en un año: Filipenses 1–2

5 de junio

Talento enterrado

Y ahora tengan en cuenta que voy a Jerusalén obligado por el Espíritu, sin saber lo que allí me espera. Lo único que sé es que en todas las ciudades el Espíritu Santo me asegura que me esperan prisiones y sufrimientos. Sin embargo, considero que mi vida carece de valor para mí mismo, con tal de que termine mi carrera y lleve a cabo el servicio que me ha encomendado el Señor Jesús, que es el de dar testimonio del evangelio de la gracia de Dios.
HECHOS 20:22–24

Ya hemos visto qué es hacerlo todo en el nombre del Señor Jesús. Detengámonos un momento para recordarte que este pasaje imparte una grave reprensión a muchos que profesan ser cristianos. Hay demasiados miembros de iglesias que no hacen nada en nombre de Jesús. Desde el día en que los bautizaron en el nombre del Padre, del Hijo y del Espíritu Santo, no han hecho nada más en ese nombre. ¡Ah, hipócritas! ¡Dios tenga misericordia de ustedes! Qué pena, ¡cuántos más hacen tan poco en el nombre de Cristo! Observé este comentario en una carta que escribió cierto pastor, que no creo que es dado a hablar duramente, él creía que en su propia iglesia uno de cada tres miembros no estaba haciendo algo por Cristo. Yo no podría hablar con tanta tristeza de ustedes pero sí temo que una gran parte de las fuerzas de esta iglesia no se están utilizando para el Señor. Creo que aquí prácticamente se utiliza más que en cualquier otra iglesia, pero no obstante se malgasta mucho vapor, hay muchos talentos enterrados y por tanto Jesús está defraudado.

A través de la Biblia en un año: Filipenses 3–4

Un milagro de la gracia

¿No saben que los malvados no heredarán el reino de Dios? ¡No se dejen engañar! Ni los fornicarios, ni los idólatras, ni los adúlteros, ni los sodomitas, ni los pervertidos sexuales, ni los ladrones, ni los avaros, ni los borrachos, ni los calumniadores, ni los estafadores heredarán el reino de Dios. Y eso eran algunos de ustedes. Pero ya han sido lavados, ya han sido santificados, ya han sido justificados en el nombre del Señor Jesucristo y por el Espíritu de nuestro Dios.

1 CORINTIOS 6:9-11

¿Ven a ese hombre que una vez tenía el hábito de entrar y salir de las tabernas? Su hablar en aquellos tiempos era sucio, inmundo, abominable; su pobre esposa estaba amoratada y golpeada debido a su crueldad; sus hijos se morían de hambre y no tenían zapatos. Ahora él está con nosotros en esta casa de oración y es miembro del cuerpo místico de Cristo. Si fuéramos a pedirle que se pusiera en pie y nos contara del gran cambio que se ha producido en él, todos nos regocijaríamos al oírle testificar que el Señor lo ha perdonado, lo ha lavado, lo ha limpiado y ha renovado su corazón. ¿Pensó ese hombre alguna vez en su estado no regenerado que la vida de Cristo estaría en él despertando su cuerpo mortal y cambiando toda su naturaleza? Algo así nunca se le ocurrió. ¿Acaso no es él un milagro de la gracia? Pues yo creo ciertamente que si el diablo se convirtiera y se convirtiera otra vez en un ángel santo, no sería más maravilloso que la conversión de algunos que están aquí presentes. El Señor ha hecho por ellos cosas extrañas, cosas maravillosas, de lo cual se alegra nuestro corazón al pensar en lo que él ha hecho.

A través de la Biblia en un año: 1 Reyes 1-4

Él satisface nuestra necesidad

Pero como Jesús permanece para siempre, su sacerdocio es imperecedero. Por eso también puede salvar por completo a los que por medio de él se acercan a Dios, ya que vive siempre para interceder por ellos. Nos convenía tener un sumo sacerdote así: santo, irreprochable, puro, apartado de los pecadores y exaltado sobre los cielos.

HEBREOS 7:24-26

¿No es esta una asociación maravillosa, que Cristo llevara en sí mismo todo aquello que nos correspondía a nosotros, hasta la tristeza y el desconsuelo y al final, hasta la misma muerte? Ese cuerpo bendito, aunque no vio corrupción, no obstante, estuvo tan muerto como cualquiera otra persona que haya muerto jamás. Cristo tomó todo lo que nos pertenecía en esa maravillosa asociación.

Ahora mira el resultado de esa unión que hace posible que Cristo satisfaga todas nuestras necesidades. Por ejemplo, yo traigo mi pecado pero ante eso, él presenta su redención. Yo le traigo muerte, pero él presenta su resurrección. Yo le llevo debilidad, y él la satisface con su fortaleza. Yo traigo mi maldad, y Dios hace de Cristo mi justicia. Yo le presento mi naturaleza maligna y Dios hace de él mi santificación. Cualquier cosa mala que yo tenga para presentar como contribución a la asociación, él lo cubre con un esplendor de bondad que lo borra y enriquece mi alma mucho más que antes. Oh, qué maravilloso es entrar en asociación con su Hijo, ¡Jesucristo nuestro Señor!

A través de la Biblia en un año: 1 Reyes 5–8

Codicia el trabajo humilde

El más importante entre ustedes será siervo de los demás. Porque el que a sí mismo se enaltece será humillado, y el que se humilla será enaltecido.
MATEO 23:11-12

Si hay algún puesto en la iglesia en el que el obrero tendrá que trabajar duro y no recibir agradecimiento, tómalo y confórmate. Si puedes realizar un servicio que muy pocos tratan de hacer o de apreciar cuando otros lo realizan, realízalo, con santo deleite. Codicia el trabajo humilde y cuando lo obtengas, alégrate de poder seguir haciéndolo. No hay mucho arrebato en cuanto a los lugares más humildes; no les vas a robar a nadie al buscarlos. Para el primer lugar tenemos que hacer elecciones y encuestar a toda la comunidad, pero para los lugares más humildes no hay gran ambición; por lo tanto, selecciona un lugar así y mientras escapas a la envidia, también obtienes una conciencia tranquila. Si fuéramos más de Cristo, debiéramos empujarnos más hacia los lugares de sacrificio con alegría y de manera voluntaria, considerando que nuestro honor principal es servir a Dios y a la iglesia de maneras que sean oscuras y desdeñadas porque al hacerlo, nos libraremos del espíritu farisaico que anhela la alabanza de parte del hombre.

A través de la Biblia en un año: 1 Reyes 9–12

El día todavía está por llegar

Después vi un cielo nuevo y una tierra nueva, porque el primer cielo y la primera tierra habían dejado de existir, lo mismo que el mar.
Apocalipsis 21:1

«El Hijo de Dios fue enviado precisamente para destruir las obras del diablo» (1 Juan 3:8). ¡Qué obra tan horrible ya ha realizado el diablo en el mundo! Mira ahora cómo el huerto del Edén está mustio y arruinado, convertido en un desierto. La tierra fértil está produciendo espinas y cardos; y mira al hombre, quien fue hecho a la imagen de Dios, reducido a la posición de un pecador que tiene que trabajar arduamente, que se gana el pan con el sudor de su frente. Mira la guerra, el hambre y la pestilencia y todo tipo de males y dolor esparcidos densamente por toda la tierra y recuerda que todo esto fue el resultado de una desobediencia a la cual el hombre fue llevado por la tentación del diablo. Pero el diablo tiene muy poco para gloriarse por causa del daño que ha causado porque Cristo vino para deshacerlo. En la persona del segundo Adán, el Señor del cielo, el hombre se levantó de todo el pecado en que cayó por medio del primer Adán y en cuanto a este pobre mundo, tan infestado de pecado como está, ya sufre dolores de parto anticipando el nuevo nacimiento que aún le aguarda y llegará el día en que los cielos nuevos y la nueva tierra demostrarán cómo Cristo ha cancelado por completo la maldición y ha hecho que la tierra esté fragante con la bendición. Es por esta razón que Satanás odia la presencia de Cristo, porque Cristo va a destruir su obra maligna y por tanto teme que Cristo se le acerque.

A través de la Biblia en un año: 1 Reyes 13–16

La gracia combate los «si»

Mis queridos hijos, les escribo estas cosas para que no pequen. Pero si alguno peca, tenemos ante el Padre a un intercesor, a Jesucristo, el Justo.
1 JUAN 2:1

El apóstol dice: «si alguno peca». El «si» podría escribirse en letras tan pequeñas como quisieras porque la suposición es una cuestión de certeza. «¿Si alguno peca?» La mano gentil del discípulo amado usa términos muy tiernos y suaves, poniéndolo como una suposición, como si fuera algo asombroso que pecásemos luego de tanto amor, misericordia y bondad. Sin embargo, Juan sabía muy bien que todos los santos pecan porque él mismo ha declarado que si algún hombre dice que no peca, es un mentiroso y no hay verdad en él. Los santos todavía son, sin excepción, pecadores. Fue la gracia quien produjo un cambio tan grande, no habría gracia en lo absoluto de no haber sido así. Es bueno advertir este cambio. El cristiano ya no ama el pecado, este es el objeto de su más severo horror; él ya no lo considera como algo insignificante, ni juega con él ni habla de este con despreocupación. Lo mira como a una serpiente venenosa, cuya misma sombra debe evitarse. Ya no se aventurará más de manera voluntaria a llevar la copa a sus labios como el hombre que una vez casi perdió su vida al beber veneno. El corazón del cristiano no da ánimo al pecado aunque este no se expulse. El pecado puede entrar al corazón y luchar por el dominio, pero no puede ocupar el trono.

A través de la Biblia en un año: 1 Reyes 17–19

Tristes y molestos

Si afirmamos que no tenemos pecado, nos engañamos a nosotros mismos y no tenemos la verdad. Si confesamos nuestros pecados, Dios, que es fiel y justo, nos los perdonará y nos limpiará de toda maldad. Si afirmamos que no hemos pecado, lo hacemos pasar por mentiroso y su palabra no habita en nosotros.

1 JUAN 1:8-10

El cristiano nunca peca con ese alarde tan grande del cual son culpables los no regenerados. Otros se revuelcan en las transgresiones y hacen de su vergüenza, su gloria; pero cuando el creyente cae, él guarda silencio, se entristece y se enoja. Los pecadores van a sus pecados como niños al huerto de su propio padre pero los creyentes se escabullen como ladrones que han estado robando el fruto prohibido. En un cristiano la vergüenza y el pecado siempre van de la mano. Si se emborracha de pecado, se avergonzará de sí mismo e irá a la cama como un perro sin raza azotado. Él no puede proclamar sus transgresiones como hacen algunos en medio de una multitud obscena, alardeando de sus hazañas malignas. Su corazón está destrozado en su interior, y cuando él ha pecado, pasa muchos, muchos días con los huesos doloridos.

Ni tampoco gana él con la plenitud de la deliberación que pertenece a otros hombres. El pecador puede sentarse durante todo un mes y pensar en la iniquidad que intenta perpetrar hasta que tiene los planes bien organizados y ha madurado su proyecto, pero el cristiano no puede hacer eso. Puede que ponga el pecado en su boca y se lo trague en un instante, pero no puede seguir dándole vueltas. Aquel que puede organizar y tramar una transgresión sigue siendo un hijo verdadero de la vieja serpiente.

A través de la Biblia en un año: 1 Reyes 20–22

Fuertes en amor

Jesús se volvió hacia ellas y les dijo: «Hijas de Jerusalén, no lloren por mí; lloren más bien por ustedes y por sus hijos».

LUCAS 23:28

Hay demasiadas personas tan absortas en su propio dolor que no tienen lugar en sus almas para la simpatía. ¿No las conoces? Lo primero que hacen cuando se levantan en la mañana es contar la terrible historia de la noche que pasaron. ¡Ay, querido! Y no han acabado todavía de comer un desayuno saludable antes de que su usual dolor aparezca por algún lugar. Necesitan el cuidado especial y la piedad de toda la familia. Durante todo el día la gran misión es mantener a todo el mundo consciente de cuánto está soportando el enfermo. Esta persona tiene el derecho patente de monopolizar toda la simpatía que el mercado pueda ofrecer y luego no quedará ninguna para el resto de los afligidos. Si estás demasiado ocupado contigo mismo, no queda mucho de ti para dar a nadie más. Qué diferente es esto a nuestro Señor que nunca gritó: «¡Tengan compasión de mí! ¡Tengan compasión de mí, amigos míos!» A él se le describe «soportando la cruz, despreciando la vergüenza». Tan fuerte era su amor que aunque salvó a otros, no se salvó a sí mismo, aunque consoló a los afligidos, nadie lo consoló a él.

A través de la Biblia en un año: Colosenses 1–2

Nuestras órdenes de marcha

Jesús se acercó entonces a ellos y les dijo: «Se me ha dado toda autoridad en el cielo y en la tierra. Por tanto, vayan y hagan discípulos de todas las naciones, bautizándolos en el nombre del Padre y del Hijo y del Espíritu Santo, enseñándoles a obedecer todo lo que les he mandado a ustedes. Y les aseguro que estaré con ustedes siempre, hasta el fin del mundo».

MATEO 28:18-20

Mientras meditaba a solas sobre este pasaje, sentí que su poder me arrastraba. Me sentí completamente incapaz de considerar con calma sus términos o de investigar sus razones. El mandato con el cual concluye el texto se repetía una y otra vez en mis oídos, hasta que me resultó imposible estudiarlo porque mis pensamientos corrían de aquí para allá, haciendo miles de preguntas y todas con la intención de ayudarme a responder por mí mismo la solemne pregunta: «¿Cómo voy a ir yo y enseñar a todas las naciones, bautizándolas en el nombre del Padre, del Hijo y del Espíritu Santo?»

¡Oh! Quisiera que la iglesia pudiera escuchar al Salvador dirigiéndole ahora estas palabras; porque las palabras de Cristo son palabras vivas que no solo tuvieron poder ayer, sino que tienen poder hoy. Los mandatos del Salvador son perpetuos en cuanto a su deber; no solo obligaban a los apóstoles sino que también nos obligan a nosotros y este yugo cae sobre todo cristiano. Hoy no estamos exentos del servicio que hacían los primeros seguidores del Cordero, nuestras órdenes de marchar son las mismas que ellos tuvieron y nuestro Capitán requiere de nosotros obediencia tan pronta y perfecta como la requirió de ellos.

A través de la Biblia en un año: Colosenses 3–4

Demuestra la promesa de Dios

Les dijo: «Vayan por todo el mundo y anuncien las buenas nuevas a toda criatura. El que crea y sea bautizado será salvo, pero el que no crea será condenado».

MARCOS 16:15-16

Hermanos, los paganos están pereciendo, ¿los dejaremos perecer? *Su* nombre es blasfemado, ¿guardaremos silencio y nos quedaremos tranquilos? El honor de Cristo se echa por tierra y sus enemigos profieren injurias contra su persona y se resisten a su trono; ¿sufriremos esto nosotros sus soldados y no buscarán nuestras manos el puño de nuestra espada, la espada del Espíritu, que es la Palabra de Dios? Nuestro Señor demora su venida, ¿empezaremos a dormir o a comer o a emborracharnos? ¿No debiéramos más bien ceñir los lomos de nuestra mente y clamar a él: «Ven pronto, Señor Jesús»? Los escépticos burlones de estos últimos tiempos han dicho que la conquista del mundo para Cristo no es más que un sueño o un pensamiento ambicioso que pasó por la mente de nuestro líder pero que nunca se logrará. Algunos sostienen que las supersticiones de los paganos son demasiado fuertes como para derribarlas con nuestras enseñanzas y que las fortalezas de Satanás son completamente inexpugnables contra nuestros ataques. ¿Será así? ¿Nos contentaremos neciamente con quedarnos tranquilos? No, más bien solucionemos el problema, demostremos que la promesa de Dios es verdad, demostremos que las palabras de Jesús son palabras sobrias, mostremos la eficacia de su sangre y la invencibilidad de su Espíritu al salir en espíritu de fe, enseñando a todas las naciones y ganándolas para la obediencia de Cristo nuestro Señor.

A través de la Biblia en un año: 2 Reyes 1–4

¿Irás tú?

Por tanto, mi servicio a Dios es para mí motivo de orgullo en Cristo Jesús. No me atreveré a hablar de nada sino de lo que Cristo ha hecho por medio de mí para que los gentiles lleguen a obedecer a Dios. Lo ha hecho con palabras y obras, mediante poderosas señales y milagros, por el poder del Espíritu de Dios. Así que, habiendo comenzado en Jerusalén, he completado la proclamación del evangelio de Cristo por todas partes, hasta la región de Iliria. En efecto, mi propósito ha sido predicar el evangelio donde Cristo no sea conocido, para no edificar sobre fundamento ajeno.

ROMANOS 15:17-20

A veces mi alma anhela y suspira por la libertad de predicar a Cristo donde nunca antes se ha predicado; no por construir sobre el fundamento que otro hombre ha puesto sino por ir a alguna tierra inexplorada, alguna tierra salvaje donde el ministro de Cristo nunca ha puesto un pie, que allí «se alegrarán el desierto y el sequedal; se regocijará el desierto y florecerá como el azafrán» (Isaías 35:1). Me he preguntado seriamente si yo no testificaría la gracia de Jesús en China o en India y ante Dios he respondido esa pregunta. Siento solemnemente que mi posición en Inglaterra no me permitiría dejar la esfera en la que estoy ahora, de lo contrario mañana me ofrecería como misionero. Tú estás libre del trabajo tan grande que yo tengo sobre mí, tienes talentos que todavía no se han dedicado a ningún fin especial y poderes que aún no se han consagrado a ningún propósito dado ni limitado a ninguna esfera; ¿no escuchas a mi Maestro diciendo, en tonos de pena lastimera, mezclados con una autoridad que no puede negarse: «vayan y hagan discípulos de todas las naciones, bautizándolos en el nombre del Padre y del Hijo y del Espíritu Santo» (Mateo 28:19)?

A través de la Biblia en un año: 2 Reyes 5-8

Desata el poder

En las manos del Señor el corazón del rey es como un río: sigue el curso que el Señor le ha trazado.
PROVERBIOS 21:1

Todo poder le ha sido dado a Cristo: poder sobre las voluntades de los hombres así como sobre las olas del mar. Pero los acontecimientos políticos te impiden llegar a un país determinado; debido a los tratados o a la falta de estos, no hay lugar para el misionero en un imperio así. *Ora,* y las puertas se abrirán; *suplica,* y las barras de bronce serán cortadas en dos. Cristo tiene poder sobre las políticas. Él puede cambiar el corazón de los príncipes y presidir en los concilios de los senados; él puede hacer que las naciones que durante mucho tiempo han estado cerradas, se abran a la verdad.

Verdaderamente Dios ha abierto el mundo y lo ha puesto en el umbral de nuestra puerta; si no ha hecho un mundo más pequeño, al menos lo ha puesto más al alcance de nuestras manos. Los países que una vez no podían alcanzarse, ahora se han abierto a nosotros. Y hay otras tierras y lugares que en un tiempo parecían rodeados de montañas infranqueables y, sin embargo, ahora tenemos una carretera. Oh, ¡qué no haya la disposición de arrojarse a ese camino montando los caballos blancos de la salvación! Oh, ¡ojalá que tuviéramos el corazón, el espíritu y el alma para aprovechar la excelente oportunidad y predicar a Cristo donde nunca antes se haya predicado! Entonces, como podemos ver claramente, todo poder ha sido dado a Cristo sobre todas las cosas en este mundo y se ha utilizado para la propagación de su verdad.

A través de la Biblia en un año: 2 Reyes 9–12

Envía lo mejor

Cuando llegaron a la casa, vieron al niño con María, su madre; y postrándose lo adoraron. Abrieron sus cofres y le presentaron como regalos oro, incienso y mirra.

MATEO 2:11

Ahora bien, yo quisiera que el llamamiento divino llegara a algunos hombres dotados. Tú, que quizá tienes alguna riqueza propia, ¿qué mejor objetivo en la vida que dedicarte tú y tu riqueza a la causa del Redentor? Ustedes, hombres jóvenes, que tienen delante posibilidades brillantes pero que todavía no tienen las ansiedades de mantener a una familia, ¿no sería algo noble rendir tus brillantes posibilidades para convertirte en un humilde predicador de Cristo? Mientras mayor sea el sacrificio, más honor para ti y más aceptable para él.

Yo anhelo que podamos ver a los hombres jóvenes saliendo de las universidades y a los estudiantes de nuestras escuelas secundarias, que podamos ver a nuestros médicos, abogados, hombres de negocios y mecánicos instruidos dejando todo lo que tienen, cuando Dios toque sus corazones, para enseñar y predicar a Cristo. No vale la pena enviar a los paganos hombres que en casa no sirven para nada. No podemos enviar hombres con habilidades de tercera y décima clase; tenemos que enviar a los mejores. Los hombres más valientes deben guiar a la vanguardia. Oh, Dios, unge a tus siervos, te lo imploramos; pon en sus corazones el fuego que nunca se apaga; haz que arda tanto dentro de ellos que tengan que morir o predicar, que tengan que acostarse con los corazones destrozados o de lo contrario ser libres para predicar donde nunca se ha escuchado de Cristo.

A través de la Biblia en un año: 2 Reyes 13–15

Señor de verdad

Mi reino no es de este mundo —contestó Jesús—. Si lo fuera, mis propios guardias pelearían para impedir que los judíos me arrestaran. Pero mi reino no es de este mundo.

—¡Así que eres rey! —le dijo Pilato.

—Eres tú quien dice que soy rey. Yo para esto nací, y para esto vine al mundo: para dar testimonio de la verdad. Todo el que está de parte de la verdad escucha mi voz.

JUAN 18:36-37

Recuerdas que Napoleón dijo: «He fundado un imperio por la fuerza y se ha derretido; Jesucristo estableció su reino por amor y hasta el día de hoy se mantiene y se mantendrá». A ese reino se refiere la Palabra de nuestro Señor, el reino de la verdad espiritual en el que Jesús reina como Señor sobre aquellos que son de la verdad. Él proclamó ser rey y la verdad que él reveló, y de la cual él era la personificación, es por tanto, el cetro de su imperio. Mediante la fuerza de la verdad él reina sobre aquellos corazones que sienten el poder de la injusticia y la verdad y, por consiguiente, se rinden voluntariamente a su dirección, creen en su Palabra y los gobierna su voluntad. Es como Señor espiritual que Cristo proclama su soberanía entre los hombres; él es Rey sobre mentes que lo aman, confían en él y lo obedecen porque ven en él la verdad por la que desfallecen sus almas. Otros reyes reinan en nuestros cuerpos, pero Cristo reina sobre nuestras almas; aquellos gobiernan por la fuerza pero él lo hace por el atractivo de la justicia; la realeza de ellos es, en gran medida, una realeza ficticia, pero la de él es verdadera y tiene su fuerza en la verdad.

A través de la Biblia en un año: 2 Reyes 16–18

Ser testigos de la verdad

Por lo tanto, pónganse toda la armadura de Dios, para que cuando llegue el día malo puedan resistir hasta el fin con firmeza. Manténganse firmes, ceñidos con el cinturón de la verdad, protegidos por la coraza de justicia, y calzados con la disposición de proclamar el evangelio de la paz.

EFESIOS 6:13-15

Si amas al Señor, sé un testigo de la verdad. Debes hacerlo de manera personal y también debes hacerlo en colectivo. Nunca te unas a una iglesia cuyo credo no creas entera y genuinamente, porque si lo haces, estás fingiendo y además te haces partícipe del error del testimonio de otros hombres. Yo ni por un momento diría algo que retrasara la unidad cristiana, pero hay algo antes de la unidad y eso es «la verdad en las partes interiores» y la honestidad delante de Dios. Yo no me atrevo a ser miembro de una iglesia cuya enseñanza yo sepa que es falsa en unos aspectos vitales. Preferiría irme al cielo solo que contradecir a mi conciencia con tal de tener compañía.

¿Estás dispuesto a andar en la verdad por el fango y por el lodazal? ¿Tienes el valor de profesar una verdad pasada de moda? ¿Estás dispuesto a creer la verdad contra la que la mal llamada ciencia ha descargado su ira? ¿Estás dispuesto a aceptar la verdad aunque se dice que solo los pobres y los ignorantes la recibirán? ¿Estás dispuesto a ser el discípulo del galileo cuyos apóstoles eran pescadores? De cierto, de cierto te digo que aquel día, cuando la verdad en la persona de Cristo venga en toda su gloria, les irá mal y también a aquellos que tuvieron vergüenza de reconocerla y de reconocer a su Amo.

A través de la Biblia en un año: 2 Reyes 19–21

Ofendidos por Cristo

Así que les dijo: «Un hombre de la nobleza se fue a un país lejano para ser coronado rey y luego regresar. Llamó a diez de sus siervos y entregó a cada cual una buena cantidad de dinero. Les instruyó: «Hagan negocio con este dinero hasta que yo vuelva». Pero sus súbditos lo odiaban y mandaron tras él una delegación a decir: «No queremos a éste por rey».

LUCAS 19:12-14

Recuerdas que el autor del segundo salmo dice: «Los reyes de la tierra se rebelan; los gobernantes se confabulan contra el Señor y contra su ungido. Y dicen: "¡Hagamos pedazos sus cadenas! ¡Librémonos de su yugo!"» (Salmos 2:2-3). La decisión de la naturaleza humana, hasta que se renueva, siempre es esta: «No dejaremos que este Hombre reine sobre nosotros». Los hombres pueden estar dispuestos a que Cristo los salve pero no a que él reine sobre ellos. Leyes como: «Amarás a tu prójimo como a ti mismo» «Debes perdonar hasta setenta veces siete», la ley del amor, la ley de la gentileza, la ley de la bondad; el hombre dice que las admira pero cuando estas leyes le llegan a casa y toman las riendas de su ambición, restringen su codicia y condenan su justicia falsa, enseguida él se ofende y cuando Cristo dice: «El cielo y la tierra pasarán, pero mis palabras no pasarán»; cuando comienza a enseñar la necesidad de pureza absoluta y a decir que incluso una mirada lasciva es un pecado, los hombres responden: «Su gobierno no nos conviene», y lo cuelgan para morir porque no se van a someter a su autoridad.

A través de la Biblia en un año: 2 Reyes 22-25

Así somos

Este mensaje es digno de crédito y merece ser aceptado por todos: que Cristo Jesús vino al mundo a salvar a los pecadores, de los cuales yo soy el primero. Pero precisamente por eso Dios fue misericordioso conmigo, a fin de que en mí, el peor de los pecadores, pudiera Cristo Jesús mostrar su infinita bondad. Así vengo a ser ejemplo para los que, creyendo en él, recibirán la vida eterna.

1 TIMOTEO 1:15-16

Sí, amados, cuando les rogamos que se reconcilien con Dios, no nos damos ningún aire, como si fuéramos superiores a ustedes por naturaleza o hubiéramos sido superiores en nuestra pasada manera de vivir antes de la conversión. No, más bien somos huesos de sus huesos y carne de su carne. ¿Ustedes son pecadores? También lo fuimos. ¿Están rebeldes para con Dios? Nosotros también lo fuimos. ¿Están endurecidos sus corazones? Así lo estaban los nuestros. No los miramos desde una elevada plataforma de dignidad fingida, porque reconocemos nuestra propia naturaleza en la de ustedes; por lo tanto, venimos a ustedes como compañeros en el pecado y a pesar de que es algo triste haber pecado alguna vez, nos alegra pensar que podemos hablarles de un mal que nos ha asediado, el poder que hemos sentido dolorosamente y que hemos sufrido con arrepentimiento, como aún deben hacer ustedes. Esperamos que nuestra condición anterior como pecadores e incrédulos nos haga hablarles con más ternura y nos permita llegar mejor todavía a sus corazones. Dios pudiera haberles enviado ángeles y quizá ustedes, al principio, se sintieran impresionados por su gloria, pero sus sermones habrían sido fríos y poco compasivos en comparación con los nuestros porque ellos no pueden conocer tu miseria y degradación como la conocemos nosotros.

A través de la Biblia en un año: 1 Tesalonicenses 1–2

La marca del discipulado

Arrepiéntanse y bautícese cada uno de ustedes en el nombre de Jesucristo para perdón de sus pecados —les contestó Pedro—, y recibirán el don del Espíritu Santo. En efecto, la promesa es para ustedes, para sus hijos y para todos los extranjeros, es decir, para todos aquellos a quienes el Señor nuestro Dios quiera llamar.

HECHOS 2:38-39

«El que crea y sea bautizado será salvo, pero el que no crea será condenado» (Marcos 16:16). Es decir, si un hombre participa en la salvación generosa que Cristo ha realizado, debe creer en Cristo, debe confiar en Cristo, debe creer que Cristo es el Salvador que Dios designó y que es capaz de salvarlo. Debe actuar de acuerdo a esa creencia y ponerse en manos de Jesús, y si lo hace, será salvo.

Además, el texto dice que *se debe bautizar.* No es que haya algún tipo de virtud en el bautismo, pero es una pequeña cosa que Cristo espera que el hombre que confía en que él lo salve, deba confesar y mostrar su afecto por él. Aquel que desea tener a Cristo como su Salvador, debe estar preparado para reconocer abiertamente que está del lado de Cristo. Por ende, el bautismo se convierte en la marca del discipulado, la señal exterior de la fe interior mediante la cual un hombre le dice a todo el que observa: «Me confieso muerto para el mundo; confieso que estoy enterrado con Cristo; me declaro resucitado a una nueva vida en él; hagan con eso lo que quiera y ríanse tanto como quieran; no obstante, con la fe en Cristo como mi Señor me abandono de todo lo demás para seguirlo».

A través de la Biblia en un año: 1 Tesalonicenses 3–5

Vínculos de amor

Esposos, amen a sus esposas, así como Cristo amó a la iglesia y se entregó por ella para hacerla santa. Él la purificó, lavándola con agua mediante la palabra, para presentársela a sí mismo como una iglesia radiante, sin mancha ni arruga ni ninguna otra imperfección, sino santa e intachable.

TITO 1:9

Una unión misteriosa se ha establecido entre Cristo y su iglesia, la cual se compara constantemente con el matrimonio: «Porque el esposo es cabeza de su esposa, así como Cristo es cabeza y salvador de la iglesia, la cual es su cuerpo» (Efesios 5:23). Jesús es el novio y la iglesia es su novia. Están desposados el uno con el otro, están unidos para siempre con vínculos de amor y esperan con igual sagrada expectativa el día del matrimonio cuando se cumplirá el propósito eterno de Dios y el deseo del Redentor. De igual manera que el esposo ejerce un liderazgo en su casa, que no es para nada tiránico ni autoritario (cuando la relación se lleva de manera correcta), sino un gobierno fundado en las reglas de la naturaleza y aprobado por el consentimiento del amor, así también gobierna Cristo a su iglesia, no como un señor déspota que coacciona y obliga a su novia a someterse en contra de su voluntad, sino como un esposo bien amado que obtiene obediencia voluntaria del corazón de la amada, siendo tan admirado en todas las cosas y tenido en tan alta estima como para ganar la preeminencia indisputable.

El reino de Jesucristo no es una tiranía, su cetro no está hecho de hierro, él no gobierna con golpes, maldiciones ni amenazas sino que su cetro es de plata y su gobierno es el amor. Las únicas cadenas que usa son las cadenas de su gracia que constriñe, su dominio es espiritual y se extiende a los corazones dispuestos que se deleitan en inclinarse delante de él y en darle el honor debido a su nombre.

A través de la Biblia en un año: 1 Crónicas 1–4

Cristo es la cabeza

Él es la cabeza del cuerpo, que es la iglesia. Él es el principio, el primogénito de la resurrección, para ser en todo el primero.
COLOSENSES 1:18

Ya que Cristo es la cabeza de su cuerpo, la iglesia, solo él puede decidir las doctrinas de esta. Nada debe recibirse como aprobado por la deidad a menos que venga con su sello. Para el siervo fiel de Jesucristo no importa que algo le llegue con la antigüedad gris de las edades para que sea venerable. Como hombre sensible, el cristiano respeta la antigüedad, pero como súbdito leal del rey, no se inclina ante la antigüedad como para dejar que esta se convierta en la gobernadora de Sión en lugar del Cristo vivo. Puede que una multitud de hombres buenos se reúna y puede que, en su juicio, ellos propongan un dogma y afirmen que es esencial e indudable, y quizá incluso amenacen con muchos peligros a aquellos que no reciban su veredicto, pero si no se autorizó el dogma mucho antes de que lo decidieran, si no estaba escrito en el Libro, la decisión del concilio erudito no significa nada. Todos los padres, doctores, eclesiásticos y confesores juntos no pueden añadir una palabra a la fe que una vez se les dio a los santos. Sí, me atrevo a decir que el consenso unánime de todos los santos en el cielo y en la tierra no sería suficiente para hacer una sola doctrina que obligue a la conciencia a menos que Jesús así lo haya determinado.

A través de la Biblia en un año: 1 Crónicas 5–8

La autoridad de Cristo

Retenedor de la palabra fiel tal como ha sido enseñada, para que también pueda exhortar con sana enseñanza y convencer a los que contradicen.
TITO 1:9

La autoridad exclusiva de Cristo debe mantenerse de manera rigurosa en todo aspecto, pero las iglesias son muy dadas a dejarse guiar por algo más. Algunos quisieran que nos dejemos guiar por los resultados. Hemos escuchado una discusión sobre el asunto de si debemos o no continuar con operaciones misioneras, ¡ya que hay tan pocos convertidos! ¿Cómo puede siquiera surgir la pregunta cuando el mandato del Maestro dice así: «Id por todo el mundo y predicad el evangelio a toda criatura» (Marcos 16:15)? Ese mandato, pronunciado en boca de Jesús, nuestro soberano, sigue vigente y los resultados de las misiones no pueden tener efecto, de una manera u otra, sobre las mentes leales en cuanto a su manera de proceder. Si a partir de este día y durante los próximos diez mil años ni una sola alma se convierte a Dios mediante las misiones extranjeras, si todavía quedara una iglesia de Cristo, sería su deber enviar con creciente vigor a sus hijos al campo misionero porque su deber no se mide por los resultados sino por la autoridad imperial de Cristo.

Pero se nos dice que los descubrimientos de la ciencia han afectado la creencia y por lo tanto, debemos cambiar nuestra forma según cambie la filosofía. Todavía tenemos el mismo rey, las mismas leyes, las mismas enseñanzas de la Palabra y debemos presentar su enseñanza de la misma manera y en el mismo espíritu. Si hacemos esto, si cualquier iglesia hace esto, es decir, tomar su verdad de los labios de Jesús y vivir acorde a su Palabra y salir en su nombre, tal iglesia no puede fracasar de ninguna manera, porque el fracaso de tal iglesia sería el fracaso de la misma autoridad del Maestro.

A través de la Biblia en un año: 1 Crónicas 9–12

Ningún gozo lo sobrepasa

El fruto del justo es árbol de vida; Y el que gana almas es sabio.
PROVERBIOS 11:30 (RVR 1960)

Hermanos y hermanas, oro pidiendo que prediquen el evangelio de Jesucristo, por su propio bien, si no hubiera alguna otra razón. Dependan de esto, su propio vigor espiritual mejorará mucho mediante sus obras de amor y su fervor por el servicio de Cristo. Yo lo considero como un termómetro invariable con el cual medir la espiritualidad del corazón de un hombre. Si él está haciendo o no algo para Cristo, esto hablará de su vida y de su conversación. ¿Alguna vez sentiste el gozo de ganar un alma para Cristo? Si es así, no necesitarás ningún otro argumento para intentar divulgar el conocimiento de su nombre a toda criatura. Te digo algo, no hay gozo fuera del cielo que lo sobrepase: sentir que alguien te agarra de la mano y te dice: «Por medio tuyo fui sacado de las tinieblas a la luz, rescatado de las borracheras o reclamado quizá de los peores vicios, para amar y servir a mi Salvador». Ver a tus hijos espirituales a tu alrededor y decir: «Aquí estoy y también estos a quienes me has dado».

A través de la Biblia en un año: 1 Crónica 13-16

Realizar la voluntad del Amo

Su señor le respondió: «¡Hiciste bien, siervo bueno y fiel! En lo poco has sido fiel; te pondré a cargo de mucho más. ¡Ven a compartir la felicidad de tu señor!»
MATEO 25:21

El poder de la iglesia es doble. Es un poder para testificar de lo que Cristo ha revelado. Ella es un testigo y como tal debe actuar. Tiene, además, un poder ministerial mediante el cual realiza la voluntad de Cristo y cumple con su mandato como sierva y ministra fiel de Cristo. Algunos siervos se reúnen en el salón de los siervos, tienen órdenes de realizar ciertas tareas y además les han dado órdenes en cuanto a cómo realizarla. Luego consultan entre sí los detalles menores, cómo pueden cumplir mejor con las reglas del amo y hacer lo que él ordena. Hacen muy bien al comportarse así. Pero imagina que comenzaran a consultar si los objetivos propuestos por el amo son buenos o si las reglas que él ha puesto pudieran alterarse. De inmediato se convertirían en rebeldes y estarían en peligro de ser despedidos. De la misma manera, una iglesia que se reúne para consultar cómo realizar la voluntad del Amo, y cómo hacer cumplir sus leyes, hace bien; pero una iglesia que se reúne para crear nuevas leyes o una iglesia que se reúne para gobernar según su juicio y opinión, imaginando que su decisión tendrá peso, comete un error y se coloca en una posición falsa. La única doctrina que he tratado de presentar es esta: que solo aquel que compró la iglesia y la salvó, puede gobernar la iglesia y sin duda alguna, nuestros corazones, sin excepción, se inclinan antes esto.

A través de la Biblia en un año: 1 Crónicas 17-19

¡Su amor es mayor!

¿Quién acusará a los que Dios ha escogido? Dios es el que justifica. ¿Quién condenará? Cristo Jesús es el que murió, e incluso resucitó, y está a la derecha de Dios e intercede por nosotros. ¿Quién nos apartará del amor de Cristo? ¿La tribulación, o la angustia, la persecución, el hambre, la indigencia, el peligro, o la violencia?
ROMANOS 8:33-35

¿Hemos caído durante la última semana en un estado notable de total incredulidad? ¿Hemos tenido pensamientos duros con respecto a Dios? ¿Algún pecado ha suspendido nuestra comunión con nuestro Salvador? ¿Tenemos ahora frío el corazón y estamos vacíos de emoción espiritual? ¿Nos sentimos bastante indignos de acercarnos a aquel que nos amó con tan grande amor? No te desanimes. El Dios de toda paciencia no te abandonará. El amor que nuestro Señor Jesucristo siente por su pueblo es tan grande que él pasa por alto las transgresiones, iniquidades y pecados. No, no hay ira de su parte que te separe de tu Señor. Ya que él viene a ti de manera tan misericordiosa, ¿no vendrás tú a él gustosamente? No creas ni por un momento que él fruncirá el ceño o que te rechazará. Él no te recordará tus oraciones frías, tu lugar de oración descuidado, tu Biblia sin leer ni te regañará por perder oportunidades de comunión sino que te recibirá con misericordia, te amará libremente y te concederá justo lo que necesitas en este momento.

A través de la Biblia en un año: 1 Crónicas 20–23

Aprendices lentos

Por tanto, si sienten algún estímulo en su unión con Cristo, algún consuelo en su amor, algún compañerismo en el Espíritu, algún afecto entrañable, llénenme de alegría teniendo un mismo parecer, un mismo amor, unidos en alma y pensamiento.

FILIPENSES 2:1-2

Tú y yo no somos ni el alfa ni la omega para la ley, porque la hemos quebrantado por completo. Ni tan siquiera hemos aprendido su primera letra: «Ama al Señor tu Dios con todo tu corazón» y estoy seguro de que sabemos muy poco de la segunda: «Ama a tu prójimo como a ti mismo». A pesar de estar renovados por gracia, somos muy lentos para aprender la santidad y la espiritualidad de la ley; estamos tan impactados por la letra que a menudo perdemos su espíritu por completo. Pero, amado, si quieres ver la ley cumplida, mira la persona de nuestro bendito Señor y Amo. ¡Qué amor a Dios hay ahí!

Jesús amó de manera tal que todo el amor que jamás haya brillado en el pecho humano, si pudiera reunirse, no sería más que una chispa, mientras que su gran amor para con el hombre sería como un horno ardiente calentado siete veces más de lo que la imaginación humana pudiera concebir. No permitan, amados amigos, si están en Cristo Jesús, que los temores legales los aflijan con los recuerdos de sus fracasos en cuanto a la obediencia, como si fueran a destruir su alma. Busquen la santidad pero nunca pongan su confianza en la santidad. Busquen la virtud, esfuércense por ella, pero no se desanimen cuando vean sus propias imperfecciones. La justicia que les salva es la justicia de Cristo, aquella en la que Dios te acepta es la perfecta obediencia de Cristo; y decimos de eso otra vez, con las palabras del texto, Jesucristo es «el Alfa y la Omega, el Primero y el Último, el Principio y el Fin» (Apocalipsis 22:13).

A través de la Biblia en un año: 1 Crónicas 24–26

El hombre piadoso

Sepan que el Señor honra al que le es fiel.
SALMO 4:3

No todos los hombres son piadosos. De hecho, los impíos conforman la mayor parte de la raza humana. Y los hombres que son piadosos, no lo son todos al mismo nivel. El hombre que teme a Dios y desea en verdad conocerlo tiene cierto grado de piedad. El hombre que ha comenzado a confiar en el Salvador que Dios envió como propiciación por el pecado tiene una medida bendecida de piedad. El hombre que tiene una constante comunión con Dios, que viene al Padre con sus oraciones más profundas y sus lágrimas de arrepentimiento y que anhela tener un conocimiento más profundo y completo de Dios, es un hombre piadoso en un sentido incluso más elevado. Y aquel que por medio de la comunión continúa con Dios, se asemeja a él y refleja la imagen de Cristo como una fotografía porque lo ha observado durante un largo tiempo y se ha regocijado en él con intensidad, este sí es *un* hombre piadoso. El hombre que encuentra a su Dios en todas partes, que lo ve en todas las obras de sus manos, el hombre que ve el origen de todo en Dios, tanto lo que es motivo de alegría como de tristeza, el hombre que va a Dios para todo, que lleva cada asunto ante el trono de la gracia y cada petición ante el Dios de la misericordia; el hombre que no puede vivir sin su Dios, para quien Dios es el motivo de mayor gozo, su ayuda y su consuelo; el hombre que habita en Dios, ese es el hombre piadoso. Este es el hombre que morará para siempre con Dios, porque le teme y le es fiel y en el buen tiempo del Señor, lo llamará a aquel lugar bendito donde verá a Dios y se regocijará en él por los siglos de los siglos.

A través de la Biblia en un año: 1 Crónicas 27–29

La vida de oración

Oren en el Espíritu en todo momento, con peticiones y ruegos. Manténganse alerta y perseveren en oración por todos los santos.
EFESIOS 6:18

Alguna oraciones toman la forma de acciones, y una obra puede ser un acto de oración. Amar a nuestros semejantes y desear su bien es un tipo de oración práctica consolidada. Dar limosnas puede ser una oración, o predicar el evangelio, o tratar de ganar a un extraviado, o cargar un niño en tus rodillas y hablarle del Salvador. Tales actos son, con frecuencia, las oraciones más aceptables. Pero para actuar así, también debes derramar con palabras tu corazón ante el Señor. Y cuando no puedes hacer esto, es igual de dulce si tan solo lo miras, y como los lirios derraman su fragancia ante aquel que los creó, así mismo tú, incluso sin hablar, adoras a Dios con esa profunda adoración que es demasiado elocuente para expresarse con palabras; esa cercanía santa que, al ser tan íntima, no necesita de los sonidos, no vaya a ser que estos rompan el encanto del silencio divino que se establece. Las pocas palabras pero el abundante fluir del espíritu es una buena combinación en la oración. Una oración bendecida es postrarte ante Dios en silencio, o suspirar y llorar, o gemir según el Espíritu te guíe. Todo esto es oración, cualquiera que sea la forma que asuma, y es la señal y la marca de la vida de un verdadero creyente.

A través de la Biblia en un año: 2 Tesalonicenses 1–3

El cielo en la tierra

Nada me produce más alegría que oír que mis hijos practican la verdad.
3 JUAN 4

He tenido días muy felices en mi vida, pero mis momentos más felices han sido como uno que tuve la semana pasada. Saludé a alrededor de cien personas que se dirigían a mí como su padre espiritual. Daba la impresión que para ellos era algo grandioso tocar mi mano, mientras yo, con lágrimas en mis ojos al ver a cada uno de ellos, me sentía como si estuviera en el cielo, porque nunca antes había visto a esas personas. Quizá algunos de ellos estuvieron en esta casa en algún momento, o tal vez yo fui de pueblo en pueblo y los encontré a las puertas de sus casas donde me detenían para decirme «de cuánta bendición ha sido ese sermón para mí» y «mi padre leyó sus sermones y murió en paz luego de haberlos leído» también: «Bien pudiera haber muerto de dicha porque esta es la felicidad más grande que podemos tener en la tierra». Busca a los pecadores, mi hermano, busca su conversión con toda tu alma y corazón. Si ustedes son de los hombres y mujeres felices que cantan la canción más dulce que puede cantarse en esta tierra, «que sea una alabanza a nuestro Dios», no tan solo a tu Dios, sino también al Dios de aquellos que, en su infinita misericordia, él te permita traer a los pies de tu mismo amado Salvador.

A través de la Biblia en un año: 2 Crónicas 1–4

Mientras aún hablamos

Tan pronto como empezaste a orar, Dios contestó tu oración.
He venido a decírtelo porque tú eres muy apreciado.
DANIEL 9:23

¿Tiene el Espíritu de Dios alguna limitación? ¿Por qué no puede el ministro más débil convertirse en el medio para la salvación de miles de personas? ¿Se ha acortado el brazo de Dios? Cuando yo les pido que ustedes oren para que Dios haga que el ministerio sea vivo y potente como una espada de dos filos para la salvación de los pecadores, no les estoy pidiendo una tarea difícil y mucho menos imposible. Para obtener lo que queremos solo tenemos que pedir. Antes que llamemos, Dios responderá, y mientras aún hablamos, él habrá oído; solo él puede saber los resultados que tendrá este sermón, si escoge bendecirlo. A partir de este momento puede que te decidas a orar más; a partir de este momento Dios puede bendecir más el ministerio. A partir de ahora más púlpitos que nunca antes pueden llenarse de vitalidad y vigor. A partir de este momento la Palabra de Dios puede comenzar a fluir y a correr y obtener una asombrosa e ilimitada victoria. Solo tienen que luchar en oración, reúnanse en sus casas, vayan a sus cuartos, persistan, pidan con insistencia a tiempo y fuera de tiempo, agonicen por las almas. Olvidarás todo lo que has escuchado y lo que otros te han dicho será como nada, comparado con lo que oirás con tus oídos y lo que verás con tus ojos a tu alrededor.

A través de la Biblia en un año: 2 Crónicas 5–8

Un espíritu quebrantado

El sacrificio que te agrada es un espíritu quebrantado; tú, oh Dios, no desprecias al corazón quebrantado y arrepentido.
SALMO 51:17

Si tú y yo tenemos un espíritu quebrantado, *desaparecerá toda idea de nuestra propia importancia.* ¿Cuál es la utilidad de un corazón quebrantado? ¡Lo mismo que una vasija o una botella rota! Los hombres la lanzan a la basura. Sin embargo, David dice: «Tú, oh Dios, no desprecias al corazón quebrantado y arrepentido» (Salmo 51:17), como si supiera que todos los demás lo iban a rechazar. Ahora bien, ¿sientes que no vales nada? A pesar de que sabes que eres un hijo de Dios, ¿sientes que no darías ni un centavo por ti mismo? No deseas reclamar el primer lugar, el último te sienta mejor, de hecho, te cuestionas si estarás en algún lugar del ejército de Dios. Ay, hermanos, creo que mientras más nos usa Dios, menos debemos pensar acerca de nosotros mismos; y mientras más nos llena con su Espíritu, ¡más se sobrecogerá nuestro espíritu dentro de nosotros en un absoluto asombro de que él haya podido usar vasos rotos como nosotros! Bien, ahora cultiva ese sentimiento de subestimación e insignificancia, considéralo como tu condición y actúa según ella, considérate como menor que el menor de tus hermanos; humíllate ante el asombro de que Dios haya permitido que tu nombre esté en la lista de sus elegidos. Admira la gracia que Dios tuvo contigo y maravíllate de ella en una profunda humillación de espíritu. Eso es parte del sacrificio que Dios no despreciará.

A través de la Biblia en un año: 2 Crónicas 9–12

No finjas

El Señor está cerca de los quebrantados de corazón, y salva a los de espíritu abatido.
SALMO 34:18

Si tú y yo tenemos un corazón quebrantado y arrepentido, significa que ya nuestra frivolidad y superficialidad se nos ha ido. *Ya no somos frívolos y superficiales.* Hay personas que juegan con las cosas espirituales, pero cuando hay quebrantamiento de corazón, la persona termína con esta actitud. Un corazón quebrantado es serio, solemne y reflexivo. Un corazón quebrantado nunca juega con Dios ni repasa los textos bíblicos como si la Biblia existiera para probar cuán listos somos. Un espíritu quebrantado es tierno, serio y está cargado con consideraciones serias. Disfruta de aquel espíritu ahora, sé solemne delante de Dios, aférrate a las cosa eternas, suelta las sombras; ¿de qué valen? Pero fija tu alma en las cosas divinas y eternas. Persigue esta modo de pensar y de esta manera trae a Dios un espíritu quebrantado y contrito.

Además, un espíritu quebrantado no es hipócrita. Ese vaso, lleno y sellado, puede contener la más preciosa esencia de las rosas o la más horrible pudrición. Yo no sé lo que hay en él. Pero rómpelo y pronto averiguarás. No hay hipocresía en un corazón quebrantado. ¡Oh, hermanos y hermanas, sean ante los hombres lo que son ante Dios! Sean lo que parecen ser, sin pretensiones. Temo que en cierta medida todos somos hipócritas; con mucha frecuencia oramos y predicamos más allá de nuestra propia experiencia y quizá pensamos que tenemos más fe de lo que en realidad tenemos, y más amor del que jamás hemos conocido. ¡Que el Señor permita que tengamos un corazón quebrantado que se revele debido a este mismo quebrantamiento!

A través de la Biblia en un año: 2 Crónicas 13–16

El gozo de un corazón quebrantado

En Betania, mientras estaba él sentado a la mesa en casa de Simón llamado el leproso, llegó una mujer con un frasco de alabastro lleno de un perfume muy costoso, hecho de nardo puro. Rompió el frasco y derramó el perfume sobre la cabeza de Jesús.

MARCOS 14:3

Un espíritu quebrantado implica que todos los secretos y las esencias del espíritu han salido a relucir. Seguramente recuerdas lo que sucedió cuando aquella santa mujer rompió el frasco de alabastro; leemos que «la casa se llenó de la fragancia del perfume» (Juan 12:3). Un corazón quebrantado no puede tener secretos. Ahora todo está al descubierto, ahora su esencia fluye. Demasiadas veces nuestras oraciones y nuestra adoración son como cajas cerradas, no puedes decir lo que hay en ellas. Pero no sucede esto con los corazones quebrantados. Cuando los corazones quebrantados cantan, lo hacen en verdad. Cuando los corazones quebrantados suplican, en realidad lo hacen. Los corazones quebrantados nunca juegan a arrepentirse o a creer. En la actualidad hay mucho de la religión que es bastante superficial, todo queda en la superficie, una pequeña cantidad de pintura del evangelio, con solo un barniz de profesión, se extiende rápido y parece muy hermoso. Pero los corazones quebrantados no son así, en ellos un himno es un verdadero himno, una oración es una verdadera oración, la atención a los sermones es una ocupación seria y la predicación de estos es la ocupación más seria de todas. ¡Oh, cuán bueno sería que algunos de ustedes fueran rotos en pedazos! ¡Oh, adorar a Dios en espíritu y en verdad! Bien ha dicho alguien: «Nadie adoró jamás a Dios con todo su corazón a menos que lo haya adorado con un corazón quebrantado, y nunca hubo un corazón en verdad quebrantado que no se transformara entonces en un corazón entero».

A través de la Biblia en un año: 2 Crónicas 17–20

Nuestra brújula

El portero le abre la puerta, y las ovejas oyen su voz. Llama por nombre a las ovejas y las saca del redil. Cuando ya ha sacado a todas las que son suyas, va delante de ellas, y las ovejas lo siguen porque reconocen su voz.

JUAN 10:3-4

Cientos de años atrás, cuando los hombres comenzaban a aventurarse en el mar, mantenían siempre sus botes a la vista de la orilla. Podía ser que aquel marinero griego o romano fuera un gran maestro de su galeón, pero no podía perder de vista la tierra que conocía porque no tenía brújula y sabía muy poco o nada de observaciones astronómicas. Aquí y allá podían colocarse varios faros, pero estos se consideraban como una maravilla. Sin embargo, en la actualidad un barco puede permanecer un mes sin ver tierra, e incluso así su posición en el mapa será tan certera como la posición de tu asiento. Las observaciones de los cuerpos celestes, el mapa y la brújula, controlarán por completo la posición de la embarcación y al término de los treinta días llegará a un punto que nunca estuvo a la vista, y lo alcanzará con tanta exactitud como si hubiera transitado por una autopista en vez de haber estado navegando por el inmenso océano. Su viaje ha sido como si hubiera recorrido una línea de ferrocarril de puerto a puerto. Así es la vida cristiana, la vida de fe. No vemos las cosas espirituales, sin embargo, nos dirigimos hacia ellas con absoluta certeza. Nos dirige la Palabra de Dios, que es nuestro mapa, y nuestra brújula es el testimonio del Espíritu dentro de nosotros. Vemos a aquel que es invisible y vamos en busca de un cielo lleno de «cosas que ojo no ha visto». Para la gloria de Dios alcanzaremos ese puerto con tanta certeza como la bala alcanza su blanco.

A través de la Biblia en un año: 2 Crónicas 21–24

Un camino peligroso

Los que quieren enriquecerse caen en la tentación y se vuelven esclavos de sus muchos deseos. Estos afanes insensatos y dañinos hunden a la gente en la ruina y en la destrucción. Porque el amor al dinero es la raíz de toda clase de males. Por codiciarlo, algunos se han desviado de la fe y se han causado muchísimos sinsabores.

1 TIMOTEO 6:9-10

Oh, cristiano, si te mantienes en el camino del Rey estarás seguro, pero hay callejones y curvas que no debes tomar, si lo haces, tú serás el responsable. Hay cientos y temo que hasta miles de miembros de iglesias que dicen que son el pueblo de Dios y, sin embargo, parecen vivir por completo dentro del mundo. Su objetivo principal es hacer dinero y lograr su realización personal, tal como sucede con todos los hombres impíos. El reino de Cristo, las necesidades de su iglesia, los sufrimientos de las almas que perecen, ocupan un lugar muy pequeño en sus corazones; viven por completo para sí mismos, solo que intentan esconderlo bajo el pretexto de que tienen que proveer para sus familias. «Busquen primeramente el reino de Dios y su justicia, y todas estas cosas les serán añadidas» es un texto acerca del cual necesitamos predicar a los que profesan ser cristianos en Londres y en todo el mundo.

Muchos toman el camino del orgullo. Ser grandes, famosos, estimados, tener una elevada reputación, para eso es que viven. Creo que en este mundo no existe ningún estado de vida superior que el que Dios ha dado a todo aquel que cree en el Señor Jesucristo.

A través de la Biblia en un año: 2 Crónicas 25–28

Caminos seguros

Necio es el que confía en sí mismo; el que actúa con sabiduría se pone a salvo.
PROVERBIOS 28:26

Haz lo que Dios te dice, como Dios te diga y porque Dios te lo dice, y no sufrirás daño alguno. El Señor le ordenó a Moisés que agarrara la serpiente de la que él huyó, él lo hizo así y esta no lo mordió. Por el contrario, la serpiente se convirtió en una vara que obró maravillas. Obedece al Señor en todas las cosas. Ten en cuenta las jotas y las tildes, porque aquel que «infrinja uno solo de estos mandamientos, y enseñe a otros a hacer lo mismo, será considerado el más pequeño en el reino de los cielos; pero el que los practique y enseñe será considerado grande en el reino de los cielos» (Mateo 5:19).

También existe la opción de confiar en la providencia divina con la confianza de un niño. Dichoso el hombre que siempre espera en Dios hasta saber lo que debe hacer, que siempre le pide al Señor que lo guíe y que no confía en su propio entendimiento. Busca la dirección providencial del Señor y espera la guía divina. Es mucho mejor permanecer parado que correr por el camino equivocado. Espera un poco y busca la dirección de Dios, y no te muevas hasta que escuches la voz detrás de ti que diga: «Este es el camino; síguelo» (Isaías 30:21).

Y estoy seguro que el camino del servicio consagrado para la gloria de Dios es uno de esos caminos seguros. Es bueno cuando un hombre dice: «Elijo mi camino según esta norma: ¿Cómo puedo servir mejor a Dios?» «¿En cuál camino puedo glorificar mejor a Dios?» Ese es tu camino al cielo, cristiano, el camino en el que el Señor se glorifica mejor en ti. Si caminas por ese sendero, de seguro estarás protegido por su poder soberano.

A través de la Biblia en un año: 2 Crónicas 29–32

Fiel a tus convicciones

«Tenemos una ciudad fuerte. Como un muro, como un baluarte, Dios ha interpuesto su salvación. Abran las puertas, para que entre la nación justa que se mantiene fiel. Al de carácter firme lo guardarás en perfecta paz, porque en ti confía».

ISAÍAS 26:1-3

Determina que si otros hacen lo que mejor les parece, no serás responsable por sus acciones; pero tú harás lo que creas que sea correcto. Si eres cristiano, compórtate como tal, sé un seguidor de Cristo en todo, según te guíen la Palabra de Dios y tu propia conciencia. Descubrí que el hábito de pensar por mí mismo y actuar según mis convicciones me era muy útil, y me ha sido útil hasta el día de hoy. En este instante soy capaz de esperar en la presencia de Dios, sin confiar en este o en aquel hombre, sino solo en el brazo eterno que sostendrá a todo el que delante de Dios determine seguir la verdad, adondequiera que esta lo pueda guiar.

Ahora bien, ruego que cada cristiano en este lugar —en especial los que comienzan su vida— analice bien este asunto, porque el gozo, la paz y la tranquilidad interior de la vida, dependerán en gran medida de la fidelidad a las convicciones de cada aspecto que mantengan con la ayuda de Dios. Esta noche, el mismo gran Rey parece estar diciendo: «Pondré mis ojos en los fieles de la tierra, para que habiten conmigo; solo estarán a mi servicio los de conducta intachable» (Salmo 101:6). Él es el hombre que escogeré para que me sirva.

A través de la Biblia en un año: 2 Crónicas 33–36

Un dios de carne

El Señor no se deleita en los bríos del caballo, ni se complace en la agilidad del hombre, sino que se complace en los que le temen, en los que confían en su gran amor.
SALMO 147:10-11

Es bueno ser sabio y estudioso, y mientras más puedas cultivar tu mente, mejor: pero recuerda las palabras del apóstol: «No muchos de ustedes son sabios, según criterios meramente humanos; ni son muchos los poderosos ni muchos los de noble cuna» (1 Corintios 1:26). Con frecuencia, la sabiduría que proviene solo de la mente natural puede convertirse en escamas para el ojo espiritual, al esconder del alma la visión bendita que es la única que la puede salvar. Es cierto, tanto en el aspecto mental como en el físico, que el Señor no se complace en ninguna de las facultades que el hombre posee si está destituido de la guía de Dios.

Otra cosa en la que el Señor no se complace es la llamada *auto suficiencia*, de la que tanto se habla en la actualidad. Esta es solo otra forma de «los bríos del caballo» y de «la agilidad del hombre». Algunos hombres se sienten orgullosos de decir que se formaron a sí mismos, ¡y por lo general observo que adoran a su creador! Al creer que se han formado a sí mismos, son devotos de sí mismos; pero un hombre que se formó a sí mismo está mal formado. Aquello que proviene del hombre no es más que una corriente contaminada de una fuente impura; de la maldad nace la maldad, y una naturaleza depravada da lugar a la depravación. Es solo cuando Dios nos hace nuevas criaturas en Cristo Jesús que nos sentimos felices de ser criaturas, y a él debemos dar toda la gloria. Es necio adorar a un dios de madera o de piedra; del mismo modo es necio adorar a un dios de carne y es aun más necio cuando ese dios eres tú mismo.

A través de la Biblia en un año: 1 Timoteo 1–2

La complacencia de Dios en ti

El Señor se complace en los que le temen, en
los que confían en su gran amor.
SALMO 147:11

Cuando Dios se complace en algún hombre, podemos comparar el resultado de su favor con el placer que experimentamos con nuestros hijos. Ahora, sin extenderme demasiado en este tema, te digo que si temes al Señor y esperas en su misericordia, Dios se complace tanto en ti como tú lo haces con tu hijo querido, y mucho más, porque Dios tiene una mente infinita y de ella proviene un deleite infinito, de modo que él te ve con infinita complacencia.

¿Puedes creer esto? Tú no te ves a ti mismo de esa manera, al menos espero que no, pero Dios te ve a través de Jesucristo. Dios te ve como serás algún día. Ve en ti lo que te hará crecer hasta convertirte en un ser celestial y, por lo tanto, se complace en ti. No importa lo que otros piensen de ti. Quiero que vayas a tu casa y pienses: «Si mi Padre celestial se complace en mí, en realidad no me interesa si mis semejantes no me entienden o no me aprecian». Si tú y yo buscamos complacernos con las buenas opiniones de otras personas, corremos el riesgo de que nos hieran las malas opiniones. Vive de manera que agrades a Dios, y si no agradas a tus semejantes, bueno, entonces no hay nada que hacer. El único objetivo de tu vida debe ser el poder decir: «Siempre hago las cosas que son agradables a él». Camina con Dios por fe, como lo hizo Enoc, para que puedas tener un testimonio como el suyo: «Él agradó a Dios». Y si tú has agradado a Dios, ¿qué importa aquel al que no has agradado?

A través de la Biblia en un año: 1 Timoteo 3–4

La belleza de la humildad

Dichosos los humildes, porque recibirán la tierra como herencia.
MATEO 5:5

En las Escrituras encontrarás que las personas más hermosas eran las humildes. Recuerdo solo tres personas de quienes las Escrituras dicen que sus rostros resplandecieron, ¿las recuerdas, verdad? Primero el Señor Jesucristo, cuyo rostro resplandeció tanto cuando bajó del Monte de la Transfiguración, que las personas vinieron corriendo hacia él. ¡Cuán humilde y sencillo de corazón fue él! Otro hombre cuyo rostro resplandeció fue Moisés, cuando bajó del monte de la comunión con Dios, y de quien leemos: «Moisés era muy humilde» (Números 12:3). La tercera persona cuyo rostro resplandeció fue Esteban, cuando estuvo delante del concilio y de la manera más humilde habló de su Señor y Maestro. Si quieres que tu rostro resplandezca alguna vez, debes deshacerte del espíritu altanero y orgulloso, tienes que ser humilde, ya que el resplandor de la luz divina nunca reposará en una frente donde esté presente la ira. Sé gentil, apacible, paciente como tu Señor y entonces él te hará hermoso. El Señor otorga gran belleza a sus hijos que son tranquilos y sumisos. Si puedes soportar y callar, si puedes evitar el pronunciar una palabra dura, esa misma humildad en ti se convierte en belleza.

Además, Dios hermosea a las personas humildes con paz. Ellas no tienen necesidad de ir y pedir perdón o arreglar disputas porque no participan en disputas. Durante la noche no tienen que pensar: «En realidad dijimos lo que no debimos», porque no lo dijeron. Hay una gran belleza en la paz que produce la humildad.

A través de la Biblia en un año: 1 Timoteo 5–6

La belleza en la humildad

Refrena tu enojo, abandona la ira; no te irrites pues esto conduce al mal. Porque los impíos serán exterminados, pero los que esperan en el Señor heredarán la tierra. Dentro de poco los malvados dejarán de existir; por más que los busques, no los encontrarás. Pero los desposeídos heredarán la tierra y disfrutarán de gran bienestar.

SALMO 37:8-11

Otra belleza que Dios otorga a los humildes es el contentamiento. Aquellos que tienen un espíritu afable y apacible por medio de la gracia de Dios están satisfechos con lo que tienen. Le dan gracias a Dios por lo poco; piensan como aquella mujer piadosa que comió un pedazo de pan y bebió un poco de agua y dijo: «¡Qué! ¡Todo esto y además, Jesucristo!» Hay un gran encanto en el contentamiento, mientras que la envidia y la avaricia son cosas feas a los ojos de aquellos que tienen un mínimo de percepción espiritual. Así que la humildad, al producir contentamiento, nos embellece.

La humildad también produce santidad y, ¿quién no ha escuchado acerca de «la belleza de la santidad»? Cuando alguien se propone controlar su temperamento y someter su voluntad y su mente a Jesús de la forma más dulce, la consecuencia será la obediencia a Dios, y la vida entera se vuelve hermosa. Alabemos al Señor que tuvo a bien poner algo de belleza en nosotros y bendigamos a Dios por la santidad de su pueblo siempre que la veamos manifestarse. Es una lástima que esto sea tan escaso pero, ¡qué consuelo es saber que el Señor tiene algunos dentro de su pueblo que son de espíritu humilde y apacible, a quienes hermosea con la salvación!

A través de la Biblia en un año: Esdras 1-3

El hombre consagrado

A los ricos de este mundo, mándales que no sean arrogantes ni pongan su esperanza en las riquezas, que son tan inseguras, sino en Dios, que nos provee de todo en abundancia para que lo disfrutemos. Mándales que hagan el bien, que sean ricos en buenas obras, y generosos, dispuestos a compartir lo que tienen.

1 Timoteo 6: 17-18

Cada hijo de Dios es un hombre consagrado. Su consagración no se identifica con ningún símbolo externo; no se nos ordena que nos dejemos crecer el pelo, o que nos abstengamos de determinadas comidas o bebidas. El cristiano es un hombre consagrado, pero sus semejantes no ven su consagración, excepto en los hechos que son el resultado que produce.

«Sin embargo», dice alguien, «¿podemos consagrarnos a Cristo? Yo pensaba que eso era tan solo para los ministros». Oh, no, mis hermanos, todos los hijos de Dios deben ser hombres consagrados. ¿A qué te dedicas? ¿Estás involucrado en el mundo de los negocios? Si eres lo que profesas ser, tu negocio tiene que estar consagrado a Dios. Quizá no tienes familia, estás involucrado en el comercio y cada año ahorras una suma considerable. Pero déjame contarte el ejemplo de alguien completamente consagrado a Dios. En Bristol vive un hombre cuyas ganancias son grandes y, ¿qué hace con ellas? Trabaja continuamente en los negocios para obtener ganancias pero anualmente dedica todas esas ganancias a la causa del Señor, excepto aquello que requiere para cubrir las necesidades de la vida. Hace que sus necesidades sean tan pocas como sea posible, de modo que tenga más para poder dar. Él es un hombre de Dios en su negocio. Hermanos, ustedes en su negocio deben ser hombres tan consagrados a Dios como lo es el ministro en su púlpito; pueden hacer de sus transacciones diarias un solemne servicio a Dios.

A través de la Biblia en un año: Esdras 4–7

La vida apartada

No se dejen engañar: «Las malas conversaciones corrompen las buenas costumbres».
1 Corintios 15:33

Puede suceder que alguno de ustedes que profesa ser cristiano haya estado viviendo distanciado de Dios. No has llevado una vida apartada, has tratado de ser amigo del mundo y de Cristo a la vez, y tus hijos no están creciendo como desearías que lo hicieran. Dices que tus hijos no han salido buenos y que tus hijas solo piensan en las cosas superficiales y mundanas. ¿Te admiras de que esto haya sucedido? Dices: «¡Ay!, siempre he tratado de complacerlos, pensando que al hacerlo así podía ganarlos para Cristo». ¡Ah! Nunca ganarás un alma para el bien mediante un compromiso con el mal. Una decisión por Cristo y su verdad es lo que tiene el mayor poder en la familia y en el mundo también.

Nadie duda que las malas compañías puedan hacer malo a un hombre, y del mismo modo es seguro que las buenas compañías tienen la tendencia de inclinar a los hombres hacia aquello que es bueno. Es algo provechoso tener a alguien a tu lado cuyo corazón esté lleno de amor hacia Dios. Es una gran bendición tener como madre a una verdadera santa o como hermano o hermana a alguien que teme a Dios, y es un privilegio especial estar unido de por vida, con los más estrechos lazos, a alguien cuyas oraciones puedan elevarse junto con las nuestras y cuyas alabanzas también se mezclen con las nuestras. Hay algo en el compañerismo cristiano que nos impacta hacia la dirección correcta, a menos que el corazón esté del todo inclinado a la maldad.

A través de la Biblia en un año: Esdras 8–10

El verdadero Dios

Me asombra que tan pronto estén dejando ustedes a quien los llamó por la gracia de Cristo, para pasarse a otro evangelio. No es que haya otro evangelio, sino que ciertos individuos están sembrando confusión entre ustedes y quieren tergiversar el evangelio de Cristo.

GÁLATAS 6:1-7

Me temo que en la actualidad nueve de cada diez personas no creen en el Dios que nos revela la Biblia. Puedo citar ejemplos de periódicos, revistas, folletos y también de púlpitos, en los que se manifiesta que se adora a un nuevo dios, no al Dios del Antiguo Testamento, pues se considera demasiado severo, demasiado estricto, demasiado rígido para nuestros maestros modernos. Se encogen ante la sola mención del Dios de los puritanos. Si Jonathan Edwards resucitara, no lo escucharían ni un minuto; dirían que tienen un nuevo dios que no es como el de su tiempo. Pero, hermanos, yo creo en el Dios de Abraham, de Isaac y de Jacob, ese Dios es mi Dios. Sí, el Dios que en el Mar Rojo ahogó a Faraón y a sus soldados y que mientras lo hacía, inspiró a su pueblo a cantar ¡Aleluya!; el Dios que hizo que la tierra se abriera y se tragara a Corán, Datán, Abiram y toda su compañía. Un Dios terrible es el Dios que yo adoro; es el Dios y el Padre de nuestro Señor y Salvador Jesucristo, lleno de misericordia, gracia y compasión, tierno y amable, pero a la vez justo y temible en su santidad, y terrible fuera de sus lugares santos. Ese es el Dios que adoramos y todo aquel que se acerca a él por medio de Jesucristo y confía en él como su maestro, aprenderá bien todo lo que necesita saber.

A través de la Biblia en un año: 2 Timoteo 1–2

La iglesia imperfecta

Por tanto, imiten a Dios, como hijos muy amados, y lleven una vida de amor, así como Cristo nos amó y se entregó por nosotros como ofrenda y sacrificio fragante para Dios.

EFESIOS 5:1-2

He escuchado personas que encuentran faltas en los miembros de las iglesias y dicen que no pueden reunirse con ellos, porque son de un tipo inferior. Bueno, yo conozco muchos tipos diferentes de personas y, a pesar de todo, me alegro de ser parte del pueblo de Dios, incluso en su iglesia visible, y no de cualquier otro grupo de personas en el mundo entero. Considero que el denigrante pueblo de Dios es la mejor compañía que haya tenido.

«Oh», dice alguien, «me uniré a la iglesia cuando encuentre una perfecta». Entonces nunca te unirás a ninguna. «Ah», dice, «pero quizá lo haga». Bueno, pero no seguirá siendo una iglesia perfecta luego que te unas a ella, porque a partir del momento en que te reciban dentro de sus miembros, dejará de serlo. Creo que si Cristo puede amar a una iglesia, yo también puedo hacerlo; y si es una que Cristo considera como su iglesia, puedo sentirme agradecido de ser miembro de ella. Cristo «amó a la iglesia y se entregó por ella» (Efesios 5:25); entonces, ¿no debo yo considerar un honor que se me permita entregarme a ella? ¡Qué vergüenza es que algunos se unan a la iglesia pensando en lo que podrán obtener de ella! Sin embargo, para algunas personas los panes y los peces siempre son una carnada.

A través de la Biblia en un año: 2 Timoteo 3–4

Interésate en los nuevos convertidos

Los fuertes en la fe debemos apoyar a los débiles, en vez de hacer lo que nos agrada. Cada uno debe agradar al prójimo para su bien, con el fin de edificarlo.
ROMANOS 15:1-2

A ustedes que han sido creyentes en Cristo Jesús durante mucho tiempo, que tienen mucha experiencia, que conocen el amor y la fidelidad de nuestro Dios de los pactos y que son fuertes en el Señor y en el poder de su fuerza, quiero pedirles que busquen a los nuevos convertidos y le hablen palabras buenas y adecuadas, que puedan animarlos y fortalecerlos. ¿Por qué somos tan reticentes cuando una palabra pudiera hacer que nuestro hermano más débil se regocijara? Por lo tanto, les ruego a todos ustedes, a los que Dios ha bendecido en gran manera, que velen por aquellos que tienen un bajo nivel en las cosas espirituales y traten de alegrarlos y animarlos. Mientras lo hacen, Dios, a cambio, los bendecirá, pero si descuidan ese hermoso deber, pudiera suceder que ustedes mismos lleguen a sentirse desesperados y necesiten un amigo que los anime.

Con toda certeza veríamos un crecimiento más rápido en la gracia entre los nuevos convertidos si los cuidáramos y los alimentáramos mejor. Algunos de nosotros les debemos mucho a los cristianos más viejos y experimentados que conocimos en nuestros comienzos. Yo soy un ejemplo. Busquemos que se diga de nosotros, cuando también envejezcamos, que ayudamos a aquellos que eran niños cuando nosotros éramos jóvenes a convertirse en personas útiles en sus años maduros.

A través de la Biblia en un año: Nehemías 1-3

La mayor recompensa

El Señor mismo descenderá del cielo con voz de mando, con voz de arcángel y con trompeta de Dios, y los muertos en Cristo resucitarán primero. Luego los que estemos vivos, los que hayamos quedado, seremos arrebatados junto con ellos en las nubes para encontrarnos con el Señor en el aire. Y así estaremos con el Señor para siempre. Por lo tanto, anímense unos a otros con estas palabras.
1 TESALONICENSES 4:16-18

¿Cuál es la mayor recompensa de aquellos que se refugian bajo las alas de Dios? Yo respondo que obtendremos la mayor recompensa el día que dejemos estos cuerpos de carne y hueso, para que duerman en Jesús, mientras que nuestro espíritu deje el cuerpo para estar presente ante el Señor. En este estado incorpóreo disfrutaremos una perfecta armonía de espíritu, pero recibiremos una recompensa aún mayor cuando el Señor venga por segunda vez y nuestros cuerpos se levanten de entre los muertos para formar parte del glorioso reino del Rey que ha descendido. Entonces, en nuestra humanidad perfecta, veremos el rostro de aquel que amamos y seremos como él. Entonces vendrá la adopción, cuando nuestro cuerpo será redimido para estar en cuerpo, alma y espíritu, la trinidad en unidad, para siempre con el Padre, el Hijo y el Espíritu Santo, nuestro Dios trino. Esta bendición inimaginable es la plena recompensa por confiar bajo las alas de Jehová.

A través de la Biblia en un año: Nehemías 4–7

La vida de gozo

En resumidas cuentas, ¿cuál es nuestra esperanza, alegría o motivo de orgullo delante de nuestro Señor Jesús para cuando él venga? ¿Quién más sino ustedes? Sí, ustedes son nuestro orgullo y alegría.

1 Tesalonicenses 2:19-20

Los que confían en Dios y lo siguen tienen otra gran recompensa, la bendición de hacer el bien. ¿Puede alguna otra cosa hacernos más felices? Este gozo es un diamante de la mejor calidad. Iguala, si puedes, el gozo que produce ayudar al huérfano o la viuda. ¡Busca algo que produzca tanto gozo como el salvar un alma de la muerte y cubrir multitud de pecados! Valdría la pena tener fe en Dios, incluso si viviéramos aquí para siempre, si nuestra vida estuviera dedicada a hacer el bien al pobre y al necesitado, y a rescatar a los equivocados y a los caídos. Si deseas probar el gozo más puro que fluye de las fuentes del paraíso, prueba la bendición inagotable de salvar un alma perdida. Cuando la fe en Dios te enseña a negarte a ti mismo y vivir por completo para glorificar a Dios y beneficiar a tus semejantes, te colocas en el camino del Señor y de sus ángeles, y al seguirlo, reinarás en él.

Pienso, hermanos, que nuestra suerte es mucho mejor que la del más rico emperador, si este no conoce al Salvador. ¡Ay, pobres reyes, pobres príncipes, pobres nobles, pobres ricos que no conocen a Cristo! ¡Pero dichosos los pobres que lo conocen! ¡Felices los esclavos que lo aman! ¡Felices los hombres y mujeres moribundos que se regocijan en él! Ellos tienen un gozo perpetuo y un continuo placer porque Dios es el todo de su vida.

A través de la Biblia en un año: Nehemías 8–10

Aliméntate de la Palabra de Dios

¡Cuánto amo yo tu ley! Todo el día medito en ella. Tus mandamientos me hacen más sabio que mis enemigos porque me pertenecen para siempre. Tengo más discernimiento que todos mis maestros porque medito en tus estatutos.
SALMOS 119:97-99

Nada puede nutrir mejor el alma del creyente que el alimentarse de la Palabra y digerirla por medio de la meditación frecuente en ella. No es de extrañarse que algunos crezcan tan poco si meditan tan poco. Debemos tomar la verdad y repasarla una y otra vez en las partes más recónditas de nuestro espíritu y así sacaremos de ella la esencia divina que nos alimenta. Para ti, ¿no es la meditación tu tierra de Gosén? Si los hombres una vez dijeron: «Hay grano en la tierra de Egipto», ¿por qué no pueden siempre decir que lo mejor del trigo se encuentra en la oración secreta? La devoción privada es una tierra que fluye leche y miel, un paraíso que tiene toda clase de frutas, una casa de banquetes con vinos a elección. ¿Dónde podemos alimentarnos y descansar en verdes pastos de una forma tan dulce como lo hacemos cuando meditamos en la Palabra? La meditación destila la quintaesencia de las Escrituras y llena nuestra boca de una dulzura que excede la de la miel virgen que destila el panal. Tus tiempos de retiro y de oración deben ser tus pasatiempos reales o, al menos, tiempos de renovación en los que, al igual que los cosecheros al mediodía, te sientes con Booz y comas de la provisión generosa de tu Maestro.

A través de la Biblia en un año: Nehemías 11–13

La fe que salva

Sin embargo, alguien dirá: «Tú tienes fe, y yo tengo obras». Pues bien, muéstrame tu fe sin las obras, y yo te mostraré la fe por mis obras. ¿Tú crees que hay un solo Dios? ¡Magnífico! También los demonios lo creen, y tiemblan.

SANTIAGO 2: 18-19

Si yo digo que creo en Dios pero continúo viviendo en pecado de una manera voluntaria y consciente, entonces mi fe es inferior a la de los demonios, porque ellos «creen, y tiemblan». Hay algunos hombres que profesan creer en Dios pero no tiemblan ante él sino que se comportan de forma indebida y presuntuosa. Ese no es el tipo de fe que salva el alma. La fe que salva es la que produce buenas obras, la que lleva al arrepentimiento o la que viene acompañada de esas buenas obras y la que conduce al amor a Dios, a la santidad y a un deseo de ser hechos como el Salvador. Las buenas obras no son la raíz de la fe, pero son su fruto. Una casa no descansa en las tejas de su techo, sin embargo, no puedes vivir en ella si no tiene techo. Del mismo modo nuestra fe no descansa en las buenas obras pero sería una fe pobre e inútil si no tuviera algo del fruto del Espíritu para probar que proviene de Dios. Jesucristo nos dice cómo un hombre puede llegar a ser santo como Dios es santo y, a pesar de eso, nunca hablar acerca de su santidad ni soñar en confiarse de esta. Debemos vivir como si fuéramos a ser salvos por medio de nuestras buenas obras pero sin tener confianza alguna en ellas, sino considerarlas como basura, para ganar a Cristo y permanecer en él, no por nuestra propia justicia, que es la de la ley, sino por aquella que proviene de la fe en Jesucristo, la justicia que es de Dios por fe.

A través de la Biblia en un año: Tito 1–3

¿Puede Dios olvidar?

Antes de recibir esa circuncisión, ustedes estaban muertos en sus pecados. Sin embargo, Dios nos dio vida en unión con Cristo, al perdonarnos todos los pecados y anular la deuda que teníamos pendiente por los requisitos de la ley. Él anuló esa deuda que nos era adversa, clavándola en la cruz.
COLOSENSES 2:13-14

¿Cómo es que Dios no puede ver ningún pecado en los creyentes, si él ve todas las cosas? Esto es un dilema que muchos no comprenden. Dios está en todas partes y todas las cosas están ante sus ojos que todo lo ven, sin embargo, dice: «En aquellos días se buscará la iniquidad de Israel, pero ya no se encontrará. En aquel tiempo se buscarán los pecados de Judá, pero ya no se hallarán» (Jeremías 50:20). Me arriesgo a decir que ni siquiera Dios puede ver lo que ya no existe, ni siquiera sus ojos pueden ver algo que no está y eso es lo que sucede con el pecado de aquellos que han creído en Jesús: ha dejado de ser. Dios mismo ha declarado: «No me acordaré más de su pecado». Pero, ¿puede Dios olvidar? Por supuesto que sí, pues dice que lo hará. Daniel recibió la descripción de la obra del Mesías con estas memorables palabras: «poner fin a sus transgresiones y pecados, pedir perdón por su maldad, establecer para siempre la justicia» (Daniel 9:24). Bueno, entonces *hay* un final para el pecado, según esta otra declaración divina, llena de gracia: «He disipado tus transgresiones como el rocío, y tus pecados como la bruma de la mañana» (Isaías 44:22). Así que se han ido, han dejado de ser, Cristo los ha cancelado y, por tanto, Dios ya no los ve. ¡Qué gran esplendor el del perdón que Dios ha otorgado a los creyentes, al barrer todos sus pecados para siempre!

A través de la Biblia en un año: Ester 1-3

Deja que Dios te guíe

Los gabaonitas, al darse cuenta de cómo Josué había tratado a las ciudades de Jericó y de Hai, maquinaron un plan. Enviaron unos mensajeros, cuyos asnos llevaban costales viejos y odres para el vino, rotos y remendados.
JOSUÉ 9:3-4

Pienso que nuestras pruebas provienen, con frecuencia, por asuntos que no hemos llevado ante el Señor e incluso más, estoy seguro que cometemos los mayores errores en aquellos asuntos que consideramos más simples y que no llevamos al Señor, que en los que sí llevamos a él. Los gabaonitas engañaron a los hombres de Israel porque llevaban costales viejos y odres rotos y remendados, y los israelitas dijeron: «Está claro que estos hombres tienen que haber venido desde muy lejos para tener sus cosas así», de modo que hicieron un pacto con ellos sin buscar la voluntad del Señor. De no haberles parecido todo tan claro, habrían ido al Señor en busca de dirección, y él los habría guiado de forma correcta. Te equivocas cuando piensas que puedes ver tu camino, pero cuando no puedes ver tu camino y confías en que Dios te guiará por una senda que no conoces, irás bien. Estoy persuadido de que el asunto más simple y trivial que no llevamos a Cristo se convertirá en un problema, mientras que el más intrincado laberinto, bajo la dirección de Jesucristo, será un camino seguro para los pies de todos los que confían en la sabiduría infalible de su Señor y Salvador.

A través de la Biblia en un año: Ester 4–7

Pídele y cuéntale

No me escogieron ustedes a mí, sino que yo los escogí a ustedes y los comisioné para que vayan y den fruto, un fruto que perdure. Así el Padre les dará todo lo que le pidan en mi nombre.
JUAN 15:16

Si no vienes a Jesús y le cuentas todo lo que hay en tu corazón, perderás su consejo y ayuda, y el consuelo que estos producen. Me imagino que ninguno de nosotros sabe lo que ha perdido en el camino, y que mucho menos podemos calcular los bienes espirituales que pudiéramos haber tenido y que hemos perdido. Hay muchos hijos de Dios que pudieran estar enriquecidos con bendiciones y, sin embargo, permanecen tan pobres como el mendigo Lázaro. Solo tienen migajas de consuelo y están llenos de dudas y temores cuando podían sentirse seguros desde hace mucho tiempo. Hay muchos herederos del cielo que están viviendo nada más de la cáscara del alimento del evangelio cuando podían estar participando de los manjares del que habla Moisés: «con natas y leche de la manada y del rebaño, y con cebados corderos y cabritos; con toros selectos de Basán y las mejores espigas del trigo» (Deuteronomio 32:14). Amados, con mucha frecuencia no tienen porque no piden, o porque no creen, o porque no confían en Jesús y no le cuentan. ¡Cuán fuerte pudiera ser el débil si acudiera a Jesús con más frecuencia! ¡Cuán rica pudiera ser el alma pobre si tomara en todo tiempo del inagotable tesoro de Cristo! Si fuéramos y habláramos con Jesús y le contáramos todo lo que está en nuestro corazón, ¿no estaríamos viviendo en los suburbios del cielo, cerca de las puertas de perlas?

A través de la Biblia en un año: Ester 8–10

La providencia divina

Todo tiene su momento oportuno; hay un tiempo para todo lo que se hace bajo el cielo.
ECLESIASTÉS 3:1

Ahora bien, hermanos, todas las fuerzas del mal luchan contra la causa de Dios y contra la verdad y me atrevo a decir que eso está ocurriendo en este momento, porque ni el diablo ni sus demonios ni los ateos permanecen quietos, pero de esto estamos seguros: el Señor lo sabe, y tiene listos a su Ester y a su Mardoqueo para frustrar sus designios.

Cada hijo de Dios está donde él lo ha colocado con algún propósito y la aplicación práctica de este primer punto es guiarte a buscar el propósito por el que Dios te ha colocado donde estás ahora. Habías deseado otra posición donde pudieras hacer algo por Jesús: no desees nada de esto, sino sírvele donde estás. Si estás sentado a las puertas del palacio del rey, hay algo que debes hacer ahí, si ocupas el trono de la reina, hay algo para que hagas allí; no busques ser el portero o la reina, sirve a Dios desde donde estés.

Ester lo hizo bien porque actuó según le correspondía y Mardoqueo también lo hizo bien porque actuó según su condición. Me gusta pensar, mientras los observo, que a cada uno de ustedes Dios los colocó en el lugar correcto, así como un buen capitán organiza su ejército, y a pesar de que no conocemos el plan de batalla, durante el conflicto veremos que él ha colocado a cada soldado en el lugar donde debía estar. Entonces, no olvides el hecho de que Dios en su providencia coloca a sus siervos en posiciones donde los pueda utilizar.

A través de la Biblia en un año: Filemón

Destino y elección

En amor nos predestinó para ser adoptados como hijos suyos por medio de Jesucristo, según el buen propósito de su voluntad, para alabanza de su gloriosa gracia, que nos concedió en su Amado.

EFESIOS 1:4-6

Está claro que la voluntad divina se cumplirá y, a la vez, los hombres tienen libre albedrío. «No entiendo eso», dice alguien. Mi querido amigo, yo debo decir lo mismo: tampoco lo entiendo. He conocido a muchos que pensaban que lo entendían todo, pero creo que tenían una opinión de sí mismos más elevada de lo que la verdad aconsejaba. Algunos de mis hermanos niegan el libre albedrío y así terminan con el asunto; otros afirman que no hay predestinación y resuelven el problema. Ya que yo no deseo terminar con el problema y no deseo obviar alguna parte de la verdad creo que ambos, la predestinación y el libre albedrío, son hechos. Cómo pueden ellos concordar, no lo sé ni me interesa, estoy satisfecho con saber lo que Dios ha escogido revelarme y, de la misma forma, contento con lo que no me revela. Ahí va: el hombre tiene libre albedrío en lo que hace, es responsable de sus acciones, y culpable cuando hace lo malo; también será castigado con justicia y si se pierde, la culpa será solo de él. Pero hay Uno que rige sobre todo y que, sin hacerse cómplice del pecado, hace posible que incluso las acciones de los hombres malvados sirvan a sus propósitos justos y santos. Cree estas dos verdades y verás cómo concuerdan en la vida diaria, aunque no seas capaz de diseñar una teoría en un papel para mostrar cómo armonizan.

A través de la Biblia en un año: Job 1–4

Peligro

Así que yo no corro como quien no tiene meta; no lucho como quien da golpes al aire. Más bien, golpeo mi cuerpo y lo domino, no sea que, después de haber predicado a otros, yo mismo quede descalificado.
1 CORINTIOS 9:26-27

Siento que es mi responsabilidad ir, domingo tras domingo, y todos los días de la semana a decirte cosas muy preciosas acerca de Cristo, y a veces yo mismo las disfruto. Incluso si nadie más es bendecido por ellas, yo lo soy, y voy a casa y alabo al Señor por eso. Pero mi diario temor es que enseñe los textos y predique cosas buenas a otros y, sin embargo, mi propio corazón no se beneficie. Mi oración es que el Señor Jesús me muestre donde él alimenta a su pueblo y me deje alimentarme con él, de modo que yo pueda conducirte a los pastos donde él está y estar yo mismo allí, al mismo tiempo que te traigo a ti. A ustedes, maestros de la Escuela Dominical, evangelistas y otros, queridos, amados colegas, por quienes agradezco a Dios siempre, creo que el punto principal por el cual tienen que velar es no perder su propia espiritualidad mientras tratan de hacer a otros espirituales. Acudan al Bienamado y pídanle que les deje alimentar su rebaño donde él alimenta a su pueblo, y que les permita sentarse a sus pies así como María, incluso cuando están trabajando en la casa, como Marta. No hagas menos, más bien haz más, pero pide hacerlo en tal comunión con él que tu trabajo se mezcle con el suyo, y que lo que hagas no sea más que él trabajando por medio de ti, y tu regocijo sea derramar sobre otros lo que él ha derramado sobre tu propia alma.

A través de la Biblia en un año: Job 5–8

¿Mecánico?

Hazme justicia, Señor, pues he llevado una vida intachable; ¡en el Señor confío sin titubear! Examíname, Señor; ¡ponme a prueba! purifica mis entrañas y mi corazón. Tu gran amor lo tengo presente, y siempre ando en tu verdad.

SALMO 26:1-3

Me asusta la tendencia de hacer la obra de Dios con un espíritu mecánico y frío, pero más allá de eso, tiemblo al pensar que pueda sentir pasión por la obra de Cristo pero permanecer frío ante el mismo Señor. Temo que tal condición del corazón es posible, que podemos encender un gran fuego en las calles para que el público se caliente y tener tan solo un leño medio encendido en nuestro corazón donde Jesús pueda calentar sus manos. Cuando nos reunimos en la iglesia, la buena compañía nos ayuda a calentar nuestros corazones, y cuando trabajamos para el Señor con otros, ellos nos estimulan y hacen posible que renovemos toda nuestra energía y fuerza, y entonces pensamos: «De seguro mi corazón tiene una posición saludable ante Dios». Pero, amados, dicha emoción puede ser un pobre indicio de nuestro estado real. Amo ese fuego apacible, santo, que crece en lo más íntimo de mi cuarto cuando estoy solo, y ese es el punto que más me concierne, tanto por mí como por ti, no sea que estemos haciendo la obra de Cristo sin Cristo, al tener mucho que hacer pero sin pensar mucho en *él*; ocupados en el mucho servicio pero olvidados de él. ¿Por qué? Porque muy pronto eso nos conducirá a hacer un Cristo de nuestro propio servicio, un anticristo de nuestra propia labor. Ama tu trabajo, pero ama más a tu Maestro; ama tu rebaño, pero aun más ama al Gran Pastor, y permanece cerca de él, porque no hacerlo será una señal de infidelidad.

A través de la Biblia en un año: Job 9–12

El alma feliz

A los que son amados por Dios el Padre, guardados por Jesucristo y llamados a la salvación: Que reciban misericordia, paz y amor en abundancia.

JUDAS 1:1-2

Las almas piadosas nunca se sienten del todo bien a no ser que estén en un estado de cercanía a Cristo; y, obsérvalo bien, cuando no están cerca de Cristo, pierden la paz. Mientras más cerca están de Jesús, más cerca están de la paz celestial; y mientras más se alejan de Jesús, más cerca están de ese mar agitado que es la continua zozobra de la maldad. No hay paz en el hombre que no habita de forma permanente a la sombra de la cruz; porque Jesús es nuestra paz y si él está ausente, nuestra paz también lo está. Sé que al ser justificados, tenemos paz con Dios pero esto es «a través de nuestro Señor Jesucristo», así que el hombre justificado por sí mismo no puede producir el fruto de la justificación a no ser que permanezca en Jesucristo, quien es el Señor y el dador de la paz. El cristiano sin comunión con Cristo pierde toda su vida y energía, es como algo muerto. No tiene vitalidad, sí, es como un ser inanimado hasta que Cristo venga. Pero cuando con ternura el Señor derrama su amor en nuestros corazones, entonces su amor enciende el nuestro y nuestra sangre salta de gozo en nuestras venas, como Juan el Bautista en el vientre de Elisabet. Cuando el corazón está cerca de Cristo late fuerte y, ya que Jesucristo está en ese corazón, está lleno de vida, de vigor y de fuerza.

Amados, para nosotros todos los placeres de la vida son como nada; los hemos probado y considerado como basura. Si frente a todas las cosas mortales estamos en un estado de insatisfacción, entonces hemos aprendido a través de la gracia divina que nadie como Jesús puede hacer felices nuestras almas.

A través de la Biblia en un año: Job 13–16

El estándar de Dios

Estaba él de pie junto a un muro construido a plomo, y tenía una cuerda de plomada en la mano.
AMÓS 7:7

Todo lo que Dios construye está construido con precisión, recto, cuadrado y justo. En la naturaleza ves el cumplimiento de esa regla; en ella no hay nada fuera de proporción. Los que entienden de estas cosas y las estudian te dirán que incluso la forma y el tamaño de la tierra tienen relación con el brote de una flor o la presencia de una gota de rocío en el borde de una hoja, y que si el sol fuera más grande o más pequeño, o si el material que conforma la tierra fuera más denso o diferente en algún sentido, entonces todo, lo más mayúsculo y lo más diminuto, se desestabilizaría.

En los asuntos espirituales es manifiesto que siempre que Dios trata con las almas, usa la plomada. Al comenzar con nosotros, se da cuenta que el propio cimiento de nuestra naturaleza está fuera de la línea perpendicular y, por lo tanto, no intenta construir sobre él sino que comienza su operación quitándolo. La primera obra de la gracia divina en el alma es derribar todo aquello que la naturaleza ha construido. El hombre ha hecho grandes esfuerzos para construirlo, pero todo tiene que derribarse, hasta que quede un gran hueco. A la vista de Dios el hombre debe sentirse vacío, derribado y humillado, porque si Dios va a ser el todo en él, entonces él mismo tiene que ser nada; y si Cristo va a ser su Salvador, tiene que ser un Salvador completo, de principio a fin. Así que Dios tiene que derribar y eliminar el cimiento del mérito humano porque no puede construir bien sobre él.

A través de la Biblia en un año: Job 17–20

Confiado hasta en la hora de la muerte

Yo, por mi parte, ya estoy a punto de ser ofrecido como un sacrificio, y el tiempo de mi partida ha llegado. He peleado la buena batalla, he terminado la carrera, me he mantenido en la fe. Por lo demás me espera la corona de justicia.

2 TIMOTEO 4:6-8

¡Con cuánta confianza Pablo contempla la perspectiva de la muerte! No se atemoriza ante ella. Con la calma y la serenidad que otorgan, no solo la resignación y la sumisión sino la seguridad y el valor, se muestra gozoso y feliz e incluso encantado con la esperanza de que su cuerpo mortal se desintegre y sea revestido con el nuevo cuerpo que Dios ha preparado para sus santos. Aquel que puede hablar de la tumba y de lo que viene después con tan sabia anticipación, fe y ferviente deseo como lo hizo Pablo, es digno de envidia. Los príncipes bien pueden entregar sus coronas ante tan certera y segura esperanza de inmortalidad. Si son capaces de decir con él: «Así que nos mantenemos confiados, y preferiríamos ausentarnos de este cuerpo y vivir junto al Señor» (2 Corintios 5:8), bien pudieran cambiar su rango terrenal por tal recompensa.

De este lado del cielo, ¿qué puede ser más celestial que prepararnos bien para pasar el río de la muerte? Por otra parte, ¡qué estado mental tan temible y espantoso el de las personas que, con nada ante ellos que no sea la muerte, no tienen esperanza y no encuentran salida, la mortaja es su último vestido, la tumba y el cementerio su destino! Sin la esperanza de volverse a levantar en un futuro mejor, sin la perspectiva de ver a Dios cara a cara con gozo, con razón cualquier referencia a la muerte disgusta a estos hombres.

A través de la Biblia en un año: Job 21–24

El tiempo de Dios

Mi ardiente anhelo y esperanza es que en nada seré avergonzado, sino que con toda libertad, ya sea que yo viva o muera, ahora como siempre, Cristo será exaltado en mi cuerpo. Porque para mí el vivir es Cristo y el morir es ganancia.

FILIPENSES 1:20-21

Dios, de manera inalterable, ha fijado el tiempo de nuestra partida, aunque nosotros no lo conocemos. Él lo ha establecido y preparado de un modo tan correcto, sabio y amoroso que ningún subterfugio o azar puede romper los designios del destino. En el cuidado de su provisión se comprueba la sabiduría del amor divino.

Job sufrió grandes calamidades cuando perdió a sus hijos, a sus siervos, sus manadas y sus rebaños. Sin embargo, no concedió mucha importancia a la forma en que vinieron sus problemas, si fue por un ataque de los sabeanos o por una reyerta con los caldeos; si el fuego cayó del cielo o el viento sopló de la selva, eso no importaba mucho. Cualesquiera que fueran los extraños hechos que escuchó, un solo pensamiento penetraba su corazón y una expresión salía de sus labios. «El Señor ha dado, el Señor ha quitado. ¡Bendito sea el nombre del Señor!» (Job 1:21). De la misma forma, amado, cuando llegue el tiempo de tu partida, ya sea por enfermedad o desgaste, por accidente o asalto, cuando tu alma abandone su morada presente, descansa confiado en que «tus tiempos están en sus manos», y ten la completa seguridad que «todos sus santos están en sus manos». Hay un tiempo para la partida y el tiempo que Dios tenga determinado para llamarme es mi tiempo para partir.

A través de la Biblia en un año: Job 25–28

Cierra tus ojos al pecado

¿No se dan cuenta de que un poco de levadura hace fermentar toda la masa?
1 CORINTIOS 5:6

¡Ay, si nuestra madre Eva hubiera cerrado los ojos cuando la serpiente señaló aquella hermosa manzana en el árbol! ¡Ay, si hubiera cerrado los ojos ante ella! Ay, si hubiera dicho: «No, ni siquiera la voy a mirar». El mirar lleva a desear, y el deseo conduce al pecado. Dices: «No puede haber daño alguno en mirar, en ver por uno mismo, ¿no se nos ha dicho que probemos todas las cosas?» «Solo ven aquí, joven», dice el tentador, «no sabes lo que es la vida; una noche será suficiente para mostrarte un poco de alegría. Solo ven por una o dos horas y mira». «Oh, no», dice el hombre cuyos ojos ven al Rey en su hermosura, «el árbol del conocimiento del bien y del mal nunca trajo al hombre ningún bien, así que por favor, déjame solo. Cierro mis ojos para no verlo. No quiero participar, ni siquiera como espectador».

Recuerda que no puedes tener solo la mitad de Cristo. No lo puedes tener como tu redentor si no lo tienes como tu gobernador. Tienes que recibirlo tal y como es. Él es un Salvador, pero él salva a su pueblo de sus pecados. Ahora bien, si alguna vez recibiste a Cristo como tu Salvador, encontraste belleza en él. Él es precioso a tus ojos, porque lo más precioso que existe en el mundo para un pecador es su Salvador. Si es así, cerrarás tus ojos para no ver, tus oídos para no oír, tus manos para que no toquen cualquier iniquidad, y retirarás tu pie de ella para vivir la vida que vives en la carne por la fe en el Hijo de Dios, para su gloria y honor.

A través de la Biblia en un año: Job 29–32

La herencia del creyente

Por su gran misericordia nos ha hecho nacer de nuevo mediante la resurrección de Jesucristo, para que tengamos una esperanza viva y recibamos una herencia indestructible, incontaminada e inmarchitable. Tal herencia está reservada en el cielo para ustedes.

1 PEDRO 1:3-4

Ahora bien, una herencia no es algo que se compre con dinero, ni se gane con alguna obra, ni se conquiste. Si un hombre tiene una herencia, en el sentido recto de la palabra, la tiene desde su nacimiento. No fue por ningún mérito especial que este tuviera, sino que sencillamente recibió la propiedad que ahora posee por ser el hijo de su padre. Así sucede con el cielo. El hombre que reciba esta herencia gloriosa no la obtendrá por las obras de la ley, ni por los esfuerzos de la carne, se le dará como un derecho que recibe por gracia porque ha «nacido de nuevo mediante la resurrección de Jesucristo, para que tengamos una esperanza viva» (1 Pedro 1:3) y así se ha convertido en un heredero del cielo tanto por sangre como por nacimiento.

Los que van a la gloria son los hijos, pues ¿no está escrito, que el autor de nuestra salvación «llevará a muchos hijos a la gloria» (Hebreos 2:10)? No van allí como siervos, ningún siervo tiene derecho a recibir la herencia de su señor. No importa cuán fiel sea, no es el heredero de su amo. Pero debido a que ustedes son hijos —hijos por la adopción de Dios, hijos por la regeneración del Espíritu— ya que gracias a una energía sobrenatural han nacido de nuevo, se convierten en herederos de la vida eterna y entran en las mansiones que tiene nuestro Padre celestial en los cielos. Entonces, cuando pensemos en el cielo, pensemos en él como un lugar que es nuestro y un estado que disfrutaremos como resultado del nacimiento, no de las obras.

A través de la Biblia en un año: Job 33–36

El placer del trabajo

Por eso, están delante del trono de Dios, y
día y noche le sirven en su templo.
APOCALIPSIS 7:15

Una idea correcta del cielo es que es un lugar de servicio ininterrumpido. Es una tierra cuyos habitantes sirven a Dios día y noche en su templo, sin conocer el cansancio ni decaer nunca. ¿Conoces el placer del trabajo? Aunque me quejo cuando las personas esperan cosas imposibles de mí, la alegría más grande de mi vida es estar ocupado en las cosas de Dios. El día en que no predico no soy feliz, pero el día de mi mayor y más profundo gozo es el día que tengo el privilegio de predicar el evangelio y trabajar para Dios. El servicio es un placer. Alabar a Dios es un placer. Trabajar para él es la mayor bendición que un mortal pueda conocer. ¡Oh, cuán dulce debe ser cantar sus alabanzas sin que nuestra garganta se quede seca! ¡Oh, qué bendición estar siempre agitando las alas y nunca cansarse! ¡Oh, qué dulce será disfrutar el volar en círculos alrededor del trono de Dios en el cielo mientras dure la eternidad sin tener que poner la cabeza en la almohada, ni nunca sentir el peso de la fatiga ni los síntomas que nos advierten que debemos descansar, sino continuar por siempre en la eternidad como un río ancho que fluye con las perpetuas corrientes del servicio! ¡Oh, ese debe ser un tremendo disfrute! ¡Eso tiene que ser el cielo, servir a Dios día y noche en su templo! Muchos de ustedes han servido a Dios en la tierra y han probado algo de esa bendición.

A través de la Biblia en un año: Job 37–39

Permanece en el camino.

Timoteo, ¡cuida bien lo que se te ha confiado! Evita las discusiones profanas e inútiles, y los argumentos de la falsa ciencia. Algunos, por abrazarla, se han desviado de la fe. Que la gracia sea con ustedes.
1 TIMOTEO 6:20-21

No hay mal tan lamentable dentro de nuestras comunidades cristianas como el de los miembros que se apartan. El mismo diablo no es un enemigo tan sutil como lo fue Judas cuando, luego de la cena, Satanás entró en él. Judas era amigo de Jesús. Jesús se dirigía a él como tal. Y Judas dijo: «Salve, Maestro», y lo besó. Pero Judas fue quien lo traicionó. Esa imagen pudiera consternarte, es un peligro que tú también puedes estar corriendo. En todas nuestras iglesias, de todos los que se reciben como miembros, hay algunos desertores. Continúan durante un tiempo y luego regresan al mundo. La razón principal por la que se retraen es una incongruencia obvia. «Aunque salieron de entre nosotros, en realidad no eran de los nuestros; si lo hubieran sido, se habrían quedado con nosotros» (1 Juan 2:19).

Aquellos que se apartan, ¿qué sucede con ellos? Bueno, si son hijos de Dios, te diré lo que sucede con ellos porque lo he visto muchas veces. Aunque se apartan, no son felices. No pueden descansar, porque se sienten miserables aunque traten de aparentar estar alegres. Luego de un tiempo comienzan a recordar su primer estado, porque en aquel entonces les iba mejor que ahora. Regresan, pero hay más y más cicatrices, sin hablar de la vergüenza que tienen que llevar con ellos a la tumba; nunca serán los hombres que antes fueron.

A través de la Biblia en un año: Job 40–42

La apostasía

Esfuérzate por presentarte a Dios aprobado, como obrero que no tiene de qué avergonzarse y que interpreta rectamente la palabra de verdad.
2 TIMOTEO 2:15

Observemos en detalle las variadas causas o excusas para la deserción. ¿Por qué renuncian a la profesión de fe que una vez hicieron? La razón fundamental es una falta de gracia, una ausencia de fe verdadera, de santidad vital. Sin embargo, quiero con ansiedad referirme a las razones externas que muestran la apostasía interna del corazón. Hay algunos en la actualidad, como existían también en los tiempos de Jesús, que se apartaron de Cristo porque no podían soportar su doctrina. Hay muchos aspectos en los que el evangelio resulta ofensivo a la naturaleza humana y el orgullo de la criatura se rebela.

Las doctrinas erradas conducen a muchos a la apostasía. Empiezan leyendo artículos con el objetivo de responder al escepticismo científico o intelectual. Leen un poco más y avanzan un poco más profundo en esa corriente turbia, porque se sienten capaces de lidiar con esas corrientes insidiosas. Continúan, hasta que al final quedan atrapados. No acuden a aquellos que pudieran ayudarlos en su lucha, sino que continúan hasta que ya no dan pie, y el que dijo que era un creyente termina siendo un ateo empedernido, dudando incluso acerca de la existencia de Dios. ¡Ay, si aquellos que son bien enseñados estuvieran contentos con la enseñanza que reciben! ¿Por qué coquetear con las herejías? ¿Qué pueden hacer ellas, sino contaminar sus mentes? Insiste en el estudio de la Palabra de Dios. Si te toca enfrentarte con estos males, hazlo con valentía, orando a Dios para que te ayude. Pero si no es necesario, ¿qué tienes que hacer tú probando un material tan nocivo como ese?

A través de la Biblia en un año: Hebreos 1–2

El hombre que es cuidadoso

Dichoso el hombre que no sigue el consejo de los malvados, ni se detiene en la senda de los pecadores ni cultiva la amistad de los blasfemos.
SALMO 1:1

No es bueno que te vean parado, mucho menos sentado con hombres que tienen actitudes perversas y conversaciones corruptas. Puede que hayas escuchado la historia, aunque es tan buena que vale la pena repetirla, de la señora que puso un anuncio en busca de un cochero y esperó hasta tener tres candidatos. Al primero le dijo lo siguiente: «Quiero un buen cochero que sea capaz de montar mis dos caballos y, por lo tanto, te pregunto: ¿cuán cerca del peligro puedes guiar el coche y sentirte seguro?» Él le contestó: «Bueno, yo pudiera guiarlo hasta muy cerca; pudiera llegar hasta un paso del precipicio sin temor de sufrir un accidente siempre y cuando sostenga las riendas». La señora lo despidió con la seguridad de que no serviría. Al segundo que vino le hizo la misma pregunta: «¿Cuán cerca del peligro podrías guiar el coche?» Con la determinación de obtener el puesto, dijo: «Pudiera manejar a la distancia del grosor de un cabello y no sufrir ningún percance». «Usted no llena los requisitos», dijo ella. Vino el tercero, pero su manera de pensar era diferente, así que cuando le hicieron la pregunta: «¿Cuán cerca del peligro podrías manejar?», este contestó: «Señora, nunca lo he intentado. Siempre he tenido como regla manejar tan lejos del peligro como me sea posible». La señora lo contrató al instante. De la misma manera, creo que el hombre más confiable de todos es el que tiene cuidado de no correr riesgos, al tener el temor de Dios en su corazón, y de limitarse de cualquier conducta equivocada.

A través de la Biblia en un año: Hebreos 3–4

La comunión bendecida

Se mantenían firmes en la enseñanza de los apóstoles, en la comunión, en el partimiento del pan y en la oración.
HECHOS 2:42

Temo que si no te has convertido, todo lo que encuentras en este mundo es una compañía bastante agitada; no tienes muchos amigos que te ayuden, te bendigan y te proporcionen paz mental. Pero si te hubieras unido al Señor Jesucristo te habrías dado cuenta que hay muchas delicias en esta vida que se encuentran bajo las alas del Altísimo. Aquel que viene a Cristo encuentra padre y madre, hermanos y hermanas; encuentra muchos amigos amables y queridos que están conectados con Cristo y, por lo tanto, aman a los que están unidos a él. Entre las dichas más grandes de mi vida sin duda se encuentra la comunión cristiana, y pienso que muchos que han venido del campo a Londres han extrañado durante mucho tiempo esta comunión, hasta que se encontraron con personas cristianas y se sienten felices otra vez. Ay, pecador solitario, que entras y sales de aquí y de allá y dices: «Parece que a nadie le importo», si vinieras a Cristo y te unieras a la iglesia que está protegida bajo sus alas, ¡pronto encontrarías una feliz comunión! Recuerdo que en la época de la persecución uno de los santos dijo que había perdido a su padre y a su madre al ser desterrado de su país, pero dijo: «He encontrado cientos de padres y de madres, porque en cualquier hogar cristiano que he visitado, me han atendido con tanta amabilidad al recibirme como un extranjero lejos de su tierra, como si fueran mi padre o mi madre».

A través de la Biblia en un año: Hebreos 5–6

El último gran día

Cuando lo corruptible se vista de lo incorruptible, y lo mortal, de inmortalidad, entonces se cumplirá lo que está escrito: «La muerte ha sido devorada por la victoria». «¿Dónde está, oh muerte, tu victoria? ¿Dónde está, oh muerte, tu aguijón?»

1 CORINTIOS 15:54-55

Habrá una muerte segunda, pero esta no tendrá poder sobre nosotros. ¿Comprendes la belleza de esa imagen? Es como si camináramos entre las llamas del infierno y estas no tuvieran poder para devorarnos, igual que aquellos hijos santos caminaron entre los carbones encendidos del horno de Nabucodonosor, siete veces calentado. Puede que la muerte tense su arco y coloque la flecha en su lugar. Pero, ¡ay, muerte, nos reímos de ti! ¡Y a ti, infierno, te desafiamos! Pues por encima de ustedes dos, enemigos del hombre, seremos más que vencedores por medio de aquel que nos amó. Permaneceremos invulnerables e invencibles, desafiantes y sonrientes en la cara de nuestro enemigo. Y todo esto porque Dios ha lavado nuestro pecado y nos ha cubierto con su justicia perfecta.

Cuando nos levantemos otra vez, estaremos libres de toda corrupción: ya no tendremos ninguna tendencia al mal. «Y limpiaré la sangre de los que no había limpiado; y Jehová morará en Sion» (Joel 3:21, RVR 1960). «Sin mancha ni arruga ni ninguna otra imperfección» (Efesios 5:27), sin siquiera una sombra de una mancha que el ojo omnisciente pueda descubrir, seremos tan puros como Adán antes de la caída, tan santos como la humanidad inmaculada cuando la mano divina la creó por primera vez. Seremos mejores que Adán, porque Adán podía llegar a pecar, pero nosotros estaremos tan arraigados en la bondad, la verdad y la justicia que no experimentaremos nunca más la tentación, y mucho menos tendremos temor de caer. En ese último gran día apareceremos sin mancha y sin arruga.

A través de la Biblia en un año: Hebreos 7–9

Cristo y su perfección

Se han acercado a Dios, el juez de todos; a los espíritus de los justos que han llegado a la perfección.
HEBREOS 12:23

Quizá el punto principal por el que Cristo recibirá la gloria será la absoluta perfección de todos los santos. Ellos estarán «sin mancha ni arruga ni ninguna otra imperfección» (Efesios 5:27). Todavía no hemos experimentado qué es la perfección y, por tanto, casi no la podemos concebir; consideramos nuestros pensamientos demasiado pecaminosos como para que nos puedan ofrecer una idea completa de lo que debe ser la perfección absoluta. Pero no tendremos pecado en nosotros, porque nos presentaremos «intachables» ante el trono de Dios (Apocalipsis 14:5), y nunca más nos sentiremos propensos a pecar. La voluntad no estará inclinada a la maldad, sino que estará para siempre centrada en lo que es bueno. Los sentimientos nunca más serán egoístas; estarán sometidos a Cristo. Nunca se equivocarán. No habrá dulce o amargo, serán «perfectos, así como su Padre celestial es perfecto» (Mateo 5:48), y en verdad, hermanos, el que hace estas cosas en nosotros nos parecerá maravilloso. Adoraremos y admiraremos a Cristo por sus grandiosos resultados. ¡Oh, Maestro todopoderoso, con qué extraña mezcla trabajaste para convertir este hombre inclinado a la morosidad en una gran masa de amor! ¿Cómo trabajaste con este monstruo de codicia, solo interesado en su propio beneficio, para que pasara a encontrar todo su beneficio en ti? ¿Cómo venciste ese espíritu orgulloso, ese espíritu inconstante, ese espíritu perezoso, ese espíritu lujurioso, cómo te las arreglaste para eliminar todo eso? ¿Cómo extirpaste de tu redimido la raíz principal del pecado, y cada pequeña raíz de pecado que quedó, de modo que ni siquiera quedara una pequeña fibra?

A través de la Biblia en un año: Hebreos 10–11

Las joyas en su corona

En resumidas cuentas, ¿cuál es nuestra esperanza, alegría o motivo de orgullo delante de nuestro Señor Jesús para cuando él venga? ¿Quién más sino ustedes? Sí, ustedes son nuestro orgullo y alegría.

1 TESALONICENSES 2:19-20

Los tesalonicenses estaban hundidos en el pecado, y este pobre fabricante de tiendas vino y les habló de Jesús y de su evangelio. Creyeron a su testimonio y esa creencia cambió las vidas de los que lo escucharon y los hizo santos, y al ser renovados se convirtieron en santos perfectos, y allí los encontramos, y Cristo se glorificó en ellos. ¿No sería algo delicioso que en la eternidad pudieras contemplar que aquella tarde cuando fuiste a tu clase en la Escuela Dominical y, con un poco de miedo de no poder decir mucho, hablaste de Jesucristo con lágrimas en los ojos y una preciosa niña creyó en su poderoso nombre gracias a tu testimonio? En los años que vendrán esa niña estará entre los que brillan para la gloria de Cristo por siempre. O quizá visites un asilo y le hables a algunos de los pobres vagabundos que están allí, o a alguna mujer que haya pecado, acerca de la historia del amor de tu Señor que derramó su sangre, y uno de esos corazones rotos entienda la preciosa palabra y venga a Jesús, y entonces el carácter celestial comenzará a formarse en él, y habrás asegurado otra joya para la diadema del Redentor. Pienso que admirarás su corona todavía más porque al ver algunos brillantes que resplandecen en ella, dirás: «Bendito sea su nombre para siempre, pues me ayudó a sumergirme en el mar y buscar esa perla preciosa para él», y ahora adorna su sagrada corona. ¡Ahora, todos ustedes, hagan lo mismo!

A través de la Biblia en un año: Hebreos 12–13

Aquí no

Si el mundo los aborrece, tengan presente que antes que a ustedes, me aborreció a mí. Si fueran del mundo, el mundo los querría como a los suyos. Pero ustedes no son del mundo, sino que yo los he escogido de entre el mundo. Por eso el mundo los aborrece.

JUAN 15:18-19

Sería inútil tratar de enseñarle astronomía a un caballo como también es una necedad de la misma clase enseñarle las experiencias espirituales a un hombre inconverso. Pudiera pararme a predicar de mi Señor hasta la medianoche ante un grupo de hombres inconversos que al escuchar lo que tengo que decir, dirán: «Pudiera ser cierto». Pero ellos no son capaces de discernirlo pues es algo que va más allá del aprecio de los sentidos. Así es la vida espiritual. Amado, puedes reinar sobre el pecado, pero el pecador no te ve como un rey. Puedes oficiar como sacerdote ante Dios, pero el hombre impío no percibe tu sacerdocio ni tu adoración. No esperes que lo haga; perderás tu tiempo si tratas de enseñarle estos misterios, excepto si entra por la misma puerta por la que tú mismo entraste.

¿Qué hizo el mundo con Jesucristo enseguida que lo vio? ¿Colocarlo en el trono e inclinarse para adorar su absoluta perfección? No, no lo hicieron así: «Despreciado y rechazado por los hombres, varón de dolores, hecho para el sufrimiento» (Isaías 53:3). Su lugar estaba fuera del campamento, llevar la cruz fue su ocupación, no un solo día, sino todos los días. Así debes esperar que sea la suerte de la parte de tu vida que es espiritual y que los hombres verán; en cuanto vean que es una vida espiritual la tratarán como trataron al Salvador. La despreciarán.

A través de la Biblia en un año: Salmos 1–4

Fiel a tu Maestro

Tengan cuidado con la gente; los entregarán a los tribunales y los azotarán en las sinagogas. Por mi causa los llevarán ante gobernadores y reyes para dar testimonio a ellos y a los gentiles.
MATEO 10:17-18

Sueñas que los hombres te admirarán, que mientras más santo seas y más te parezcas a Cristo, más pacíficas se mostrarán las personas contigo. No sabes lo que te espera. «Basta con que el discípulo sea como su maestro, y el siervo como su amo. Si al jefe de la casa lo han llamado Belcebú, ¡cuánto más a los de su familia!» (Mateo 10:25). Pienso que si fuéramos más como Cristo, debíamos ser más amados por los amigos de Cristo y más odiados por sus enemigos. No creo que el mundo se mostraría tan condescendiente con la iglesia actual si no fuera porque la iglesia se ha acomodado al mundo. Cuando cualquiera de nosotros habla con denuedo, se nos imputan motivos mercenarios, nuestras palabras se tergiversan y los hombres nos aborrecen. Temo que somos bien tratados, hermanos, porque somos como los profetas que profetizaban paz, paz, paz, cuando no había paz. Seamos fieles a nuestro Maestro, que nuestra posición sea como la suya, y recibiremos el mismo trato que él recibió.

A través de la Biblia en un año: Salmos 5–8

El sustentador de la fe

Cuando entró en la casa, se le acercaron los ciegos, y él les preguntó: «¿Creen que puedo sanarlos?» «Sí, Señor» le respondieron. Entonces les tocó sus ojos y les dijo: «Se hará con ustedes conforme a su fe». Y recobraron la vista. Jesús les advirtió con firmeza: «Asegúrense de que nadie se entere de esto.

MATEO 9:28-30

Si tienes fe es porque el Señor ha tratado contigo; esa es la marca de su mano en ti. En la tierra no existe ni siquiera un grano de fe que él mismo no haya creado. Por la fe te ha sacado de tu estado de muerte en el pecado y de la oscuridad natural de tu mente. «Su fe te ha salvado», porque es el candelabro que sostiene la luz que alumbra lo más profundo de tu corazón. Tu Dios y Salvador ha puesto esa fe en ti. Nuestro Señor es también el sustentador de la fe, ya que la fe nunca es independiente de aquel que la produce. El mejor creyente dejaría de creer en este mismo instante sino fuera por el fluir constante de la gracia que mantiene la llama ardiendo. Si has tenido alguna experiencia de la vida interior, quiero que sepas que el que te dio la vida te sustentará, o de lo contrario volverás a tu estado de muerte natural. Ya que la fe se alimenta de día en día a la mesa de Jesús, él sabe dónde está presente. Es algo bueno saber que el sustentador de la fe, quien la creó y la mantiene, también sabe discernirla.

A través de la Biblia en un año: Salmos 9–12

Una fe que se lanza

Ciertamente les aseguro que el que cree en mí las obras que yo hago también él las hará, y aún las hará mayores, porque yo vuelvo al Padre.

JUAN 14:12

¡Oh, que no nos gloriemos en algo más que no sea la cruz! Por mi parte, estoy contento de ser un tonto, si el Antiguo Testamento se considera una tontería. Lo que es más, estoy contento de perderme si el sacrificio de Jesús no trae la salvación. Estoy tan seguro de lo que creo que si me quedara solo en el mundo como el único creyente en la doctrina de la gracia, no pensaría en abandonarla, ni en transformarla un poco para ganar a otra persona.

«Cuándo venga el Hijo del hombre, ¿encontrará fe en la tierra?» (Lucas 18:8), la clase de fe que la merece de nosotros. ¿Creemos en Jesús de forma práctica, con un estilo que se centra en los hechos? ¿Es nuestra fe hecho y no ficción? Si hemos conocido la verdad de la fe, ¿tenemos el grado de fe que debemos tener? Solo piensa en esto: «Les aseguro que si tienen fe tan pequeña como un grano de mostaza, podrán decirle a esta montaña: "trasládate de aquí para allá» (Mateo 17:20). ¿Qué quiere decir esto? Hermanos, ¿no nos hemos salido de la vía? ¿Sabemos, por lo menos, qué significa tener fe? A veces me cuestiono si creemos de verdad. ¿Qué señales siguen a nuestra creencia? Cuando pensamos en los prodigios que pudiera hacer la fe, cuando consideramos las maravillas que nuestro Señor pudiera haber hecho entre nosotros si no hubiera sido por nuestra incredulidad, ¿no nos sentimos humillados? ¿Nos hemos lanzado alguna vez a las profundidades confiando por completo en el Dios eterno? ¿Nos hemos aferrado a las promesas de Dios y descansado solo en el brazo del Omnipotente, el cual es más que suficiente para hacer cumplir cada promesa?

A través de la Biblia en un año: Salmos 13–16

La plena influencia de lo invisible

Por tanto, no nos desanimamos. Al contrario, aunque por fuera nos vamos desgastando, por dentro nos vamos renovando día tras día. Pues los sufrimientos ligeros y efímeros que ahora padecemos producen una gloria eterna que vale muchísimo más que todo sufrimiento. Así que no nos fijamos en lo visible sino en lo invisible, ya que lo que se ve es pasajero, mientras que lo que no se ve es eterno.

2 Corintios 4:16-18

Pablo es contado entre los más valientes de los valientes. También notamos con admiración cómo el héroe de tantos peligros y conflictos podía hervir con fervor y, sin embargo, tenía uno de los espíritus más calmados y apacibles. Había aprendido a vivir más allá de aquellas circunstancias que preocupan y perturban, había transitado entre las sombras del tiempo y entrado a poseer las realidades de la eternidad. No ponía su confianza en las cosas que se ven, sino que confiaba por completo en aquellas que no se ven; y, como consecuencia, entró en una paz profunda y hermosa que lo hizo fuerte, resuelto, firme, inconmovible. Le pido a Dios que todos podamos adquirir el arte de Pablo de estar «siempre confiado», su hábito de renovar el hombre interior de día en día. ¿No estamos demasiado aptos para vivir en el presente inmediato que se revela por medio de los sentidos? Los proyectos de un buey no cambian de día en día: beber del arroyo o permanecer en los verdes pastos es su todo en todo. Así sucede con la mayoría de los hombres; sus almas están atadas a sus cuerpos, presas en las circunstancias diarias. Si pudiéramos liberarnos por completo de la carga de las cosas que vemos y sentimos y pudiéramos sentir la influencia de lo invisible y lo eterno, ¡cuánto del cielo disfrutaríamos incluso antes de alcanzar la ribera celestial!

A través de la Biblia en un año: Salmos 17–20

Como nuestro Señor

¡Fíjense qué gran amor nos ha dado el Padre,
que se nos llame hijos de Dios!
1 JUAN 3:1

Cuando recién naciste como cristiano, naciste de la misma forma que nació Cristo, porque naciste del Espíritu Santo. ¿Qué pasó después de eso? El diablo intentó destruir la nueva vida en ti, tal como Herodes trató de matar a tu Señor; tú estás en peligro inminente e inmediato, igual que Cristo estuvo en peligro. Creciste en estatura y en gracia, y cuando aún la gracia era joven, asombrabas a aquellos que te rodeaban con las cosas que decías, hacías y sentías, porque no te podían entender; igual que Jesús cuando fue al templo que asombró a los doctores de la ley que se reunían a su alrededor. El Espíritu de Dios vino a morar en ti, no en la misma medida, pero aún así descendió sobre ti, como lo hizo sobre el Señor. Tú has estado con él en el río Jordán y has recibido el conocimiento divino de que eres el hijo de Dios. Tu Señor fue llevado al desierto para ser tentado y tú también has sido tentado por el maligno. Has estado con el Señor todo el tiempo, desde el primer día hasta ahora. Si has sido capacitado, por medio de la gracia, para vivir como debes, has transitado los senderos apartados de este mundo con Jesús; has estado en este mundo pero no has sido de él, santo, sin mancha, sin arruga y separado de los pecadores. Por lo tanto, has sido despreciado. Has tenido que asumir tu parte de pasar desconocido y sin alguien que te represente, porque eres como fue él en este mundo.

A través de la Biblia en un año: Salmos 21–24

Somos suyos

«Ningún ojo ha visto, ningún oído ha escuchado, ninguna mente humana ha concebido lo que Dios ha preparado para quienes lo aman».
1 CORINTIOS 2:9

¡Oh, qué gozo el de ser herederos junto con Cristo de todo lo que él posee! ¿Qué es el cielo? Es el lugar que su amor ideó, que su ingenio inventó, que su abundancia proveyó, que su realeza adornó, que su sabiduría preparó, que él mismo glorifica; en ese cielo estarás con él para siempre. Habitarás en el mismo palacio del Rey, las puertas de perlas y las calles de oro no serán demasiado buenas para ti. Ustedes los que lo aman a él habitarán para siempre con él, no cerca de él en un lugar secundario, como vive un siervo a las puertas de la mansión de su señor, sino que vivirás con él en el mismo palacio de la metrópolis del universo. En resumen, los creyentes serán identificados con Cristo. ¿Buscan al Pastor? No podrán verlo en toda su perfección a menos que esté rodeado de su rebaño. ¿Será ilustre el Rey? ¿Cómo puede ser esto si sus servidores se pierden? ¿Buscan al Novio? No pueden imaginarlo en todo el esplendor de su gloria sin su novia. ¿Será bendita la Cabeza? Eso no podría suceder si estuviera separada de los miembros. ¿Será Cristo para siempre glorificado? ¿Cómo puede serlo si pierde sus joyas? Él es un cimiento y, ¿qué sería si todo su pueblo no estuviera construido sobre él como se construye un palacio? Oh, hermanos, no habrá Cristo sin cristianos; no habrá un Salvador sin salvados; no habrá un Hermano Mayor sin hermanos menores; no habrá Redentor sin sus redimidos.

A través de la Biblia en un año: Salmos 25-28

La iglesia que todo lo conquista

De Sión se dirá, en efecto: «Este y aquel nacieron en ella. El Altísimo mismo la ha establecido».
SALMO 87:5

En los primeros tiempos la iglesia era como el monte de Sión, solo una pequeña colina. ¿Qué observaron las naciones de la tierra? Vieron a un humilde Hombre con doce discípulos. Pero esa pequeña colina creció, y varios miles se bautizaron en el nombre de Jesús, continuó creciendo y se hizo poderosa. La piedra que sin manos humanas fue arrancada de la colina comenzó a quebrar los reinos en pedazos, y en la actualidad, la pequeña colina que fue Sión se ha convertido en un enorme monte. Pero comparada con los sistemas colosales de idolatría, todavía es pequeño. Los hindúes y los chinos miran nuestra religión y dicen: «Es un bebé que nació ayer; la nuestra es una religión de muchos siglos». El mundo oriental compara el cristianismo con una neblina que cubre las tierras bajas, pero imaginan que sus sistemas son como los Alpes, más altos que los cielos. Ah, pero a eso nosotros respondemos: «Tu montaña se derrumba y tu colina se disuelve, pero nuestro monte de Sión continúa creciendo y, aunque parezca algo extraño, tiene vida en sus entrañas y seguirá creciendo, tendrá que seguir creciendo hasta que todos los sistemas de idolatría sean menos que nada ante él, hasta que se derrumben los dioses falsos y se derroten los poderosos sistemas de idolatrías, entonces esta montaña se levantará sobre todos ellos y esta religión cristiana seguirá creciendo hasta que al nutrirse de aquellos antiguos seguidores de herejías e idolatrías humanas, alcance el cielo, y Dios en Cristo sea el todo en todo». Ese es el destino de nuestra iglesia, es una iglesia que todo lo conquista, que sobrepasa cualquier competidor.

A través de la Biblia en un año: Salmos 29-32

Por Jesús

Entonces dirá el Rey a los que estén a su derecha: «Vengan ustedes, a quienes mi Padre ha bendecido; reciban su herencia, el reino preparado para ustedes desde la fundación del mundo».
MATEO 25:34

Fíjate que es como si Cristo nos dijera que las acciones que se mencionarán el día del juicio, como prueba de que somos los bendecidos por el Señor, provinieran de la gracia de Dios, porque dice: «Ustedes, a quienes mi Padre ha bendecido; reciban su herencia, el reino preparado para ustedes desde la fundación del mundo». Ellos dieron de comer al hambriento, pero primero la gracia soberana los alimentó a ellos. Cubrieron al desnudo, pero primero el infinito amor los cubrió a ellos. Fueron a las cárceles, pero primero la gracia liberadora los libertó de una cárcel aún peor. Visitaron a los enfermos, pero el Buen Médico, en su infinita misericordia, vino primero y los visitó a ellos. Es evidente que no pensaban que había algo de meritorio en lo que hacían, nunca pensaron que los recompensarían por ello. Cuando comparezcan ante el trono del juicio, la sola idea de que pueda haber alguna excelencia en lo que han hecho será nueva para los santos, porque tienen una idea muy pobre de sus propios actos, y lo que han hecho les parece demasiado imperfecto como para que se hable de ello. Los santos dieron de comer al hambriento y cubrieron al desnudo porque hallaban placer al hacerlo. Lo hicieron porque no pudieron evitarlo, su nueva naturaleza los movía. Lo hicieron porque su delicia era hacer el bien y era su hábitat, tanto como el agua es el hábitat del pez y el aire, del ave. Hicieron bien por amor a Cristo, porque lo más dulce que pueda existir en este mundo no se iguala a hacer algo por Jesús.

A través de la Biblia en un año: Salmos 33–36

¿Has buscado con un propósito?

Los profetas, que anunciaron la gracia reservada para ustedes, estudiaron y observaron esta salvación. Querían descubrir a qué tiempo y a cuáles circunstancias se refería el Espíritu de Cristo, que estaba en ellos, cuando testificó de antemano acerca de los sufrimientos de Cristo y de la gloria que vendría después de estos. A ellos se les reveló que no se estaban sirviendo a sí mismos, sino que les servían a ustedes. Hablaban de las cosas que ahora les han anunciado los que les predicaron el evangelio por medio del Espíritu Santo enviado del cielo. Aun los mismos ángeles anhelan contemplar esas cosas.

1 PEDRO 1:10-12

Debemos adorar a Dios con devoción y debemos esforzarnos para adorarlo de la forma que él demanda. ¿Cuántas personas tienen un tipo de —cómo llamarlo— religión siempre feliz y a la suerte? Creen lo mismo que creyeron su mamá y su papá. Muchos de ustedes asisten a ciertos lugares de adoración, no porque hayan averiguado si la secta a la que pertenecen es verdadera o no, sino porque siguieron la corriente y allí permanecen. Cuán pocos toman la Biblia para investigarla por ellos mismos; sin embargo, ningún hombre obedece a Dios como él demanda si no hace esto. Si yo no pudiera decir con honestidad: «Soy miembro de esta denominación porque he analizado las verdades que creen mis hermanos y creo que están de acuerdo con el Libro de Dios», no podría sentir que he actuado con rectitud ante el Altísimo.

A través de la Biblia en un año: Salmos 37-40

Negociar con la conciencia

Sé fuerte y valiente, porque tú harás que este pueblo herede la tierra que les prometí a sus antepasados. Solo te pido que tengas mucho valor y firmeza para obedecer toda la ley que mi siervo Moisés te mandó. No te apartes de ella para nada; solo así tendrás éxito dondequiera que vayas. Recita siempre el libro de la ley y medita en él de día y de noche; cumple con cuidado todo lo que en él está escrito. Así prosperarás y tendrás éxito.

JOSUÉ 1:6-8

La idea de que hay personas buenas en todas las sectas es muy buena, pero muchos la han pervertido y la usan como excusa para no averiguar cuáles son las verdades y las ordenanzas de Dios. Puedes estar seguro que todo aquel que tergiverse uno de los más pequeños mandamientos de Jesús y así lo enseñe a los hombres, se considerará muy pequeño en el reino de los cielos. Toda verdad es importante. Jugar con la conciencia es el pecado de la época actual. Hay hombres que hasta han ocupado el púlpito de alguna iglesia en cuyas doctrinas fundamentales no creen. Incluso, les hemos escuchado reclamar su derecho de seguir en el púlpito luego de haber negado las doctrinas de la denominación a la que pertenecen. Dios nos libre a cada uno de nosotros de tener cualquier habilidad de creer en una conciencia así. Sé justo, incluso en las cosas pequeñas. Sé preciso, pues sirves a un Dios preciso. El amor hacia los demás es una cosa, ser flojos con ustedes mismos es otra bien diferente.

A través de la Biblia en un año: Salmos 41–44

Espacios de tiempo

Lo que quiero decir, hermanos, es que nos queda poco tiempo.
1 CORINTIOS 7:29

¿Me sería posible dirigirme a cada uno de ustedes y tomarlos del brazo, y con el mayor afecto —incluso con lágrimas— rogarles en nombre de aquel a quien le deben su alma, que despierten y le rindan su servicio personal al Amado de sus corazones? No pongan excusas, porque no habrá ninguna excusa válida para quien los compró a tan alto precio. Me dirás que tu negocio requiere mucho de tu tiempo, y yo sé que es así, entonces usa tu negocio de modo que sirvas a Dios en él. Todavía quedarían algunos espacios de tiempo que podrías dedicarle a su servicio santo; habría algunas oportunidades para hacer obra de evangelismo. Algunos de ustedes no tendrían la excusa de los «negocios», ya que tienen tiempo libre. ¡Oh, les ruego que no dediquen ese tiempo libre a frivolidades, a conversaciones intrascendentes, a dormir y a autocomplacerse! El tiempo corre y los hombres perecen. Con tan horrible situación no podemos darnos el lujo de hacer concesiones. ¡Oh, si tuviera el poder de conmover el alma y el corazón de mis compañeros cristianos mediante una descripción de esta enorme ciudad que se ahoga en la iniquidad! De seguro el pecado, la tumba y el infierno son temas que crean inquietud incluso en el corazón más frío. ¡Oh, si pudiera lograr que tuvieran siempre presente al Redentor que murió en una cruz por aquellas almas que se están perdiendo! ¡Oh, si pudiera dibujar el cielo que los pecadores se están perdiendo, y su remordimiento al ver que han sido autoexcluidos!

A través de la Biblia en un año: Salmos 45–48

Un arma muy valiosa

Pues aunque vivimos en el mundo, no libramos batallas como lo hace el mundo. Las armas con que luchamos no son del mundo, sino que tiene el poder divino para derribar fortalezas.
2 Corintios 10:3-4

Intercede por tus amigos. Ruega a Cristo por ellos, menciona sus nombres en tus constantes oraciones, establece tiempos especiales para rogar a Dios por ellos. Deja que el caso de tu querida hermana llegue a los oídos del Mediador, una y otra vez repite el nombre de tu querido hijo en tus intercesiones. Como Abraham rogó por Ismael, así deja que tu ruego se levante por aquellos que te rodean, de modo que el Maestro los visite en su misericordia. La intercesión es traer las almas a Cristo, y esto lo podrás hacer incluso cuando quizá ya no puedas hacer otras cosas. Aquí hay un arma muy valiosa para aquellos que no pueden predicar o enseñar: pueden empuñar la espada de dos filos que es la oración. Cuando los corazones son demasiado duros para responder a los sermones y rechazan los buenos consejos, que todavía permanezca el amor que nos mueva a rogar a Dios por ellos. Las lágrimas y los lamentos prevalecen ante el trono de misericordia y, si perseveramos allí, el Señor manifestará su gracia eterna en los espíritus más endurecidos.

A través de la Biblia en un año: Salmos 49–52

Tu nicho

El ojo no puede decirle a la mano: «No te necesito». Ni puede la cabeza decirle a los pies: «No los necesito». Al contrario, los miembros del cuerpo que parecen más débiles son indispensables, y a los que nos parecen menos honrosos los tratamos con honra especial.

1 CORINTIOS 12:21-23

Ahora tú, joven, si te vuelves diligente en la distribución de tratados, en la asistencia a la Escuela Dominical, es posible que puedas llegar a ser un ministro; pero si te detienes y no haces nada hasta que no lo puedas hacer todo, permanecerás inservible, serás un impedimento para la iglesia en vez de una ayuda para ella. Queridas hermanas en Jesucristo, ninguna de ustedes debe pensar que está en una posición en la cual no pueden hacer nada. Eso es un enorme error que Dios nunca cometería. Debes tener algún talento y algo que hacer que nadie más puede hacer. En toda esa estructura que es el cuerpo humano cada pequeño músculo y cada pequeña célula tiene sus propias características y su función; y aunque algunos médicos han dicho que podemos prescindir de este o de aquel órgano, pienso que ni una fibra de todo el diseño de la naturaleza humana se puede desechar, se requiere todo el material. Así sucede con el cuerpo místico, la iglesia, hasta el miembro más pequeño es necesario; el miembro más insignificante de la iglesia cristiana es necesario para su crecimiento. Pídele a Dios que te diga lo que hay en tu nicho y permanece en él, ocupando tu lugar hasta que Jesucristo venga y te dé tu recompensa.

A través de la Biblia en un año: Salmos 53–56

Dios bendecirá

En cuanto a los que eran reconocidos como personas importantes – aunque no me interesa lo que fueran, porque Dios no juzga por las apariencias --, no me impusieron nada nuevo. Al contrario, reconocieron que a mí se me había encomendado predicar el evangelio a los gentiles, de la misma manera que a Pedro predicarlo a los judíos. El mismo Dios que facultó a Pedro como apóstol de los judíos me facultó también a mí como apóstol de los gentiles. En efecto, Jacobo, Pedro y Juan, que eran considerados columnas, al reconocer la gracia que yo había recibido, nos dieron la mano a Bernabé y a mí en señal de compañerismo, de modo que nosotros fuéramos a los gentiles y ellos a los judíos.

GÁLATAS 2:6-9

¡Oh, qué gran misericordia es que las imperfecciones de nuestro ministerio no nos impidan que Dios nos use para salvar a las almas! Si así no fuera, ¡qué poco bien se haría en el mundo! El Sr. Juan Wesley predicó con gran énfasis un punto de vista del evangelio, y Guillermo Huntingdon predicó otro punto de vista diferente. Estos dos hombres habrían sentido un horror santo el uno hacia el otro y se habrían censurado el uno al otro muy concienzudamente, sin embargo, ningún hombre racional se atrevería a decir que las almas no se salvaron bajo el ministerio de Juan Wesley o bajo el de Guillermo Huntingdon, ya que Dios los bendijo a los dos. Ambos ministerios eran imperfectos pero ambos eran sinceros y fueron útiles. Así sucede con nuestros testimonios. Todos son imperfectos, llenos de exageraciones de una verdad y comprensiones erróneas de otra, pero siempre que prediquemos del verdadero Cristo que Moisés y los profetas anunciaron, nuestros errores serán perdonados y Dios bendecirá nuestro ministerio, a pesar de cada desperfecto.

A través de la Biblia en un año: Salmos 57–60

Reunámonos

Mantengamos firme la esperanza que profesamos, porque fiel es el que hizo la promesa. Preocupémonos los unos por los otros, a fin de estimularnos al amor y a las buenas obras. No dejemos de congregarnos, como acostumbran hacerlo algunos, sino animémonos unos a otros, y con mayor razón ahora que vemos que aquel día se acerca.

HEBREOS 10:23-25

El primer día de la semana, cuando los apóstoles se reunieron después que el Señor resucitó, Tomás fue el único ausente de los once discípulos. Tomás estaba allí el segundo día del Señor, y de los once él era el único que dudaba. No soy capaz de decir cuánto influyó el hecho de haber estado ausente en la primera reunión para que ahora dudara, pero parece bastante probable que de haber estado allí el primer día, habría disfrutado la misma experiencia que los otros diez y habría podido decir como ellos: «Hemos visto al Señor». No dejemos de congregarnos, como acostumbran hacerlo algunos, porque no podemos imaginar cuántas cosas nos perderíamos si no lo hiciéramos. Aunque nuestro Señor se puede revelar a individuos en la soledad como lo hizo con María Magdalena, por lo general se revela a dos o tres; más que todo, se complace en estar en la reunión de sus siervos. El Señor se siente más en casa cuando de pie en medio de su pueblo dice: «Paz a ustedes». No dejemos de reunirnos con nuestros hermanos en la fe. Por mi parte, las reuniones del pueblo de Dios me son muy queridas. Donde Jesús hace sus visitas, allí estaré yo.

A través de la Biblia en un año: Salmos 61-64

Hasta Tomás se convenció

Tomás, al que apodaban el Gemelo, y que era uno de los doce, no estaba con los discípulos cuando llegó Jesús. Así que los otros discípulos le dijeron:
—¡Hemos visto al Señor!
—Mientras no vea yo la marca de los clavos en sus manos, y meta mi dedo en las marcas y mi mano en su costado, no lo creeré —repuso Tomás.
JUAN 20:24-25

Si me dijeras que la resurrección del Señor la presenciaron hombres que estaban preparados para creerla, te diría que estás completamente equivocado. Ni uno de los discípulos se dio cuenta del significado de la profecía del Señor donde explicaba que se levantaría de entre los muertos. Era difícil que alguno captara la idea. En Tomás vemos a un hombre que era bastante difícil de convencer, un hombre tan obstinado que era capaz de pensar que sus diez amigos, con quienes había estado durante años, podían engañarlo. Ahora bien, si tuviera que atestiguar la veracidad de algún hecho, me gustaría llamar al estrado a alguien que fuera reconocido por ser desconfiado y escéptico. Me sentiría feliz al dar con alguien que dudara y desconfiara, pero que a la larga se sintiera abrumado por las evidencias que lo llevaron a creer. Estoy seguro que tal hombre expondría su testimonio con toda convicción, como lo hizo Tomás cuando exclamó: «Mi Señor y mi Dios». No podemos tener un mejor testigo del hecho de la resurrección del Señor que este frío, cauteloso, prudente y reflexivo Tomás, quien llegó a tener una certeza absoluta.

A través de la Biblia en un año: Salmos 65-68

Visitaciones divinas

Olviden las cosas de antaño; ya no vivan el pasado. ¡Voy a hacer algo nuevo! Ya está sucediendo, ¿no se dan cuenta? Estoy abriendo un camino en el desierto, y ríos en lugares desolados.

Isaías 43:18-19

Es muy posible que, además de cultivar un deseo vehemente de que la religión se revitalice, podamos haber estado imaginando una concepción de la forma que debe tomar la visitación divina. Quizá estés imaginando que Dios va a levantar a un predicador extraordinario cuyo ministerio atraiga multitudes, y que mientras esté predicando, Dios Espíritu Santo, confirmará la palabra de modo que cientos se conviertan en cada mensaje. Se levantarán otros evangelistas con el mismo espíritu, y de punta a cabo esta isla escuchará la verdad y experimentará su poder.

Ahora bien, pudiera suceder que Dios nos visitara de esa forma. Pudiera ser que viéramos otra vez las señales y maravillas como las que suelen acompañar los avivamientos. Su Espíritu Santo se puede revelar como un río poderoso que arrastre las multitudes con su corriente majestuosa, pero si él lo desea, bien puede revelar su poder con la suavidad del rocío el cual, sin percibirlo apenas, refresca toda la tierra. Nos puede suceder como a Elías, cuando el fuego y el viento pasaron ante él pero el Señor no estaba en ninguno de esos dos poderosos elementos y prefirió entrar en comunión con su siervo en un susurro suave y apacible. Quizá ese susurro suave y apacible sea la voz de Dios en esta congregación. Entonces sería inútil que tratáramos de trazar el camino del Dios eterno. Dios nos libre de estar rechazando todo el bien que él quiera darnos tan solo porque no venga en la forma que imaginamos debe ser la correcta.

A través de la Biblia en un año: Salmos 69–72

La morada de Dios

¿Acaso no saben que su cuerpo es templo del Espíritu Santo, quien está en ustedes y al que han recibido de parte de Dios?
1 CORINTIOS 6:19

¿Está tu casa preparada para que Jesús entre y habite en ella? Conozco algunas casas donde mi Señor no podría quedarse ni siquiera una sola noche, pues las conversaciones y todo su ambiente no congeniarían con él. Entonces, ¿estás tu preparado para eliminar todo lo que le desagrade y limpiar tu casa de toda esa maldad? No puedes esperar que el Señor Jesús venga a tu casa si también invitas al diablo a venir. Cristo no podía permanecer en el mismo cielo con el diablo; enseguida que Satanás pecó, Cristo lo echó del lugar santo. Cristo no podía soportar tener allí un espíritu pecaminoso, un espíritu de maldad, y él no vendrá a vivir en tu casa si estás proveyendo para la lujuria de la carne, la lujuria de los ojos, para la vanidad de la vida y para todas esas cosas malvadas que él detesta. ¿Estás preparado, por medio de su gracia, para limpiar tu casa de todas estas cosas?

Además, tenemos que asegurarnos que nadie moleste a nuestro Invitado. Es difícil hospedarse con algunas personas porque sus hijos son muy malcriados. A mi Señor no le gusta morar en hogares donde Elí es la cabeza de la familia y donde los hijos y los jóvenes viven como mejor les parece; pero si viene a tu casa, querrá que tú seas como Abraham, de quien dijo: «Yo lo he elegido para que instruya a sus hijos y a su familia, a fin de que se mantengan en el camino del Señor y pongan en práctica lo que es justo y recto» (Génesis 18:19). ¿Acaso no deseas que diga eso de tu casa? ¿Acaso no lo deseas con fervor? Estoy seguro que así es.

A través de la Biblia en un año: Salmos 73–76

Honrar a Dios

Seis días antes de la Pascua llegó Jesús a Betania, donde vivía Lázaro, a quien Jesús había resucitado. Allí se dio una cena en honor de Jesús.
JUAN 12:1-2

Con frecuencia solía ir a los campos para predicar, allí me quedaba en una granja cuyo dueño, un amable señor ya mayor, me servía en su mesa por lo menos cien libras de carne para comer conmigo. Año tras año continuaba haciendo lo mismo, por lo que un día le dije: «Usted debe tener una idea muy particular de mi apetito, es imposible que yo pueda comerme todas esas masas de carne que sirve en su mesa». «Oh», dijo, «nosotros sabemos qué hacer con las que sobran luego que usted se marcha, ya que hay muchas personas pobres y muchos campesinos en los alrededores, y ellos se las comen». «Pero», pregunté, «¿Por qué tiene tanta comida cuando yo vengo?» «Dios lo bendiga, Señor», respondió, «yo le daría un pedazo del tamaño de mi casa si pudiera conseguirlo, puede estar seguro que lo haría, solo para mostrarle cuán bienvenido es en mi casa». Entendí lo que quería decir y aprecié su gentileza y los exhorto para que, en un sentido mucho más elevado, hagamos nosotros todo lo que podamos para mostrarle al Señor Jesús cuán bienvenido es en nuestra casa y en nuestro corazón.

¡Cuán bienvenido debe ser nuestro bendito Salvador que viene para borrar nuestros pecados, cambiar nuestra naturaleza y honrarnos con su compañía real, para preservarnos firmes hasta el final, de modo que pueda llevarnos, a nosotros y a nuestros hijos, a vivir con él para siempre! ¡Oh, debemos atender muy bien a un Invitado como él!

A través de la Biblia en un año: Salmos 77–80

El corazón humano

Este se acercó a Jesús para besarlo, pero Jesús le preguntó: «Judas, ¿con un beso traicionas al Hijo del hombre?»
LUCAS 22:47-48

Una razón por la cual programar la traición fue que Dios ordenó que el pecado del hombre alcanzara su punto culminante con la muerte de Jesús. Dios, el gran dueño del viñedo, mandó a muchos siervos y los labradores maltrataron a unos y apedrearon a otros. Por último dijo: «Enviaré a mi Hijo; seguro que a él lo respetarán». Cuando ellos mataron al heredero para obtener su herencia, la rebelión de los labradores había alcanzado la máxima expresión. El asesinato de nuestro bendito Señor fue la mayor culpa de la humanidad porque dio rienda suelta al odio hacia Dios que se esconde en el corazón del hombre. Cuando el hombre se convirtió en un asesino del ser divino, el pecado alcanzó su mayor grado. Y ese grado se puso de manifiesto en el horrible hecho que cometió el hombre que traicionó a Jesús. Si no hubiera sido por Judas, no hubiéramos sabido cuán oscura y baja puede llegar a ser la naturaleza humana. Rechazo a los hombres que tratan de disculpar la traición de este hijo de perdición, este malvado apóstata. Mis hermanos, debemos detestar a este maestro de la infamia; él está en el lugar que le pertenece y el anatema de David, parte del cual citó Pedro, cayó sobre él: «Que resulte culpable al ser juzgado, y que sus propias oraciones lo condenen. Que se acorten sus días, y que otro se haga cargo de su oficio» (Salmo 109:7-8). Con toda seguridad, al igual que al diablo una vez se le permitió atormentar los cuerpos de los hombres, también tomó posesión de Judas como casi nunca lo ha hecho con otros hombres, para que nosotros podamos ver cuán inicuo y cuán desesperadamente malvado es el corazón humano.

A través de la Biblia en un año: Salmos 81-84

Un terreno peligroso

El amor al dinero es la raíz de toda clase de males. Por codiciarlo, algunos se han desviado de la fe y se han causado muchísimos sinsabores.
1 TIMOTEO 6:10

Yo creo solemnemente que de todos los hipócritas, los peores son aquellos cuyo dios es el dinero. Tal vez pienses que un borracho es peor, pero gracias a Dios hemos visto muchos de ellos que, luego de volver a su vicio en la condición de cristianos caídos, han abandonado su vicio por segunda vez y han regresado. Sin embargo, me temo que han sido muy pocas las veces que hemos visto a hombres avaros alcanzar la salvación, tan pocas veces que pudiéramos escribirlo en la uña de un dedo. Este es un pecado que el mundo no condena, el ministro más fiel escasamente pudiera golpearlo en la frente. Dios es testigo de la dureza con que he tratado a hombres cuya riqueza está en este mundo y que, sin embargo, pretenden ser seguidores de Cristo, pero ellos siempre dicen: «Eso no es conmigo». Lo que yo llamo avaricia ellos lo llaman prudencia, discreción, economía, etc.; y harán acciones que me harían escupir, mientras que ellos piensan que sus manos están limpias luego de llevarlas a cabo, y que pertenecen al pueblo de Dios, y escuchan lo que escucha el pueblo de Dios, y piensan que luego de haber vendido a Cristo por una ganancia irrisoria, todavía irán al cielo. ¡Ay, almas, almas, almas, manténganse alertas, más que todo, de la avaricia! La raíz de toda clase de males no es el dinero, ni la falta de él, sino *el amor* al dinero. No es el hecho de ganarlo, ni siquiera de ahorrarlo. Es el hecho de amarlo, de convertirlo en tu dios, de considerarlo como lo mejor, y no considerar la causa de Cristo, ni la verdad de Cristo, ni la santidad de Cristo, sino que sacrificas todo lo que posees por obtener ganancias.

A través de la Biblia en un año: Salmos 85–88

Lo que Dios revela

Toda la Escritura es inspirada por Dios y útil para enseñar, para reprender, para corregir y para instruir en la justicia, a fin de que el siervo de Dios esté enteramente capacitado para toda buena obra.
2 TIMOTEO 3:16-17

He escuchado decir que hay algunas verdades en la Palabra de Dios de las cuales es mejor no predicar. Admiten que son verdades, pero dicen que no son edificantes. No estoy de acuerdo con nada de eso; es como volver atrás, al método que usaron los romanos. Todo lo que la sabiduría de Dios consideró bueno revelar, los siervos de Dios deben considerar sabio proclamar. ¿Quiénes somos nosotros para juzgar entre esta y aquella verdad y para decir que sobre esto debemos predicar y sobre aquello no? Este sistema nos convertiría, después de todo, en jueces de lo que debe ser el evangelio de Cristo. No debe suceder eso con nosotros; sería asumir una responsabilidad que somos incapaces de llevar.

Mi hermano, lo que el Señor te haya enseñado por medio de su Espíritu, díselo a otros. Según tengas oportunidad, revélales lo que Dios te ha revelado a ti; recuerda lo que el mismo Jesús encargó a sus discípulos: «Lo que les digo en la oscuridad, díganlo ustedes a plena luz; lo que se les susurra al oído, proclámenlo desde las azoteas» (Mateo 10:27). Debes predicar todas las verdades en su debida proporción; hay un tiempo para una y un tiempo para la otra, y no debes omitir ninguna. Al final de nuestro ministerio, debemos ser capaces de decir: «No me he callado nada de lo que Dios me ha enseñado, sino que lo he enseñado a otros, así que mi ministerio ha sido veraz».

A través de la Biblia en un año: Salmos 89–90

¿Llevarás su cruz?

Cuando se lo llevaban, echaron mano de un tal Simón de Cirene, que volvía del campo, y le cargaron la cruz para que la llevara detrás de Jesús.

LUCAS 23:26

En lo que concierne a la reconciliación del hombre con Dios, el Señor pisó el lagar a solas, sin nadie a su lado; pero en lo referente a la conversión del mundo y su rescate del poder del error y la maldad, Cristo no está solo. Nosotros somos obreros junto con Jesús. Estamos en las manos de Dios para compartir los dolores y el trabajo por medio de los cuales él libera a los hombres de las ataduras del pecado y Satanás, y los trae a la libertad de la verdad y la justicia. Por lo tanto, es importante el hecho de que para llevar la cruz, aunque no para morir en ella, fuera necesaria la presencia de uno que estuviera cerca de Jesús. Llevar la cruz detrás de Jesús es la ocupación de la persona fiel. Simón de Cirene representa a toda la iglesia de Dios y a cada creyente en particular. Con frecuencia, Jesús había dicho: «El que no toma mi cruz y me sigue, no puede ser mi discípulo», y ahora por fin se materializa ese sermón en una persona. El discípulo debe ser como su Maestro: aquel que está dispuesto a seguir al Crucificado, debe estar dispuesto a llevar él mismo la cruz. Esto lo vemos de forma práctica en Simón de Cirene, quien llevó la cruz de Jesús sobre sus hombros.

> ¿Debe Simón llevar la cruz solo,
> y todos los demás quedarse libres?
> No; hay una cruz para cada uno,
> y también hay una cruz para mí.

A través de la Biblia en un año: Salmos 91–94

Una carga bendita

Fijemos la mirada en Jesús, el iniciador y perfeccionador de nuestra fe, quien por el gozo que le esperaba soportó la cruz, menospreciando la vergüenza que ella significaba, y ahora está sentado a la derecha del trono de Dios.

HEBREOS 12:2

Por supuesto que el camino más fácil es convertirse en monje y vivir una tranquila vida en un claustro y servir a Dios sin hacer nada; o hacerse monja, vivir en un convento y pretender ganar las luchas de la vida huyendo de ellas. ¿No es esto absurdo? Ustedes, las mujeres y los hombres cristianos, deben permanecer firmes y vivir para Jesús en el lugar donde la providencia de Dios los haya puesto. Si tu llamado no es un llamado a pecar, y tus alrededores no representan una tentación demasiado grande para ti, mantente firme y nunca pienses en rendirte. Si tu carga es pesada, considérala como la cruz de Cristo para ti e inclina tu espalda para cargarla. Puede ser que al principio te duela el hombro, pero con el tiempo te harás más fuerte, porque como tus días serán tus fuerzas: «Bueno es que el hombre aprenda a llevar el yugo desde su juventud» (Lamentaciones 3:27), pero es bueno para el hombre llevar su cruz tanto en la edad madura como en su juventud, de hecho, nunca debemos rechazar tan bendita carga. Como las alas para el ave y las velas para el barco, así es la cruz para el espíritu del hombre cuando acepta llevarla como la preciosa carga de su vida. Ahora bien, Simón, ¿dónde estás tú? ¡Hombre, carga la cruz en el nombre de Dios!

A través de la Biblia en un año: Salmos 95–98

Completa consagración

Ahora escuchen esto, ustedes que dicen: «Hoy o mañana iremos a tal o cual ciudad, pasaremos allí un año, haremos negocios y ganaremos dinero». ¡Y eso que ni siquiera saben qué sucederá mañana! ¿Qué es su vida? Ustedes son como la niebla, que aparece por un momento y luego se desvanece.
SANTIAGO 4:13-14

¿Cuál es el valor de la vida de un hombre que se involucra en los negocios, gana dinero, se hace rico y muere? Esta clase de vida termina con un párrafo que publica el periódico de Londres declarando el valor del difunto: «Este miserable no tenía ningún valor, sus posesiones tenían valor pero él no tenía ninguno. Si hubiera valido algo, habría empleado su dinero para hacer bien a la humanidad, pero como mayordomo infiel acumuló los bienes de su Maestro en montones que se pudren». La mayoría de los hombres buscan su propio bien. Pero una vida entregada a Jesús, a pesar de que tiene que llevar su cruz, es noble, heroica y sublime. La verdadera vida es la que se consagra por completo a Cristo y a su cruz y se asemeja a la vida de los ángeles. De hecho, es incluso más elevada pues es la vida de Dios dentro del alma del hombre. Tú que aspiras a vivir con nobleza, proponte vivir una vida que valga la pena vivirla, recordarla y convertirla en el comienzo de la eternidad ante el trono de Dios.

Algunos de ustedes pueden estar comenzando a sentir el peso de la cruz sobre sus hombros cuando piensan en las necesidades de aquellos que los rodean. Ellos mueren, perecen por falta de conocimiento, tanto los ricos como los pobres, al obviar a Jesús, quedan muchos de ellos atrapados en una justicia de apariencias nada más. Están pereciendo. Y tú, ¿no tienes compasión? ¿Está tu corazón tan duro como el acero? Estoy seguro que no puedes negar que los tiempos actuales demandan de ti una vida consagrada y esforzada.

A través de la Biblia en un año: Salmos 99–102

El ladrón que creyó

Luego dijo: «Jesús, acuérdate de mí cuando vengas en tu reino».
LUCAS 23:42

Nota que este hombre creyó en Jesucristo cuando literalmente lo vio sufriendo la muerte de un malhechor bajo las circunstancias más vergonzosas posibles. Tú nunca te has dado cuenta lo que significa ser crucificado. Eso va más allá de nuestra experiencia. Este hombre lo vio con sus propios ojos y llamar «Señor» a quien estaba colgando de un madero, fue un gran triunfo de fe. Decirle que lo recordara cuando viniera en su reino, a pesar de verlo desangrándose y a punto de morir, fue un significativo acto de confianza, un noble acto de fe.

Recuerda también que en ese momento, cuando el ladrón confió en Jesús, todos sus discípulos lo habían abandonado y habían huido. Puede ser que Juan estuviera observando a una cierta distancia y que algunas santas mujeres estuvieran un poco más lejos, pero ninguno estuvo presente para ver morir a Jesús. Judas lo vendió, Pedro lo negó y el resto lo abandonó. Fue entonces que el ladrón moribundo llamándolo «Señor» le dijo: «Jesús, acuérdate de mí cuando vengas en tu reino». A eso yo llamo una fe gloriosa. Algunos de ustedes no creen, a pesar de estar rodeados de amigos cristianos, a pesar de que pueden ver el testimonio de aquellos que están a su lado. Sin embargo, aquel hombre que estaba solo, ¡le implora a Jesús y lo llama su Señor! Después que Jesús muriera el centurión creyó, pero antes, este ladrón fue el único que confesó la fe y se aferró al Salvador cuando no había nadie más que dijera «Amén» a lo que había dicho.

A través de la Biblia en un año: Salmos 103-106

¿Por qué estamos aquí todavía?

Uno de los criminales allí colgados empezó a insultarlo: «¿No eres tú el Cristo? ¡Sálvate a ti mismo y a nosotros!» Pero el otro criminal lo reprendió.
LUCAS 23:39-40

¿Por qué nuestro Señor no nos llevó a todos de una vez para el paraíso? Porque tenemos algo que hacer en la tierra. *¿Lo estás haciendo*? Hay algunas personas buenas que todavía están en la tierra pero, ¿por qué? ¿Cuál es su utilidad? No puedo entenderlo. Si de verdad forman el pueblo de Dios, ¿qué están haciendo aquí todavía? Se levantan en las mañanas, desayunan y en el transcurso del día almuerzan, comen y se acuestan a dormir. A la mañana siguiente se levantan a una hora determinada y hacen lo mismo que el día anterior. ¿Es esto vivir para Jesús? ¿Es esto vida? No parece suficiente. ¿Es esta la vida de Dios en un hombre? ¡Ay, hermano cristiano, justifica el hecho de que tu Señor todavía te tenga aquí esperando! ¿De qué otra forma lo puedes justificar, que no sea sirviéndolo con todas tus fuerzas? ¡Que el Señor te ayude a hacerlo así! ¿Por qué? Porque le debes tanto al Señor como aquel ladrón moribundo. ¡Qué gran deuda tienen ustedes, jóvenes cristianos, con el Señor! Y si ese pobre ladrón transformó su vida en unos minutos para servir de testimonio a la posteridad, ¿acaso no debemos nosotros, que hemos tenido el privilegio de vivir muchos años luego de nuestra conversión, dedicarnos a servir con excelencia al Señor? ¡Vamos, es hora de levantarse, si es que hemos estado durmiendo! Empecemos a vivir con plenitud, como si hasta ahora hubiéramos estado medio muertos. ¡Dejemos que el Espíritu de Dios pueda hacer algo en nosotros de modo que podamos ser obreros útiles en la viña para el gozo del paraíso!

A través de la Biblia en un año: Salmos 107–110

Inmersos en su servicio

Mientras lo apedreaban, Esteban oraba. «Señor Jesús» decía, «recibe mi espíritu». Luego cayó de rodillas y gritó: «¡Señor, no les tomes en cuenta este pecado!» Cuando hubo dicho esto, murió.

HECHOS 7:59-60

Observemos la muerte de Esteban y notemos su carácter general. Nos sorprende que sucediera en el mejor momento de su servicio. Lo habían designado oficial de la iglesia en Jerusalén para velar que las ofrendas se distribuyeran de forma correcta entre los pobres, en especial, las viudas griegas. Desempeñó su labor para la satisfacción de toda la iglesia y llevó a cabo un servicio excelente, de modo que los apóstoles pudieron dedicarse de lleno a su verdadero trabajo, es decir, la predicación y la oración, y no es algo insignificante asumir la carga de otro si eso libera a aquel para que pueda dedicarse a un servicio más eminente que el que nosotros mismos pudiéramos desempeñar. Pero Esteban no se conformó con ser un diácono, sino que comenzó a ministrar en las cosas santas como un defensor de la Palabra, lo que hizo con gran poder, ya que estaba lleno de fe y del poder del Espíritu Santo. Esteban sobresale en la lista de los héroes de la historia de la iglesia como un líder, tanto que los enemigos del evangelio reconocieron la utilidad de su prominencia y lo hicieron objeto de su más fiera oposición, pues por lo general se encolerizan más contra aquellos que hacen el mayor bien. Esteban permaneció en la vanguardia del ejército del Señor; sin embargo, lo mataron. «Un misterio», dicen algunos. «Un gran privilegio», digo yo. ¿Quién desea que Dios lo lleve en algún otro tiempo? ¿Acaso no es mejor morir con el yugo puesto, cuando todavía eres útil? ¿Quién desea vivir hasta ser una carga, en vez de una ayuda?

A través de la Biblia en un año: Salmos 111-114

Una calma como la del cielo

Al oír esto, rechinando los dientes montaron en cólera contra él. Pero Esteban, lleno del Espíritu Santo, fijó la mirada en el cielo y vio la gloria de Dios, y a Jesús de pie a la derecha de Dios.
HECHOS 7:54-55

Los últimos momentos de Esteban estuvieron llenos de calma, paz, confianza y gozo. Nunca se retractó ante aquella furiosa audiencia. Les dijo la verdad completa, con tanto denuedo como si hubiera estado pronunciando un discurso agradable a sus oídos. Cuando ellos se encolerizaron, no les tuvo miedo; sus labios no temblaron, no se retractó ni suavizó una sola de sus expresiones, sino que las punzó hasta el corazón con mayor fidelidad. Con la valentía de un hombre de Dios, puso su rostro como un pedernal. Consciente de que estaba predicando su último sermón, empuñó la espada de dos filos que es la Palabra de Dios, clavándola en sus mismas almas. No le importaba cuánto fruncían el ceño, o cómo crujían sus dientes. Estaba tan calmado como el cielo que se abría encima de él y a pesar de que lo habían echado de la ciudad, continuó haciendo su trabajo. Cuando lo sacaron fuera de las puertas y le quitaron su ropa para ejecutarlo, no pronunció una sola expresión de temor ni un grito de miedo; permaneció firme y encomendó su alma a Dios con toda calma, y cuando las primeras piedras asesinas lo derribaron a tierra, cayó sobre sus rodillas, no para pedir misericordia ni para lanzar un gemido, sino para pedirle al Señor que tuviera misericordia de los que lo asesinaban. Luego cerró sus ojos como un niño cansado de jugar en un día de verano que se queda dormido en el regazo de su madre: y «durmió». Cristiano, cree entonces que si permaneces en Jesús, eso mismo sucederá contigo.

A través de la Biblia en un año: Salmos 115–118

Amor y servicio

Pero la gracia del Señor se derramó sobre mí con abundancia,
junto con la fe y el amor que hay en Cristo Jesús.
1 TIMOTEO 1:14

La gracia de Dios, que es capaz de salvar al mayor de los pecadores, puede de seguro salvar a aquellos que han pecado en menor grado. Si el puente de la gracia puede soportar el peso de un elefante, de seguro puede soportar el del ratón. Si la misericordia de Dios fue suficiente para redimir al peor de los pecadores, puede tener paciencia contigo. Si una puerta es bastante grande como para que pase por ella un gigante, cualquier mortal de tamaño normal tendrá espacio suficiente. Ningún hombre puede decir que es un pecador demasiado malvado como para ser salvo, porque hace mil ochocientos años que el mayor de los pecadores fue salvado. Así que, ¿por qué no puedes serlo tú? Después que Pablo recibió la salvación, se convirtió en el más destacado de los santos. El Señor no le designó un lugar de segunda clase en la iglesia. Había sido el principal de los pecadores, pero el Señor no dijo: «Te he salvado, pero siempre recordaré tu maldad como una desventaja para ti». No fue así: lo consideró fiel, colocándolo en el ministerio y en el apostolado, de modo que no fue menor que cualquiera de los apóstoles. No hay ninguna razón por la que, a pesar de que tu pecado haya sido enorme, tú no puedas ser igual de útil para el Señor. Por el contrario, hay una razón por la que debes ser todavía más útil, porque aquel a quien mucho se le perdona, mucho ama, y el amor abundante lleva al servicio abundante.

A través de la Biblia en un año: Salmos 119

De pura gracia

En el viaje sucedió que, al acercarse a Damasco, una luz del cielo relampagueó de repente a su alrededor. Él cayó al suelo y oyó una voz que le decía: «Saulo, Saulo, ¿por qué me persigues?» «¿Quién eres, Señor?» preguntó. «Yo soy Jesús, a quien tú persigues».

HECHOS 9:3-5

La conversión de Pablo pudiera servir como una descripción de la conversión de cualquiera de nosotros. ¿Cómo tuvo lugar su salvación? Bien, está claro que no había nada en Pablo que lo hiciera merecedor de la salvación. Podrías haberlo analizado hasta lo sumo y no habrías encontrado algo en él que te diera una esperanza de que tal vez pudiera creer en Jesús. Su procedencia, su preparación, lo que le rodeaba y los logros de su vida, todo lo inclinaba a ser un devoto del judaísmo y lo alejaba del cristianismo. El primero de los ancianos de la iglesia que habló con él sobre las cosas divinas casi no podía creer en su conversión. «Señor», le dijo, «he oído hablar mucho de ese hombre y de todo el mal que ha causado a tus santos en Jerusalén» (Hechos 9:13). Le costaba trabajo creer que aquel lobo hambriento se hubiera convertido en una oveja. No había nada en Saulo que favoreciera la fe en Jesús; el terreno de su corazón era pedregoso, el pico no podía atravesarlo, y la buena semilla no podía encontrar raíz. Sin embargo, el Señor convirtió a Saulo y puede hacer lo mismo con otros pecadores pero tiene que ser una obra de pura gracia y del poder divino ya que en la naturaleza caída del hombre no hay ni siquiera un lugar santo del tamaño de la punta de un alfiler sobre el cual pudiera descender la gracia. La gracia transformadora no encuentra su hábitat natural en nuestros corazones, tiene que crear su propio suelo. Y, bendito sea Dios, es capaz de hacerlo, porque para Dios todas las cosas son posibles.

A través de la Biblia en un año: Salmos 120–123

El antídoto más efectivo

Al partir para Macedonia, te encargué que permanecieras en Éfeso y les ordenaras a algunos supuestos maestros que dejen de enseñar doctrinas falsas y de prestar atención a leyendas y genealogías interminables. Esas cosas provocan controversias en vez de llevar adelante la obra de Dios que es por la fe.

1 TIMOTEO 1:3-4

¡Con cuánta exactitud se repiten los acontecimientos! Cuando vienen los mismos males, debemos aplicar los mismos remedios. Cuando aparece una enfermedad que causó grandes estragos en épocas pasadas, los médicos investigan los medicamentos que fueron efectivos en aquel entonces. Tenemos que hacer lo mismo con las cosas espirituales. Tenemos que ver lo que Pablo hizo en su época cuando la malaria de la falsa doctrina estaba en el aire. La efectividad de esa regla tan sencilla es asombrosa. Cuando se hace un descubrimiento científico o tecnológico, parece complicado al principio por la misma razón por la cual es imperfecto; pero todas las mejoras se llevan a cabo con vistas a simplificar las cosas. Lo mismo sucede con las enseñanzas espirituales. Cuando vemos la realidad dejamos de ser superfluos. No nos dediquemos a inventar sabios métodos para resolver la tensión actual en el mundo espiritual, en su lugar usemos el método que fue tan efectivo en los días de Pablo. Él mismo le enseñó el evangelio a Timoteo: no solo le hacía escuchar su doctrina, sino también ver su práctica. No podemos forzar a los hombres a aceptar la verdad pero podemos hacer que nuestras enseñanzas sean claras y precisas, y vivir de acuerdo con ellas. La verdad y la santidad son los antídotos más efectivos contra el error y la injusticia. El apóstol le dijo a Timoteo: «Permanece firme en lo que has aprendido y de lo cual estás convencido, pues sabes de quiénes lo aprendiste» (2 Timoteo 3:14).

A través de la Biblia en un año: Salmos 124–127

Encargados de preservar

¡Pero tengan cuidado! Presten atención y no olviden las cosas que han visto sus ojos, ni las aparten de su corazón mientras vivan. Cuéntenselas a sus hijos y a sus nietos.

DEUTERONOMIO 4:9

Con vistas a estar preparado para el conflicto que se aproxima, solo tenemos que predicar y vivir el evangelio, y no dejar de enseñarles a los niños la Palabra de Dios. Debemos tener muy en cuenta esto último, porque es de la boca de los niños y de los que maman que se perfecciona la alabanza. Concéntrate en los planes apostólicos y espera con toda seguridad sus mismos triunfos. Predica a Cristo, predica la Palabra a tiempo y fuera de tiempo e instruye a los niños. Uno de los métodos de Dios para preservar los campos de las malas hierbas es sembrar trigo en ellos cuando aún son suelos jóvenes.

La obra de la gracia de Dios en Timoteo comenzó con la instrucción temprana. «Desde tu niñez conoces las Sagradas Escrituras» (2 Timoteo 3:15). Nota el tiempo para la instrucción. La expresión «desde tu niñez» puede comprenderse mejor si decimos: «desde que eras muy pequeño», o como lo dice la Biblia en Lenguaje Sencillo: «desde niño». No significa un adolescente o un joven, sino un niño que recién está saliendo de su infancia. Desde muy pequeño Timoteo había conocido los escritos sagrados. Esta expresión, sin lugar a dudas, se utiliza para mostrar que nunca es demasiado temprano para comenzar a llenar la mente de nuestros hijos con el conocimiento de las Escrituras. Los bebés aprenden mucho antes de lo que suponemos. Durante los primeros meses de vida de un niño, este aprende más de lo que nosotros imaginamos. Muy pronto aprende que su madre lo ama y que depende de ella y, si la madre es una mujer sabia, aprende el significado de la obediencia y la necesidad de someter su voluntad a una voluntad superior. Esto puede ser clave para toda su vida en el futuro.

A través de la Biblia en un año: Salmos 128–131

Guía a los pequeños

Instruye al niño en el camino correcto, y aun en su vejez no lo abandonará.
PROVERBIOS 22:6

Los niños deben leer las Sagradas Escrituras tan pronto como aprenden a leer. Es muy notable que muchos maestros hayan dicho que han visto a los niños aprender a leer mejor cuando lo hacen utilizando la Biblia. No estoy seguro por qué sucede esto, tal vez sea por la sencillez del lenguaje, pero yo creo que es cierto. Con frecuencia, los niños recuerdan un suceso que aparece en la Biblia pero olvidan otros hechos de la historia secular. En la Biblia hay una adaptación para los seres humanos de todas las edades y, por lo tanto, se adapta muy bien a los niños. Cometemos un error al pensar que debemos comenzar con otro tipo de lectura y luego pasar a las Escrituras. La Biblia es el libro ideal para los niños. La mente de los niños no puede comprender algunas partes de ella, porque ni siquiera el más sabio de entre nosotros puede hacerlo. Hay profundidades en las que el leviatán puede nadar, pero también hay arroyos de los que pueden beber las ovejas. Los maestros sabios saben cómo guiar a los pequeños a los pastos delicados junto a aguas de reposo.

A través de la Biblia en un año: Salmos 132–135

Una verdad sagrada

Hijo mío, no te olvides de mis enseñanzas; más bien, guarda en tu corazón mis mandamientos. Porque prolongarán tu vida muchos años y te traerán prosperidad. Que nunca te abandonen el amor y la verdad: llévalos siempre alrededor de tu cuello y escríbelos en el libro de tu corazón. Contarás con el favor de Dios y tendrás buena fama entre la gente.

PROVERBIOS 3:1-4

¡Ay, queridas madres, Dios les ha dado a ustedes una sagrada encomienda! En efecto, les ha dicho: «Llévate a este niño y críamelo. Yo te pagaré por hacerlo». Tu llamado es equipar al futuro hombre de Dios, de modo que pueda estar capacitado para toda buena obra. Aquellos que piensan que las madres que permanecen en casa cuidando de su pequeña familia no están haciendo nada, piensan lo opuesto a la verdad. A una madre piadosa casi nunca le es posible dejar su hogar para ir a la iglesia. Pero no piensen que no están haciendo nada por la iglesia; por el contrario, están llevando a cabo el mejor servicio para el Señor. Madre, la crianza de tus hijos en el temor de Dios es tu primer y más importante deber.

A través de la Biblia en un año: Salmos 136–139

Un servicio santo

Todo el que infrinja uno solo de estos mandamientos, por pequeño que sea, y enseñe a otros a hacer lo mismo, será considerado el más pequeño en el reino de los cielos; pero el que los practique y enseñe será considerado grande en el reino de los cielos.
MATEO 5:19

En la actualidad, ya que existen tan pocas madres y abuelas cristianas, la iglesia ha considerado que es sabio suplementar la enseñanza hogareña a los niños bajo sus alas. Esta recibe bajo su cuidado maternal a aquellos niños cuyos padres no son cristianos. Considero esa una tarea bendita. Me siento muy agradecido por los muchos hermanos y hermanas que se dedican a enseñar en la Escuela Dominical y también durante algunas noches de la semana, a los niños de otros, quienes, con el tiempo, serán como sus propios hijos. Dichos maestros asumen los deberes de padre y madre, por amor al Señor, para con aquellos niños que están descuidados en su propio hogar. Los padres cristianos no pueden pensar que el objetivo de la Escuela Dominical es liberarlos de sus responsabilidades como padres. Lo primero y lo más natural que deben hacer los padres cristianos es instruir a sus hijos en el camino y el temor del Señor. No obstante, es un trabajo meritorio asumir el deber de enseñar a los niños de otros, cuando los responsables naturales no lo han asumido. El Señor Jesús mira con placer a quienes alimentan sus corderitos y nutren a sus bebés, porque no es su voluntad que ninguno de estos se pierda. Adelante, hombres y mujeres temerosos de Dios, santifíquense en este gozoso acto de servicio.

A través de la Biblia en un año: Salmos 140–143

La enseñanza temprana

Desde tu niñez conoces las Sagradas Escrituras, que pueden darte la sabiduría necesaria para la salvación mediante la fe en Cristo Jesús.

2 TIMOTEO 3:15

Nota que a Timoteo lo enseñaron, no solo a reverenciar las cosas santas en general sino, en especial, a conocer *las Escrituras.* Las enseñanzas de su madre y su abuela eran las enseñanzas de las Sagradas Escrituras. Imagínate que reunamos a los niños el Día del Señor con el objetivo de divertirlos y proporcionarles unas horas felices; o para instruirlos, como hacemos durante el resto de la semana, en los principios de la educación moral, ¿qué hemos hecho? No hemos hecho nada que sea digno de ese día o de la iglesia de Dios. Imagínate que tenemos especial cuidado en enseñar a los niños las reglas y regulaciones de nuestra propia iglesia y no los llevamos a las Escrituras; imagínate que les presentemos un libro que contenga las normas de nuestra iglesia pero que no pasemos tiempo con la Biblia, ¿qué hemos hecho? Dichas normas pueden ser correctas o no y, por tanto, podemos haber enseñado a nuestros niños cosas verdaderas o erróneas, pero si nos centramos en las Sagradas Escrituras, no vamos a cometer errores. Con tal norma, sabemos que haremos lo correcto. Este Libro es la Palabra de Dios y si lo enseñamos, enseñamos aquello que el Señor aceptará y bendecirá. ¡Oh, queridos maestros, y aquí me estoy hablando a mí también, que nuestras enseñanzas se basen cada vez más en las Escrituras! No teman si nuestros alumnos olvidan lo que les enseñamos, sino oren para que recuerden lo que el Señor les enseña. ¡Que las verdades divinas acerca del pecado, la justicia y el juicio queden grabadas en sus corazones! ¡Que nunca olviden las verdades reveladas acerca del amor de Dios, la gracia de nuestro Señor Jesucristo y la obra del Espíritu Santo!

A través de la Biblia en un año: Salmos 144–147

Dios está en control

Señor, yo sé que el hombre no es dueño de su destino, que no le es dado al caminante dirigir sus propios pasos.
JEREMÍAS 10:23

¿Tienes algún hijo que haya abandonado el hogar? ¿Quizá un joven voluntarioso y obstinado que se fue porque no pudo aceptar las restricciones de una familia cristiana? Es triste que esto suceda, muy triste en verdad, pero no te desesperes ni te angusties por él. No sabes dónde está, pero Dios sí lo sabe; no puedes ir tras él, pero el Espíritu Santo sí puede hacerlo. ¿Se fue en un viaje a Shangai? Ah, puede ser que haya un Pablo en Shangai a quien Dios use como un medio para su salvación, y ya que ese Pablo no está aquí en Londres, tuvo que ir a Shangai a encontrarlo. ¿Se va a Australia? Quizá allí alguien le diga una palabra de bendición a tu hijo que sea la única que llegue a su corazón. Yo no puedo decirla, nadie en Londres puede; pero el hombre que encuentre allí lo hará y, por tanto, Dios permite que se vaya lejos con toda su obstinación y necedad para que la gracia pueda alcanzarlo y efectuar su salvación. Lo peor que puede pasarle a un joven es, a veces, lo mejor que le pudo suceder.

A través de la Biblia en un año: Salmos 148–150

Una fe preciosa

Cuando venga el Hijo del hombre, ¿encontrará fe en la tierra?
LUCAS 18:8

A nuestro Señor que ha de venir no le importarán los tesoros de los ricos ni los honores de los grandes. No mirará las habilidades que hemos desarrollado, ni las influencias que tenemos, sino que mirará nuestra fe. Su gloria es «ser creído en el mundo» y eso será lo que tendrá en cuenta. Este mercadero celestial considera la fe como una perla de gran precio, la fe es tan preciosa para Jesús como lo es para nosotros. En el último día tendrá lugar un minucioso escrutinio que buscará una cosa fundamental, dónde hay fe y dónde no la hay. Aquel que cree será salvo; aquel que no cree será condenado. La búsqueda se llevará a cabo en nuestros hogares y en nuestros corazones, y la pregunta será: ¿Dónde está tu fe? ¿Honraste a Cristo, confiando en su Palabra y en su sangre, o no lo hiciste? ¿Glorificaste a Dios al creer en su revelación y depender de sus promesas, o no? El hecho de que nuestro Señor en su venida buscará la fe nos debe llevar a considerarla como algo muy valioso. No es un mero acto del intelecto, es una gracia del Espíritu Santo que glorifica a Dios y produce obediencia en el corazón. Jesús la busca porque él es el objeto de ella, y es por medio de ella que en su primera venida se lleva a cabo su propósito. Nuestro Salvador está buscando la fe. «Atentamente observa al ser humano; con sus propios ojos lo examina» (Salmo 11:4). Este es el oro que él está buscando en la cantera de nuestra humanidad. Este es el objetivo de su búsqueda real: ¿crees en el Señor Jesucristo?

A través de la Biblia en un año: Santiago 1–2

La fe

Así que los que viven por la fe son bendecidos
junto con Abraham, el hombre de fe.
GÁLATAS 3:9

¿Dónde está la predicación o la enseñanza que se lleva a cabo con fe absoluta en lo que se predica o enseña? Es inútil forzar a otros a escuchar y aceptar lo que decimos. Mis hermanos y hermanas, ¿dónde está nuestra fe? En la iglesia parecía algo casi sobrenatural cuando se dijo que el Sr. Jorge Mueller caminó en fe con respecto a las cosas temporales. Educar a los niños en la fe era criarlos en la convicción de un temor reverente. Nos encontramos en una época en la que las personas no confían a Dios las cosas rutinarias de la vida, ¿no es cierto? Día a día Abraham caminó con Dios, pero si ahora te encuentras con un hombre que camina con Dios en su negocio y que con fe lleva a Dios cada detalle y cada asunto de su vida hogareña, las personas lo miran con asombro y cierto grado de reticencia. Piensan que tiene gracia en su corazón pero también sospechan que le falta un tornillo o no actuaría de esa manera. Oh, sí, decimos que tenemos fe, pero cuando se trata de las cotidianas realidades de la vida, ¿dónde está nuestra fe?

Mis hermanos, ¿por qué están tan afanados? ¿Por qué están tan ansiosos, si tienen fe en Dios? ¿Por qué muestran tanta desconfianza con respecto a las cosas de este mundo, como lo hacen los hombres mundanos? ¿Por qué ese temor? ¿Esa murmuración? ¿Esa preocupación? Oh, mi Salvador, si vinieras ahora no hallaríamos excusa para nuestra desconfianza, nuestros necios temores, nuestra falta de dulce descanso en ti. No confiamos en ti como debemos hacerlo, y si ese es el caso de aquellos que son deudores a tu fidelidad amorosa, ¿dónde encontrarás fe en la tierra?

A través de la Biblia en un año: Santiago 3–5

¿Por qué tengo temor?

Sobre este monte rasgará el velo que cubre a todos los pueblos, el manto que envuelve a todas las naciones. Devorará a la muerte para siempre; el señor omnipotente enjugará las lágrimas de todo rostro, y quitará de toda la tierra el oprobio de su pueblo. El Señor mismo lo ha dicho.

ISAÍAS 25:7-8

Bien, hermanos, tan cierto como que el Señor resucitó, así resucitarán todos los santos a una vida gloriosa de sus cuerpos, mientras que la vida de sus almas no ha dejado de ser ni siquiera un instante. En este sentido él conquistó la muerte y desde aquella victoria memorable Cristo cada día vence la muerte, pues les da su Espíritu a los santos, y al tener dicho Espíritu dentro de ellos, enfrentan a su último enemigo sin temor alguno; con frecuencia lo enfrentan con canciones; quizá con aún mayor frecuencia lo enfrentan con un rostro calmado y duermen en paz. Muerte, no te temeré; ¿por qué habría de hacerlo? Pareces un dragón pero ya no tienes aguijón. Tus dientes están rotos, león viejo; ¿por qué habría de temerte? Sé que ya no eres capaz de destruirme, sino que te han enviado como mensajero para conducirme a las puertas de oro por donde entraré y cara a cara veré para siempre a mi Salvador. Algunos santos antes de morir han dicho que su lecho de muerte ha sido el mejor que tuvieron en sus vidas. Muchos de ellos han preguntado: «Dime, alma mía, ¿esto es la muerte?» Morir ha sido algo tan diferente de lo que esperaban, tan tranquilo y gozoso; se sienten tan libres de toda carga, se sienten tan aliviados en vez de sentirse abrumados, que se han cuestionado si ese es el monstruo que han temido durante toda su vida. ¡Amados, nuestro Señor exaltado ha vencido la muerte en todos estos sentidos!

A través de la Biblia en un año: Proverbios 1–3

Vencedores

El último enemigo que será destruido es la muerte.
1 CORINTIOS 15:26

Nota que la muerte es el último enemigo de cada cristiano y el último que será destruido. Ahora bien, si la Palabra de Dios dice que es el último, quiero recordarte algo de la sabiduría práctica: deja que sea el último. Hermano, no pretendas alterar el orden, sino deja que lo último sea lo último. Conocí a un hermano que quería vencer la muerte mucho antes de que esta llegara. Pero, hermano, no recibirás la gracia para los últimos momentos de tu vida hasta que estos no lleguen. ¿Qué beneficio tendría recibir la gracia para la hora de la muerte mientras todavía vives? Solo necesitas un bote cuando llegas a un río. Pide la gracia para vivir y así glorifica a Cristo mediante ella, y entonces tendrás la gracia para la hora de la muerte cuando esta llegue. Tu enemigo será destruido, pero no hoy. Hay una gran cantidad de enemigos que enfrentar hoy, así que confórmate con dejar tranquila a la muerte por un rato. Este enemigo será destruido, pero desconocemos el tiempo en que esto sucederá; lo que tenemos que saber es que somos llamados a ser buenos soldados de Jesucristo, según lo requiera el deber de cada día. ¡Mi hermano, enfrenta tus pruebas a medida que vengan! En el tiempo propicio Dios te ayudará a vencer a tu último enemigo, pero mientras tanto ocúpate de vencer al mundo, la carne y el diablo. Si vives bien, morirás bien.

A través de la Biblia en un año: Proverbios 4–6

El riesgo que corremos es limitado

De hecho, sabemos que si esta tienda de campaña en que vivimos se deshace, tenemos de Dios un edificio, una casa eterna en el cielo, no construida por manos humanas.

2 CORINTIOS 5:1

La confianza que Pablo tenía en que si su cuerpo se deshacía no perdería nada, le impidió desmayar. Él sabía qué era lo peor y se preparó para ello. Afuera se desencadenaban grandes tormentas pero el apóstol conocía el límite de su posible pérdida, así que estaba listo. Todo lo que podemos perder es la frágil tienda de campaña en la que vivimos. No existe ninguna posibilidad de que perdamos más que eso. Cuando el hombre sabe que el riesgo que corre es limitado, esto calma su mente. Las cosas indescifrables e inescrutables son los peores ingredientes del pánico y el temor: cuando puedes controlar tus temores, los has vencido. El apóstol sabía que estaba en este mundo con el noble propósito de glorificar a Dios, ganar almas y edificar a los santos, y estaba resuelto a cumplir el ministerio que se le había encomendado. Se dijo a sí mismo que su peor curso sería desmayar en la vida de servicio, ya que el mayor riesgo que podía implicar la perseverancia en su llamado era la muerte, y eso él lo consideraba como perder una tienda de campaña y ganar una mansión. El emperador romano podía cortarle la cabeza, o podían apedrearlo hasta morir, o crucificarlo como a su Maestro, ¡pero no temía tales destinos! Para él eso era solo la destrucción de su vieja tienda de campaña; no afectaba su espíritu inmortal; podía sonreír y cantar: «Pues los sufrimientos ligeros y efímeros que ahora padecemos producen una gloria eterna que vale muchísimo más que todo sufrimiento» (2 Corintios 4:17).

A través de la Biblia en un año: Proverbios 7–9

Nuestra navaja

Ciertamente, la Palabra de Dios es viva y ponderosa, y más cortante que cualquier espada de dos filos. Penetra hasta lo más profundo del alma y del espíritu, hasta la médula de los huesos, y juzga los pensamientos y las intenciones del corazón.
HEBREOS 4:12

La promulgación de un credo frío y la exposición de algunas doctrinas y su aplicación lógica, sin lidiar con la conciencia de los oyentes, sin presentarles su pecado, sin decirles el peligro que están corriendo, sin rogarles con lágrimas y súplicas que vengan al Salvador, ¡es un trabajo sin ningún poder! Buscamos obreros, no charlatanes. Ahora bien, fíjate lo que lleva un obrero en sus manos. Es una hoz. Su filo, con el que corta el grano, es agudo y cortante. El obrero corta con exactitud, atraviesa el grano y lo echa a la tierra. El hombre que Dios busca para que trabaje en su cosecha no puede venir con palabras suaves y delicadas y doctrinas halagadoras que se refieran a la dignidad de la naturaleza humana y a la excelencia de la auto ayuda y de los esfuerzos propios para rectificar nuestra condición caída y cosas por el estilo. Dios maldecirá a esa boca acaramelada, ya que esa es la maldición de esta generación. El predicador honesto llama pecado al pecado y al pan, pan y al vino, vino, y le dice a los hombres: «Se están arruinando ustedes mismos, cuando rechazan a Cristo se colocan al borde del infierno y allí se perderán para toda la eternidad. No hay alternativas, tienen que escapar de la ira que vendrá mediante la fe en Jesús, o serán echados para siempre de la presencia de Dios y perderán todo posible gozo». El predicador debe lograr que sus sermones sean cortantes. El propósito de nuestra hoz es cortar. El evangelio tiene que herir la conciencia y atravesar el corazón, con el objetivo de separar el alma del pecado y del yo, tal como se separa el grano del suelo.

A través de la Biblia en un año: Proverbios 10–12

Se necesitan habilidades divinas

Pasando por la orilla del mar de Galilea, Jesús vio a Simón y a su hermano Andrés que echaban la red al lago, pues eran pescadores. «Vengan, síganme» les dijo Jesús, «y los haré pescadores de hombres». Al momento dejaron las redes y lo siguieron.

MARCOS 1:16-18

Para pescar las almas de los hombres necesitas tener tanto juicio como cuando estás pescando en el mar, porque los hombres son peces curiosos y con frecuencia las sombras los asustarán. Lanzar de la forma correcta tu cordel es un arte que no se aprende con facilidad. Algunos nunca aprenden y, por tanto, no son capaces de atraer a las almas, mientras que otros poseen los instintos sagrados que les ayudan a atrapar el corazón de los hombres y apoderarse de ellos. Tenemos que ser sabios para ganar almas; los necios no ganan almas. Tenemos que lograr una empatía con los hombres, conocer incluso sus debilidades, y debemos relacionarnos con ellos, aceptarlos como son y presentarles la verdad de forma que puedan entenderla y aceptarla. Si eres un testigo de Cristo, pídele al Espíritu de sabiduría que te guíe. Ora en busca de dirección para que tu ocupación de ganar almas no se convierta en un discurso poco juicioso. Que tu celo sea con prudencia.

A través de la Biblia en un año: Proverbios 13-15

Por medio del Espíritu

«No será por la fuerza ni por ningún poder, sino por mi Espíritu», dice el Señor Todopoderoso.
ZACARÍAS 4:6

Existe un poder sutil y secreto, un *poder espiritual,* por medio del cual, en el mundo *espiritual,* un hombre se transforma en un príncipe para reinar con Dios y compartir con él su poder; y al aprender a prevalecer ante Dios por los hombres, adquiere el arte de prevalecer en llevar a los hombres a Dios. Primero es un luchador solo al lado del río Jaboc y luego se convierte en un luchador en medio de una multitud de pecadores, conquistándolos para Cristo, llevándolos *cautivos* en el nombre del Altísimo. El poder de la oración es el mayor poder que existe. La comunión con Dios es poder, y la santidad, por encima de todas las cosas, es un gran poder entre los hijos de los hombres.

Este poder espiritual hace a un hombre influyente en un sentido muy diferente al que el mundo usa la palabra *influyente,* un pobre uso de la palabra. Queremos hombres que sean influyentes en el sentido espiritual, hombres que, de uno u otro modo, impacten a sus semejantes. En su presencia los hombres no pueden hacer lo que suelen hacer de modo habitual en otras partes. Cuando tales hombres están en cualquier compañía, refrenan el pecado sin decir una palabra; incitan la justicia sin apenas decir una sola frase. Triunfan, no por la fuerza ni por ningún poder, sino por el Espíritu del Señor que habita en ellos.

A través de la Biblia en un año: Proverbios 16–18

Vidas transformadas

¿No saben que los malvados no heredarán el reino de Dios? ¡No se dejen engañar! Ni los fornicarios, ni los idólatras, ni los adúlteros, ni los sodomitas, ni los pervertidos sexuales, ni los ladrones, ni los avaros, ni los borrachos, ni los calumniadores, ni los estafadores heredarán el reino de Dios. Y eso eran algunos de ustedes. Pero ya han sido lavados, ya han sido santificados, ya han sido justificados en el nombre del Señor Jesucristo y por el Espíritu de nuestro Dios.

1 CORINTIOS 6:9-11

Nuestro Señor es un gran transformador del carácter. No me gusta hablar de mí mismo, pero voy a hablar de alguien que conozco muy bien. Entró a este tabernáculo siendo un borracho, un blasfema, un amante de las cosas impuras, y mientras se predicaba la Palabra, el Señor lo quebrantó y derritió su corazón. Ahora odia lo que un día amó, y las cosas que antes le parecían aburridas —tanto que maldecía y blasfemaba ante su sola mención, o se burlaba de aquellos que las amaban— ahora él también las ama y se maravilla de estar donde ahora se encuentra. Pregúntale a su esposa si ha habido algún cambio en él, pregúntale a sus hijos si ha habido algún cambio en él; pregúntale a sus compañeros de trabajo, a su jefe, pregúntale a cualquiera y todos te dirán: «No es el mismo hombre». ¡Oh, si hay alguien que quiere probar el camino de la justicia y abandonar el pecado, que escuche mi testimonio, el cual sale de labios sin engaño! «Digo la verdad y no miento» (1 Timoteo 2:7). El Señor es capaz de transformar el carácter de una forma maravillosa, lo ha hecho en muchos de nosotros y, si puedes creer en él, también lo hará por ti.

A través de la Biblia en un año: Proverbios 19–21

Un nuevo tipo de evidencia

La noticia de estos sucesos llegó a oídos de la iglesia de Jerusalén, y mandaron a Bernabé a Antioquía. Cuando él llegó y vio las evidencias de la gracia de Dios, se alegró y animó a todos a hacerse el firme propósito de permanecer fieles al Señor.
HECHOS 11:22-23

El Espíritu de Dios que Cristo nos da mueve a los hombres a tener pensamientos elevados y nobles. El egoísmo no domina nunca más al hombre que cree en Cristo; este ama a sus semejantes, desea su bien, puede perdonarlos si lo acosan, puede entregar su vida por ellos. ¿Acaso no hemos tenido a muchos que han salido para ir a los paganos y dar sus vidas por la causa de Cristo? Estuve hablando con un hermano del Congo, le hablé de las muchas muertes que sucedían allí y me dijo: «Sí, parece algo muy triste que tantos misioneros deban morir, pero señor», añadió, «esa es la primera cosa que hemos hecho en África que brinda alguna esperanza. Con frecuencia he oído que los nativos me dicen: "Estos hombres deben tener una religión verdadera, porque de no ser así no hubieran venido aquí a morir por nosotros, los pobres hombres negros". Los hombres comienzan a creer en este nuevo tipo de evidencia. La sangre del misionero se convierte en la semilla de la iglesia». No dudo que así sea. Y amado, si tú y yo somos capaces de comenzar a vivir por completo para Cristo, si podemos vivir con nobleza, si podemos deshacernos de nuestro yo, si somos capaces de elevarnos por encima de las cosas materiales y probar que creemos en todo lo que decimos, convenceremos a nuestros semejantes de la verdad de nuestra religión.

A través de la Biblia en un año: Proverbios 22–24

El arrepentimiento

Y en su nombre se predicarán el arrepentimiento y el perdón de pecados a todas las naciones, comenzando por Jerusalén.
LUCAS 24:47

Me siento feliz de ver en este versículo la antigua virtud llamada arrepentimiento. Solía predicarse acerca de esta, pero ya ha pasado de moda. Dicen que hemos malinterpretado su significado y que esto solo significa un «cambio en la forma de pensar» y nada más. Me gustaría que los que se consideran tan sabios en su dominio del griego conocieran un poco más de ese idioma, para que no estuvieran tan prestos a formular sus aseveraciones infalibles. El arrepentimiento del evangelio es un cambio muy radical de la manera de pensar, uno que no se realiza en ningún hombre si no es por la intervención del Espíritu de Dios.

También debemos predicar los motivos del arrepentimiento, para que los hombres no se arrepientan solo por el temor al infierno, sino por la misma naturaleza del pecado. Cuando se ven encarcelados, todos los ladrones lamentan lo que hicieron; cuando el verdugo se acerca, todos los asesinos lamentan lo que hicieron. Pero el pecador tiene que arrepentirse, no solo por temor al castigo que lleva el pecado, sino porque su pecado está en contra de un Dios perdonador, contra un Salvador que derramó su sangre, contra una ley santa, contra un tierno evangelio. El verdadero penitente se arrepiente de su pecado contra Dios, y lo haría aunque no hubiera un castigo.

Debemos hablar de la fuente del arrepentimiento, que es el Señor Jesucristo otorgando el arrepentimiento y la remisión de pecados. El arrepentimiento es una planta que nunca crecerá en el desperdicio de la naturaleza: tiene que ocurrir un cambio en la naturaleza, el Espíritu Santo es quien implanta el arrepentimiento, de lo contrario, nunca florecería en nuestros corazones. Si no lo predicamos como un fruto del Espíritu Santo, cometemos un gran error.

A través de la Biblia en un año: Proverbios 25–27

Inténtalo

La palabra del Señor vino a mí: «Antes de formarte en el vientre, ya te había elegido; antes de que nacieras, ya te había apartado; te había nombrado profeta para las naciones». Yo le respondí: «¡Ah, Señor mi Dios! ¡Soy muy joven, y no sé hablar!» Pero el Señor me dijo: «No digas: Soy muy joven, porque vas a ir adondequiera que yo te envíe, y vas a decir todo lo que yo te ordene».

JEREMÍAS 1:4-7

Si tenemos una aversión especial hacia un determinado tipo de trabajo cristiano, en vez de tomar esa aversión como una señal de que no hemos sido llamados a ello, debemos considerarlo como una señal de que debemos, al menos, intentarlo. El diablo te conoce mejor de lo que tú mismo te conoces. Como sabes, él ha estado en este mundo mucho más tiempo que tú y conoce mucho más acerca de la naturaleza humana que tú; así que viene a ti y te mide con gran exactitud y dice: «Este hermano sería muy útil en tal esfera de la obra, por lo tanto, debemos apartarlo de ella». Así que le dice al hermano que él no ha sido llamado para eso, que ese no es el tipo de cosas que debe hacer, y cosas por el estilo; y luego se dice a sí mismo: «Me he librado de un enemigo que dañaría mi causa».

Por allí hay una buena hermana. Oh, cuánto pudiera hacer ella por Cristo, pero Satanás la tiene entretenida con un trabajo en el que nunca brillará, mientras que el trabajo santo que pudiera hacer tan bien no le llama la atención. Perdemos muchas oportunidades, estoy convencido de que así es. Nunca hemos pensado en muchas formas en las que podríamos hacer el bien, pero debemos pensar en ellas y cuando las descubrimos, debemos ponerlas en práctica.

A través de la Biblia en un año: Proverbios 28-29

Una oposición gloriosa

Por último, hermanos, oren por nosotros para que el mensaje del Señor se difunda rápidamente y se le reciba con honor, tal como sucedió entre ustedes. Oren además para que seamos librados de personas perversas y malvadas, porque no todos tienen fe. Pero el Señor es fiel, y él los fortalecerá y los protegerá del maligno.
2 TESALONICENSES 3:1-3

Nada es tan bueno para el evangelio como la oposición. Cierto hombre entra al tabernáculo esta noche y, al marcharse, dice: «Sí, me siento complacido y satisfecho». En el caso de dicho hombre, yo he fallado. Pero otro hombre está mordiéndose la lengua porque no puede soportar la predicación. Está muy molesto, hay algo en la doctrina que no le gusta y expresa: «No entraré de nuevo a este lugar mientras viva». En ese hombre hay esperanza. Él está comenzando a pensar. El anzuelo lo ha atrapado. Con un poco de tiempo, ese pez será nuestro. No es una mala señal cuando un hombre se molesta al escuchar el evangelio. No es bueno, pero es mucho mejor que el horrible letargo en que se sumen los hombres cuando no piensan. Ten esperanza de un hombre que no deja que le hables, a ese te debes acercar en otra ocasión. Y cuando por fin te permita que le hables, si parece como si te fuera a escupir el rostro, siéntete agradecido por ello porque está sintiendo tus palabras. Estás tocando en un lugar donde le duele. Lo ganarás para Cristo. Cuando jura que no cree una palabra de lo que le estás diciendo, no creas una palabra de lo que él te dice, porque con frecuencia el hombre que abiertamente rechaza, cree en su interior. Como los niños silban cuando atraviesan el pasillo de la iglesia para mantener su valentía, así el blasfemo se muestra profano para tratar de silenciar su conciencia.

A través de la Biblia en un año: Proverbios 30–31

Trabaja para Cristo

Precisamente por esto los judíos perseguían a Jesús, pues hacía tales cosas en sábado. Pero Jesús les respondía: «Mi Padre aun hoy está trabajando, y yo también trabajo».

JUAN 5:16-17

Pienso que una iglesia fuerte es una institución muy valiosa, pero siempre he rechazado la idea de que todo lo que tienes que hacer es sentarte en un banco domingo tras domingo y escucharme, y a algunos de ustedes les he hablado con el propósito de no verlos con tanta frecuencia. No quiero verlos, porque sé que están sirviendo al Maestro en otra parte. Hay algunos de nuestros hermanos que solo vienen a la iglesia para la Santa Cena, ¿por qué? Porque están sirviendo en otros lugares de una u otra forma. Son los mejores miembros que tenemos y no tachamos sus nombres de la lista porque no asistan con frecuencia. Están trabajando en alguna misión, o tratando de abrir un nuevo lugar de predicación, o haciendo alguna otra cosa para el Maestro. ¡Dios los bendiga! Esta es la mayor bendición que puedes tener, en el momento que encuentras la luz y te das cuenta que el mundo está en oscuridad, corre y pásale a otro la antorcha. Si vas a otra persona y le dices: «No tendré menos luz por darte un poco a ti», Dios, el Espíritu Santo, derramará sobre ti nuevos haces de luz y brillarás cada vez más hasta que el día sea perfecto.

A través de la Biblia en un año: 1 Pedro 1–2

El León de Judá

¡Qué hermosos son, sobre los montes, los pies del que trae buenas nuevas; del que proclama la paz, del que anuncia buenas noticias, del que proclama la salvación, del que dice a Sión: «Tu Dios reina»!

ISAÍAS 52:7

Creo que la mejor forma de defender el evangelio es esparcirlo. Muchos eruditos defienden el evangelio; no hay duda de que esto es algo muy loable y correcto, pero siempre he notado que cuántos más libros hay de ese tipo, menos se predica el evangelio en sí mismo. Imagínate que un grupo de personas creyera que tiene que defender a un león, ¡al rey de la selva! Allí está en su jaula, y aquí vienen todos los soldados del ejército a pelear por él. Bueno, yo les sugeriría, si no tienen objeción ni piensan que los estoy humillando, que lo que deben hacer es abrir la jaula y apartarse ¡para que salga el león! Creo que esa sería la mejor forma de defenderlo, porque él cuidará de sí mismo. La mejor «defensa» del evangelio es dejarlo libre. No te preocupes por defender Deuteronomio o todo el Pentateuco. Predica a Jesucristo y a este crucificado. Deja que el León salga, y verás quién se atreve a acercarse a él. El León de la tribu de Judá pronto vencerá a todos sus adversarios.

A través de la Biblia en un año: 1 Pedro 3–5

El Dios de la diversidad

¿Tienes idea de cuán ancha es la tierra? Si de veras sabes todo esto, ¡dalo a conocer!

JOB 38:18

Si es cierto que «el orden es la primera ley en el cielo», pienso que de la misma forma es cierto que la Variedad es la segunda. La línea de la belleza no es una línea recta, sino que tiene curvas. De la misma forma Dios no actúa en uniformidad sino en diversidad. Compruebas esto cuando echas un vistazo a la creación que nos rodea. Dios no ha hecho todas las criaturas de una misma especie, sino que ha creado animales salvajes, aves, peces, insectos, reptiles. En cualquiera de los reinos de la naturaleza, ya sea en el animal, en el vegetal o el mineral, encontrarás muchas subdivisiones, las cuales se estudian a lo largo de muchos años para aprender a clasificarlas, y una vida entera no sería suficiente para comprenderlas todas.

Esta observación es cierta en la obra de la providencia. ¡De cuántas extrañas y diversas maneras ha tratado Dios con su iglesia! Todo pecador tiene que conocer el mismo camino a la vida, la obediencia al mismo evangelio, el lavamiento en la misma sangre, el vestirse de la misma justicia, la plenitud de la misma energía divina, en algún momento todos irán al mismo cielo y, sin embargo, no encuentras dos pecadores cuyas conversiones hayan sido idénticas. Desde el primer amanecer de la vida divina hasta que se consuma en el atardecer de la perfecta santificación en el cielo, encontrarás que Dios trabaja de muchas formas diferentes, y emplea este método y ese y aquel otro, porque Dios es y será el Dios de la diversidad.

A través de la Biblia en un año: Eclesiastés 1–4

Busca la causa

Cuando Jesús entró en casa, sus discípulos le preguntaron en privado: «¿Por qué nosotros no pudimos expulsarlo?»
MARCOS 9:28

Si estamos desconcertados, tiene que haber una causa, y es bueno que la busquemos. Debemos ir al Maestro y preguntarle: «¿Por qué nosotros no pudimos expulsarlo?»

Esta pregunta, si buscáramos la respuesta correcta, es una pregunta muy sabia, porque cada hombre necesita saber lo más que pueda de sí mismo. Si tengo éxito, ¿por qué lo tengo? Déjame saber el secreto, para colocar la corona en la cabeza que lo merezca. Si no tengo éxito, tengo que averiguar por qué no lo tengo, para tratar de eliminar cualquier impedimento, no vaya a ser que yo mismo esté obstaculizando mi camino. Si no soy un vaso apto para que el Maestro me use, tengo que averiguar por qué no me puede usar para que, en todo lo que de mí dependa, me prepare para servir de la mejor manera al Maestro. Sé que si soy apto para que él me use, así lo hará; y si no lo hace, debe ser porque hay algo en mí que no está bien.

Cualquiera que sea la razón de tu fracaso, debe tener cura. Con toda certeza no debe ser algo grave, que constituya una dificultad insuperable para el Maestro. Por la gracia de Dios él quitará de ti ese impedimento para que nunca más te prive de tu poder. Busca entonces esa razón, mira con ambos ojos y busca con la ayuda de la luz más brillante que puedas encontrar, para que encuentres lo que está estorbando al Espíritu de Dios y restrinjas tu propia utilidad.

A través de la Biblia en un año: Eclesiastés 5–8

La preparación

«Mi hijo Salomón, pensaba David, es muy joven e inexperto, y el templo que hay que construir para el Señor debe ser el más grande y famoso de toda la tierra; por eso le dejaré todo listo». Así que antes de morir David dejó todo listo.

1 CRÓNICAS 22:5

En los inicios de la historia cristiana, hubo una preparación previa de la iglesia antes de que se expandiera. Observa los obedientes discípulos sentados en el Aposento Alto, esperando ansiosos. Cada corazón presente había sufrido la muerte del Señor, y cada uno de ellos esperaba recibir el poder del Espíritu prometido. Allí, con un corazón y una mente, esperaban y velaban en oración, hasta que vino el Consolador, y con él fueron añadidas tres mil almas.

Un hombre que no muestra sensibilidad ni compasión por otras almas puede ser usado en alguna ocasión para ganar un alma. La buena palabra que predica no dejará de ser buena porque el proclamador no tenga el derecho de declarar los estatutos de Dios. Pero como regla general, los que traen las almas a Cristo son aquellos que primero han sentido una agonía y un deseo ferviente de que las almas se salven. En esto reflejamos el carácter de nuestro Maestro. Él es el gran Salvador de los hombres, pero antes de que pudiera salvar a otros, aprendió en su carne a solidarizarse con ellos. Lloró sobre Jerusalén, sudó gotas de sangre en Getsemaní, fue y es un Gran Sacerdote que sufrió nuestros dolores. Como Capitán de nuestra salvación, al traer muchos hijos a la gloria, los sufrimientos lo perfeccionaron. Ni siquiera Jesús fue a predicar sin antes haber pasado noches enteras orando e intercediendo y derramando lágrimas por la salvación de sus oyentes.

A través de la Biblia en un año: Eclesiastés 9-12

Incluso unos pocos

Así que Jonatán le dijo a su escudero: «Vamos a cruzar hacia la guarnición de esos paganos. Espero que el Señor nos ayude, pues para él no es difícil salvarnos, ya sea con muchos o con pocos».

1 SAMUEL 14:6

En general, cuando Dios tiene el propósito de bendecir una iglesia, comienza de esta forma: dos o tres personas en ella están preocupadas por la situación actual y hasta se angustian por ello. Quizá no se comunican entre ellos ni conocen de su dolor común, pero comienzan a orar con un deseo ferviente y una insistencia incansable. Los motiva la pasión por ver un avivamiento en la iglesia. Piensan en esto cuando se van a dormir, sueñan con eso, meditan en esto cuando van caminando por la calle. Esa sola cosa los consume. Se preocupan y angustian por las almas que se están perdiendo, sufren dolores de parto por las almas. Cuando sale el sol, las cimas de las montañas son las primeras en recibir su luz, y aquellos que viven siempre cerca de Dios serán los primeros en sentir la influencia de la frescura que vendrá. Si el Señor me diera una docena de hombres de oración perseverantes, apasionados por las almas, por su gracia sacudiríamos Londres de punta a cabo. El trabajo continuaría sin la mayoría de ustedes, cristianos, quizá algunos solo estorban la marcha del ejército. Pero denme doce hombres que sean como el león y como el cordero, que sientan un ferviente amor por Cristo y por las almas, y nada será imposible para su fe.

A través de la Biblia en un año: 2 Pedro 1–3

A través de la iglesia

Y mandó a la gente que se sentara sobre la hierba. Tomó los cinco panes y los dos pescados y, mirando al cielo, los bendijo. Luego partió los panes y se los dio a los discípulos, quienes los repartieron a la gente. Todos comieron hasta quedar satisfechos, y los discípulos recogieron doce canastas llenas de pedazos que sobraron. Los que comieron fueron unos cinco mil hombres, sin contar a las mujeres y a los niños.

Mateo 14:19-21

El mundo perece por falta de conocimiento. ¿Alguno de nosotros pensó alguna vez en la China? Tu imaginación no puede concebir tal cantidad de población en ese poderoso imperio, sin Dios, sin Cristo, extraños a la heredad de Israel. Pero China no es el único país en esta situación, existen otras grandes naciones que viven en la oscuridad; la gran serpiente se ha enrollado alrededor del mundo y, ¿quién lo librará de ella? Reflexiona en esta ciudad y sus millones de habitantes. ¡Cuánto pecado debe ver la luna desde allá arriba! ¡Cuánto pecado debe ver el Día del Señor! Porque son muchas las transgresiones de esta malvada ciudad. Babilonia no pudo haber sido más corrupta que Londres, ni más culpable, porque no tenía la luz que Londres recibió un día. Hermanos, mientras que la iglesia continúe adormecida en su letargo no hay esperanza para la China, no hay esperanza para el mundo, no hay esperanza para nuestra ciudad. Es a través de la iglesia que viene la bendición. Cristo multiplica el pan y lo da a los discípulos, la multitud solo puede adquirirlo a través de los discípulos. ¡Ay, es tiempo de que las iglesias se despierten a favor de los millones que están muriendo!

A través de la Biblia en un año: Cantar de los Cantares 1–4

Más importante que el aliento

Si mi pueblo, que lleva mi nombre, se humilla y ora, y me busca y abandona su mala conducta, yo lo escucharé desde el cielo, perdonaré su pecado y restauraré su tierra. Mantendré abiertos mis ojos, y atentos mis oídos a las oraciones que se eleven en este lugar.

2 CRÓNICAS 7:14-15

Nunca desmayes en la oración. Cuando no tienes deseos de orar, es una alerta de que debes orar más. Ningún hombre tiene tanta necesidad de orar como aquel a quien no le interesa hacerlo. Si puedes orar por largo rato, entonces no representa ningún sacrificio para ti, pero si no puedes y no deseas orar, entonces tienes que orar o el malvado se aprovechará de tu situación. Él está listo para arruinar a aquel que se olvida del trono de la misericordia. Cuando el corazón se muestra apático ante la oración, el hombre está padeciendo una peligrosa enfermedad. ¿Cómo puede cansarse de orar? Esto es esencial para la vida. Si alguien se cansa de respirar, de seguro está a punto de morir; si alguien se cansa de orar, tenemos que orar mucho por él, porque está corriendo un gran riesgo.

A través de la Biblia en un año: Cantar de los Cantares 5–8

Nuestro más sagrado llamado

¡Alabado sea Dios, Padre de nuestro Señor Jesucristo! Por su gran misericordia, nos ha hecho nacer de nuevo mediante la resurrección de Jesucristo, para que tengamos una esperanza viva y recibamos una herencia indestructible, incontaminada e inmarchitable. Tal herencia está reservada en el cielo para ustedes, a quienes el poder de Dios protege mediante la fe hasta que llegue la salvación que se ha de revelar en los últimos tiempos.

1 PEDRO 1:3-5

En la actualidad, tal parece que la opinión de muchos es que el papel de la iglesia es educar a las personas. Te aseguro que la educación es algo muy valiosa, tan valiosa que estoy convencido de que todas las iglesias cristianas se regocijan de tener un sistema nacional de educación que, al encausarse de forma correcta, capacita a los niños de esta nación y coloca las llaves del conocimiento en sus manos. Pero si la iglesia de Dios piensa que está en el mundo solo para capacitar las facultades mentales, ha cometido un grave error porque el objetivo del cristianismo no es educar a los hombres para las ocupaciones seculares, o educarlos en las más finas artes o en las profesiones elegantes, o capacitarlos para disfrutar la belleza de la naturaleza o los encantos de la poesía. Jesucristo no vino al mundo para ninguna de estas cosas, sino que vino a buscar y salvar lo que se había perdido, y ha dado a su iglesia la misma encomienda, y traicionaría al Maestro que la envió si al contemplar la belleza del arte y la naturaleza se olvidara de que predicar a Cristo y a este crucificado es el único objetivo para el cual existe entre los hijos de los hombres. El negocio de la iglesia es la salvación.

A través de la Biblia en un año: 1 Juan 1–5

Todo para todos

Aunque soy libre respecto a todos, de todos me he hecho esclavo para ganar a tantos como sea posible.
1 Corintios 9:19

Pablo siempre hizo su trabajo con una profunda simpatía por aquellos que lo rodeaban, simpatía que lo hizo adaptarse a cada caso en particular. Si hablaba con un judío, no comenzaba proclamando que él era el apóstol enviado a los gentiles, sino que decía que era judío, porque de hecho lo era. No preguntaba acerca de nacionalidades ni ceremonias. Su deseo era hablarle al judío de aquel de quién Isaías había dicho: «Despreciado y rechazado por los hombres, varón de dolores, hecho para el sufrimiento» (Isaías 53:3), de modo que pudiera creer en Jesús y ser salvo. Si se encontraba con un gentil, el apóstol de los gentiles no mostraba ningún escrúpulo hacia ellos, como era de esperar de alguien que fue educado en los preceptos del judaísmo. Comía lo que comían los gentiles y bebía lo que ellos bebían, se sentaba y se relacionaba con ellos; se comportaba como otro gentil más entre ellos, nunca preguntaba nada acerca de la circuncisión o la incircuncisión, sino que su único deseo era hablarles de Cristo, quien vino al mundo para salvar tanto a judíos como a gentiles y hacerlos un solo pueblo. Si se encontraba con un griego, hablaba con él como lo hizo en el Areópago, con un lenguaje apropiado para dirigirse a los cultos atenienses. Se hizo todo para todos, a fin de salvar a algunos por todos los medios posibles. Así que tú, cristiano, tu negocio en esta vida es llevar a los hombres al conocimiento de Cristo por medio del poder del Espíritu Santo, y todo lo demás debe tributar a ese objetivo. Si logras salvarlos, todo lo demás vendrá a su debido tiempo.

A través de la Biblia en un año: Isaías 1–4

Semejantes a Dios

Entre los débiles me hice débil, a fin de ganar a los débiles. Me hice todo para todos, a fin de salvar a algunos por todos los medios posibles. Todo esto lo hago por causa del evangelio, para participar de sus frutos.

1 CORINTIOS 9:22-23

Anhelar la salvación de otros nos hace semejantes a Dios. ¿Deseamos el bienestar de los hombres? Dios lo desea. ¿Anhelamos librarlos del infierno? Día tras día Dios lleva a cabo esa obra de gracia. ¿Podemos decir que no nos complacemos con la muerte de aquellos que mueren? Jehová ha declarado eso mismo en uno de sus juramentos. ¿Lloramos por los pecadores? ¿Acaso no lloró también por ellos el Hijo de Dios? ¿Trabajamos para que se conviertan? ¿No murió él para que ellos pudieran vivir? Eres semejante a Dios si en tu espíritu arde esta pasión.

Esta es una expresión de tu amor a Dios, así como de tu amor a los hombres. Al amar al Creador sentimos misericordia por sus criaturas caídas y un amor benévolo hacia las obras de sus manos. Si amamos a Dios, sentimos lo que él siente, y al considerar los misterios del juicio, no podemos permitir que aquellos que él ha creado se pierdan para siempre.

Cuando amamos a Dios, lamentamos que el resto de los hombres no lo ame también. Nos inquieta ver que el mundo entero está bajo el maligno, enemistado con su Creador, peleado con aquel que es el único que puede bendecirlos.

Si amamos a otros debemos, así como Pablo, ser sabios para atraerlos, sabios para persuadirlos, sabios para convencerlos, sabios para animarlos; tenemos que aprender a utilizar los medios a nuestro alcance y descubrir en nosotros los talentos que de otro modo habrían quedado enterrados, si el deseo ferviente de salvar a los hombres no hubiera removido el suelo.

A través de la Biblia en un año: Isaías 5–8

Quita los ídolos

No se vuelvan a los ídolos inútiles, ni se hagan dioses de metal fundido. Yo soy el Señor su Dios.
LEVÍTICO 19:4

En todas las épocas, desde la caída del hombre, ha existido la tendencia en el corazón humano de olvidarse de Dios y huir de su presencia. La idolatría ha sido el pecado de todas las naciones, incluyendo el pueblo escogido por Dios, los judíos, e incluyendo ciertas personas que se llaman cristianas pero se construyen ídolos de cruces e imágenes. Este principio impuro de no tomar en cuenta a Dios y poner algo en nuestras mentes entre nosotros y nuestro Creador, se presenta en todo lugar, en cualquier tipo de pensamiento.

Cuando el hombre estudia la obra de Dios en la naturaleza, con frecuencia coloca un velo para tapar al Creador. Ya que Dios actúa de una manera determinada, llaman a esa forma de actuar ley, y luego hablan de esas leyes como si fueran fuerzas o poderes de ellos y sobre ellos, y así echan a Dios de su propio universo permitiendo que los ídolos del mundo científico llamados «leyes naturales» ocupen su lugar.

En el campo de la providencia encontrarás personas que, en vez de buscar la mano de Dios en todas las cosas, buscan causas secundarias, buscan causas de prosperidad y se sienten desanimados si no las encuentran, o ven los motivos de aflicción y se enojan contra ellos, en vez de inclinarse ante el Dios que los ha usado para corregirlos. Es fácil crear ídolos de causas secundarias y olvidar al Dios que está presente en todas partes, causando que todas las cosas ayuden a bien. Es muy triste que este principio malvado se introduzca en la iglesia; sin embargo, es bien difícil de eliminar. Puedes cerrar todas las puertas tan rápido como quieras, pero los fabricantes de ídolos entrarán con sus instrumentos.

A través de la Biblia en un año: Isaías 9-12

Trabaja en equipo

¿Quién eres tú para juzgar al siervo de otro? Que se mantenga en pie, o que caiga, es asunto de su propio señor. Y se mantendrá en pie, porque el Señor tiene poder para sostenerlo.

ROMANOS 14:4

Si todos estamos bajo la autoridad del mismo Maestro, entonces no discutamos. Es penoso que los ministros se critiquen unos a otros y que los maestros de Escuelas Dominicales hagan lo mismo. Es una actitud miserable no poder soportar ver el bien que han hecho otras denominaciones diferentes a la nuestra que tienen otro estilo de trabajo. Si un nuevo labrador llega al campo y usa una chaqueta de un corte diferente y un pico con una forma distinta, ¿debo convertirme en su enemigo? Si hace su trabajo mejor de lo que yo hago el mío, ¿debo sentirme celoso?

Hermano, si el gran Señor te empleó, no tienes por qué cuestionar lo que hace. Quizá no me guste cómo te ves y no sé cómo podré trabajar contigo, pero si el Señor te empleó, no tengo derecho a juzgarte, porque me atrevería a afirmar que te parezco tan raro como tú a mí. Si se inventan nuevos métodos de predicar el evangelio, deja que los hermanos los usen; y si no los podemos imitar, sintamos al menos que todavía somos uno solo, porque «uno es nuestro Maestro, Jesucristo».

A través de la Biblia en un año: Isaías 13–16

Ten fe en Dios

Ahora bien, la fe es la garantía de lo que se espera, la certeza de lo que no se ve. Gracias a ella fueron aprobados los antiguos.
HEBREOS 11:1-2

Siempre que Dios ha hecho una obra poderosa, la ha hecho mediante el uso de un instrumento insignificante. Para derrotar a Goliat utilizó al pequeño David, cuando no era más que un jovencito. Cuando Dios mató a Sísara, fue mediante una mujer que usó un martillo y un clavo. Dios ha llevado a cabo sus más grandes obras utilizando los instrumentos más insignificantes: este es un hecho que se repite en todas las obras de Dios. Pedro, un pescador que estuvo presente en Pentecostés. Lutero, un humilde monje que protagonizó el movimiento de la Reforma. Whitefield, un mesero de una taberna en Gloucester en los tiempos del avivamiento del siglo diecinueve, y así será hasta el final de los tiempos. Dios no utiliza las carrozas y los caballos de Faraón sino que trabaja por medio de la vara de Moisés; no muestra sus maravillas en el torbellino y la tempestad, sino que lo hace mediante el silbido apacible, para que toda la gloria y el honor sean suyos.

¿No nos anima eso a ti y a mí? ¿Por qué no puede Dios emplearnos para llevar a cabo su obra poderosa en este lugar? Además, en todas estas historias de las obras poderosas de Dios en los tiempos pasados hemos notado que siempre que Dios hizo algo grande, fue por medio de alguien que tenía una gran fe. Los hombres que tienen una fe grande hacen grandes cosas. Fue la fe de Elías la que derrotó a los profetas de Baal. Lo mismo sucedió con Whitefield; él creyó y esperó que Dios hiciera grandes cosas. Cuando se dirigió al púlpito, creyó que Dios iba a bendecir a su pueblo, y Dios lo hizo. Una fe pequeña puede hacer pequeñas cosas, pero una fe grande recibirá gran honor.

A través de la Biblia en un año: Isaías 17–20

Pasado, presente y futuro

«Vienen días» afirma el Señor, «en los cuales el que ara alcanzará al segador y el que pisa las uvas, al sembrador».
AMÓS 9:13

Cuando las personas escuchan lo que Dios hizo en el pasado, una de las cosas que dicen es: «Ah, pero eso fue hace mucho tiempo». Piensan que los tiempos han cambiado desde entonces. Otros entre ustedes dicen: «Bueno, considero esas cosas grandes prodigios, milagros. No podemos esperar que sucedan todos los días». Esa es la razón por la cual no las vemos en la actualidad. Si hubiéramos aprendido a esperarlas, sin duda las obtendríamos, pero las colocaríamos en un estante, como si fueran cosas fuera de nuestro estilo de religión moderado, como curiosidades de la historia de las Escrituras. Creemos que esas cosas, aunque ciertas, son prodigios de la Providencia, no podemos imaginarlas como parte del trabajo ordinario de su poder maravilloso. Les ruego, hermanos, que desechen esa idea, que la saquen de su mente. Todo lo que Dios ha hecho en su propósito de convertir a los pecadores debe considerarse como un precedente, porque «La mano del Señor no es corta para salvar, ni es sordo su oído para oír» (Isaías 59:1). ¿Ha cambiado Dios? ¿Acaso no es él un Dios inmutable, el mismo ayer, hoy y siempre? ¿No es eso un argumento más que suficiente para pensar que lo que Dios hizo en algún momento lo puede volver a hacer? Incluso, creo que debo ir un poco más allá y decir que lo que una vez hizo es una profecía de lo que hará otra vez, que se repetirán las poderosas obras que ha llevado a cabo en los tiempos pasados, y otra vez se cantará en Sión la canción del Señor, y una vez más será glorificado.

A través de la Biblia en un año: Isaías 21–24

Odia tu pecado

Y ahora, queridos hijos, permanezcamos en él para que, cuando se manifieste, podamos presentarnos ante él confiadamente, seguros de no ser avergonzados en su venida.

1 JUAN 2:28

Cuando la ley de Dios nos dice: «No harás», está colocando una señal de peligro que nos advierte acerca de los lugares peligrosos. Y cuando dice: «Esto harás», está señalándonos el camino mejor y más seguro. No hay nada en la ley de Dios que te prive de la felicidad; solo te prohíbe lo que te causará dolor. Sabemos que es así y por eso nos detenemos e inclinamos nuestro rostro y lamentamos haber sido tan tontos como para cometer esa transgresión, tan malvados en nuestra obstinación suicida como para hacer aquello que Dios odia y que tanto nos daña.

Recuerden que les estoy hablando a aquellos de ustedes que son salvos, a aquellos cuyos pecados han sido perdonados. En lo profundo de mi corazón puedo escuchar al resto decir: «¿No nos dejarás unirnos contigo en el arrepentimiento para también ser perdonados?» Bendito seas, sí, sí, Dios te ayudará a unirte a nosotros y si lo haces, también encontrarás el perdón porque ¡el perdón viene por el arrepentimiento!

Amados, mientras más amen a su Señor, más odiarán el pecado. Si con frecuencia te sientas a su mesa y metes tu mano en su plato, si reclinas tu cabeza en su pecho así como Juan, si eres favorecido con la hermandad del Bien Amado, sé que a menudo encontrarás lugares de reposo donde podrás derramar tus lágrimas de amargo arrepentimiento por haber pecado contra un Salvador como Jesús.

A través de la Biblia en un año: Isaías 25–28

Nosotros estuvimos allí

Por eso, de la manera que recibieron a Cristo Jesús como Señor, vivan ahora en él, arraigados y edificados en él, confirmados en la fe como se les enseñó, y llenos de gratitud.

COLOSENSES 2:6-7

El delito más grande que se ha cometido contra el cielo fue el de asesinar la deidad, cuando los hombres clavaron en la cruz al Hijo de Dios y lo mataron como si fuera un criminal. ¿Dónde están los miserables que cometieron tan horrible hecho? Aquí están, no voy a decir que están delante de nosotros porque cada uno de nosotros lleva uno adentro. ¿Cómo puedo entonces hablarle yo a ustedes? Bueno, quizá es mejor así porque entonces, desde lo más profundo de mi corazón, les puedo rogar que permanezcamos al pie de la cruz y contemos las gotas de sangre y digamos: «Estas gotas han lavado mi pecado, sin embargo, yo ayudé a derramarlas. Esas manos, esos pies, me salvaron, sin embargo, yo los clavé allí. Ese costado abierto es el refugio de mi espíritu culpable, sin embargo, mi pecado provocó ese horrible hueco. Fue mi pecado el que mató a mi Salvador». ¡Oh, pecado, tres veces maldito, fuera de aquí! ¡Fuera de aquí! Vengamos con gozo solemne, con dolor bendito, y sentémonos debajo de la cruz para ver lo que ha hecho el pecado y, sin embargo, notemos también cómo aquel que murió en la cruz del Calvario borró ese mismo pecado.

A través de la Biblia en un año: Isaías 29–32

Nuestro más querido amigo

Pero cuando se manifestaron la bondad y el amor de Dios nuestro Salvador, él nos salvó, no por nuestras propias obras de justicia sino por su misericordia. Nos salvó mediante el lavamiento de la regeneración y de la renovación por el Espíritu Santo, el cual fue derramado abundantemente sobre nosotros por medio de Jesucristo nuestro Salvador. Así lo hizo para que, justificados por su gracia, llegáramos a ser herederos que abrigan la esperanza de recibir la vida eterna.

TITO 3:4-7

¡Oh, cuánto le debemos al Espíritu Santo! Hablo con ustedes que lo conocen. Fue el Espíritu Santo el que te despertó de tu letargo, el que te convenció de pecado, el que te consoló y ¡en qué dulce forma todavía te consuela el Divino Consolador! Sin embargo, lo resistimos y lo entristecimos. ¿No recuerdas, en tu juventud, cómo traicionaste tus convicciones, cómo acallaste tu conciencia para que no te reprendiera? Ese Espíritu bendito, a quien disgustamos y rechazamos, pudiera haberse ido y habernos abandonado para no luchar más con nosotros; pero nos amó tanto que vino e hizo su morada en nosotros, y ahora habita en nosotros. Se rebajó dentro de la pequeña celda de nuestro pobre corazón para encontrar un templo y hacerlo su habitación para siempre. Ay, alma mía, ¿cómo pudiste entristecerlo alguna vez? ¿Cómo pudiste haber resistido al mejor y más tierno de los amigos?

A través de la Biblia en un año: Isaías 33–36

Protección divina

¿No son todos los ángeles espíritus dedicados al servicio divino, enviados para ayudar a los que han de heredar la salvación?
HEBREOS 1:14

¡Cuán seguros y felices nos deberíamos sentir al saber que Dios ha encargado a los ángeles para que nos cuiden! Mi querida hermana, no te pongas tan nerviosa la próxima vez que haya una pequeña tormenta, o incluso una gran tormenta. No tengas miedo, mi querido amigo, cuando la enfermedad visite tu hogar.

¡Cuán santos debiéramos ser al tener seres tan santos velando por nosotros! Si los ángeles están siempre a tu alrededor, ten en cuenta cómo te comportas. ¿Habrías hablado como lo hiciste cuando entraste por esa puerta si hubieras visto un ángel de pie a tu lado, escuchando lo que decías? Oh, no, actúas con mucho decoro cuando hay alguien cerca a quien respetas. ¡Con cuánta frecuencia controlas tu lengua afilada cuando te puede escuchar un cristiano o una cristiana a quien estimas mucho! ¡Cuántas cosas haces que no harías delante de alguien a quien amas! Ya sea que estemos solos o acompañados, evitemos pecar, porque los ángeles siempre nos están mirando, y el ángel del Señor también nos mira. Que por su gracia nos mantenga en su santo camino y, si permanecemos en él, nos libraremos de toda maldad mientras estemos aquí, y al final veremos su rostro con gran alegría y viviremos con él para siempre.

A través de la Biblia en un año: Isaías 37–40

No es lo que parece

Cuando traté de comprender todo esto, me resultó una carga insoportable, hasta que entré en el santuario de Dios; allí comprendí cuál será el destino de los malvados.

SALMO 73:16-17

Hay tiempos cuando parece que los malvados logran todo lo que se proponen. Esta tierra no es el reino de la justicia final, todavía no estamos compareciendo ante el trono del juicio de Dios. Dios permite que por el momento algunas cosas estén confusas. Aquellos que más lo estiman con frecuencia son los menos estimados por los hombres, y aquellos que no lo tienen en cuenta parecen acaparar todos los tesoros del mundo hasta que se le saltan los ojos de gordura y tienen más de lo que cualquier corazón pudiera desear. Que ningún hijo de Dios se asombre de esto.

También es cierto que los malvados triunfan y los servidores de la iniquidad se deleitan en los mejores lugares de esta tierra. Los justos no tienen que asombrarse de estar sufriendo ahora pues este ha sido el destino del pueblo de Dios en todas las épocas, y ha habido tiempos en la historia de la humanidad cuando parece que Dios está sordo ante los lamentos de su pueblo que sufre. En dichos tiempos también se ha comprobado el poder de la Palabra de Dios. Cuando tu barca atraviesa un mar en calma, la Palabra de Dios puede llegar a convertirse en letra muerta para ti, pero cuando las olas son enormes y amenazan con ahogarte, y te hundes cada vez más y temes que las profundidades te traguen, entonces comienzas a poner a prueba las promesas de Dios y a comprobar el poder de la Palabra de Dios. Cuando su dulzura inexplicable cautiva tu corazón, entonces puedes reconocer que la Palabra de Dios te ha enseñado. Te das cuenta que «dichoso es aquel a quien tú, Señor, corriges; aquel a quien instruyes en tu ley» (Salmo 94:12).

A través de la Biblia en un año: Isaías 41–44

El amor y la disciplina

En la lucha que ustedes libran contra el pecado, todavía no han tenido que resistir hasta derramar su sangre. Y ya han olvidado por completo las palabras de aliento que como a hijos se les dirige: «Hijo mío, no tomes a la ligera la disciplina del Señor ni te desanimes cuando te reprenda, porque el Señor disciplina a los que ama, y azota a todo el que recibe como hijo. Lo que soportan es para su disciplina, pues Dios los está tratando como a hijos. ¿Qué hijo hay a quien el padre no disciplina?»

HEBREOS 12:4-7

El amor y la misericordia de Dios hacia sus hijos es constante; cuando estos se desvían, él lamenta toda su culpa y su pecado. Entonces toma la vara en su mano y, a veces, los hace llorar con amargura debido al dolor que el castigo provoca. Aplica la vara a sus mismas almas y el hierro a sus espíritus, los hace llorar y gemir y suspirar, pero todo lo que hace es en su misericordia, porque está decidido a salvarlos. No permitirá que vayan sin castigo, porque tiene misericordia de su necedad y su pecado. Y nota también que el propio castigo es un acto de misericordia, no hay un latigazo más de los que deben ser, ni un golpe más de los que están determinados, ni una gota de amargura más allá de las que son, y dicha gota nunca es demasiado amarga; la aflicción tiene su medida y es balanceada y sopesada, todo ocurre como debe ser, nunca más de lo que es necesario.

A través de la Biblia en un año: Isaías 45–48

Una fragancia santa

Sin embargo, gracias a Dios que en Cristo siempre nos lleva triunfantes y, por medio de nosotros, esparce por todas partes la fragancia de su conocimiento. Porque para Dios nosotros somos el aroma de Cristo entre los que se salvan y entre los que se pierden. Para éstos somos olor de muerte que los lleva a la muerte; para aquellos olor de vida que los lleva a la vida.

2 CORINTIOS 2:14-16

El Señor Jesús mantiene una íntima comunión con aquellos que lo conocen y ejerce una poderosa influencia sobre ellos. Él es bendito, y produce bendición. Para quienes lo aman, Jesucristo se convierte en el sabor de vida que los lleva a la vida. Para aquellos que son rebeldes y lo desprecian una y otra vez, se convierte en sabor de muerte que los lleva a la muerte. Nuestro Salvador, entonces, ejerce una influencia sobre todos aquellos que entran en comunión e intimidad con él. Si comparo dicha naturaleza humana con el barro, la tengo que comparar con el barro perfumado, que esparce su perfume por todas partes. No puedes escuchar hablar de Jesús sin recibir o rechazar una bendición. Repito, él se convierte en una bendición para todos aquellos que lo rodean o, por el contrario, si se rechaza esa bendición, ocasiona un sentimiento de culpa en aquellos que lo rechazan. Él puede ser, o bien la roca sobre la que fundamos nuestra esperanza y nuestra fe, o la piedra de tropiezo que hace caer a los que tropiezan en su Palabra, al ser desobedientes.

A través de la Biblia en un año: Isaías 49-52

¿Un siervo leal o un enemigo?

Luego miré, y oí la voz de muchos ángeles que estaban alrededor del trono, de los seres vivientes y de los ancianos. El número de ellos era millares de millares y millones de millones. Cantaban con todas sus fuerzas: «¡Digno es el Cordero, que ha sido sacrificado, de recibir el poder, la riqueza y la sabiduría, la fortaleza y la honra, la gloria y la alabanza!»
APOCALIPSIS 5:11-12

De nada sirve que un hombre diga, refiriéndose a un monarca: «Siento un gran respeto por el monarca en cuanto a su carácter en particular. No haría nada para dañarlo, hasta podría tenerle respeto. Pero como rey nunca le rendiré homenaje, nunca lo obedeceré. De hecho, haré todo lo que pueda para quitar la corona de su cabeza». ¿Pudiera el rey considerar a esa persona como otra cosa que no fuera su enemigo? Sería en vano que el hombre dijera: «En privado puedo ser tu amigo». El rey diría: «Oh, pero yo estimo mi corona tanto como mi vida». Así mismo el Señor Jesús no puede separar su derecho a la corona de su deidad. Él, «siendo por naturaleza Dios, no consideró el ser igual a Dios como algo a qué aferrarse» (Filipenses 2:6), y es llamado «Dios sobre todas las cosas. ¡Alabado sea por siempre!» (Romanos 9:5). Aquel que caminó sobre las olas del mar de Galilea, cuya voz hizo a la muerte soltar su presa, aquel que abrió las puertas del paraíso para que entrara el ladrón moribundo, dice ser igual al Padre Eterno, y así como él es «Dios sobre todas las cosas»; por tanto, es en vano que digas que respetas su carácter como hombre si no lo aceptas en su deidad. A menos que lo aceptes en su carácter oficial como Salvador de los pecadores, serás contado entre sus enemigos.

A través de la Biblia en un año: Isaías 53-56

Un pariente cercano

«¡Que el Señor lo bendiga!» exclamó Noemí delante de su nuera. «El Señor no ha dejado de mostrar su fiel amor hacia los vivos y los muertos. Ese hombre es nuestro pariente cercano; es uno de los parientes que nos pueden redimir».

RUT 2:20

Tenemos la tentación de considerar la humanidad de nuestro Señor como algo muy diferente a nuestra propia humanidad; estamos prestos a espiritualizarla y no pensar en él como hueso de mis huesos y carne de mi carne. Todo esto es un grave error, podemos pensar que estamos honrando a Cristo al tener tal concepción, pero Cristo nunca se siente honrado con algo que no sea verdad. Él fue un hombre, un verdadero hombre, un hombre de nuestra misma raza, el Hijo del Hombre. Es cierto que fue un hombre representativo, el segundo Adán: «Ya que ellos son de carne y hueso, él también compartió esa naturaleza» (Hebreos 2:14).

Ahora bien, esa participación en nuestra naturaleza lo acerca a nosotros. En su naturaleza como hombre, aunque también era Dios, fue, de acuerdo a la ley hebrea, nuestro pariente, nuestro pariente cercano. Ahora, según la ley, si se perdía una herencia, el pariente más cercano tenía derecho a redimirla. Nuestro Señor Jesucristo ejerció su derecho legal y, al vernos vendidos como esclavos y privados de nuestra herencia, vino para redimirnos, tanto a nosotros como a todas nuestras posesiones perdidas. Es una gran bendición tener un pariente como ese. La circunstancia de mayor gracia en la vida de Rut fue dirigirse a los campos de Booz y descubrir que él era su pariente cercano. Y nosotros que hemos espigado en los campos de la misericordia alabamos al Señor porque su Hijo único es nuestro pariente cercano, nuestro hermano, nacido para la adversidad.

A través de la Biblia en un año: Isaías 57–60

Una elección redentora

Pablo, siervo de Dios y apóstol de Jesucristo, llamado para que, mediante la fe, los elegidos de Dios lleguen a conocer la verdadera religión.
TITO 1:1

En las Escrituras hay una doctrina que proviene del Padre en particular. Es la doctrina de la elección. El Padre nos ha elegido para que seamos su pueblo. En las Escrituras, por todas partes, esto se señala como la obra de la primera persona de la bendita Trinidad: elegir para sí mismo un pueblo que viva para alabar su gloria. Ahora bien, hay muchos que quieren entender esta doctrina. He conocido a muchos inconversos que quieren entenderla. Con frecuencia recibo cartas de personas que no la comprenden. Dicen que sentirían paz si lograran entender esa doctrina. Pero si esta noche hay algunos de ellos aquí, les hablaré. Tú no puedes entender la elección, no puedes llegar al Padre por un camino recto desde donde estás. Solo lee la señal: «Nadie llega al Padre sino por mí (Jesús)» (Juan 14:6). Entonces, si quieres entender la elección, comienza con la redención. Nunca entenderás la elección eterna si no comienzas en la cruz. Empieza con esto: «en Cristo, Dios estaba reconciliando al mundo consigo mismo, no tomándole en cuenta sus pecados» (2 Corintios 5:19).

Sería algo raro que nuestros hijos insistieran en ir a la universidad antes de ir al colegio. Sería algo extraño si un hombre tomara su Biblia y comenzara a leerla de atrás hacia delante y leyera primero el Apocalipsis, y si todos los hombres pronunciaran la oración del Señor comenzando por el «Amén» y así siguieran hasta llegar al «Padre Nuestro». Sin embargo, algunos insisten en esto. Les fascina el misterio de la soberanía y la elección y se sienten obligados a comenzar por ello. No existe otro camino a la elección que no sea la redención.

A través de la Biblia en un año: Isaías 61–63

Comienza y termina con Cristo

En lo que atañe a la ley, ésta intervino para que aumentara la transgresión. Pero allí donde abundó el pecado, sobreabundó la gracia, a fin de que, así como reinó el pecado en la muerte, reine también la gracia que nos trae justificación y vida eterna por medio de Jesucristo nuestro Señor.

ROMANOS 5:20-21

Cada día me doy cuenta que lo más saludable para mi alma es tratar de caminar siempre en santidad, pero para hacer esto, primero tengo que venir a Jesucristo como un pecador. Voy a tratar de ser perfecto, voy a luchar por tener todas las virtudes y abandonar todas las falsedades pero, al permanecer ante Dios, mi mayor felicidad es sentarme en aquel lugar donde conocí a Jesús por primera vez, en la roca de su salvación, que no tiene nada que ver con mi propia justicia, sino con la suya. Depende de esto: la manera más feliz de vivir es hacerlo como un pobre pecador que es nada en sí mismo y tiene a Jesucristo como el todo en todo. Puedes alcanzar un alto grado en la santificación, hacer progresos extraordinarios en la gracia, desarrollar todas las virtudes que quieras; pero ruego con fervor que nunca pongas esto en el lugar que solo Cristo debe ocupar. Si has comenzado en Cristo, termina en él. Si has comenzado en la carne y continúas en la carne, sabemos cuáles serán los nefastos resultados. Pero si has empezado con Cristo como tu Alfa, deja que él sea tu Omega. Mi oración es que cuando alcances ciertas virtudes, nunca pienses que estás en un lugar más elevado, porque no es así, sino que te están encaminando a tu propia ruina.

A través de la Biblia en un año: Isaías 64–66

La piedad práctica

Al partir para Macedonia, te encargué que permanecieras en Éfeso y les ordenaras a algunos supuestos maestros que dejen de enseñar doctrinas falsas y de prestar atención a leyendas y genealogías interminables. Esas cosas provocan controversias en vez de llevar adelante la obra de Dios que es por la fe. Debes hacerlo así para que el amor brote de un corazón limpio, de una buena conciencia y de una fe sincera. Algunos se han desviado de esa línea de conducta y se han enredado en discusiones inútiles.

1 TIMOTEO 1:3-6

Algunos cristianos son muy curiosos pero no son obedientes. Descuidan preceptos claros y, sin embargo, tratan de resolver problemas difíciles. Recuerdo uno de ellos que parecía estar siempre ocupado en las trompetas, los sellos y el resto de los símbolos apocalípticos. Sabía mucho acerca de ese tema pero tenía una familia de siete hijos y nunca celebraban un tiempo de oración familiar. Si hubiera dejado un poco las trompetas y los sellos para ocuparse de sus hijos, habría sido mucho mejor. He conocido hombres que saben mucho de Daniel y de Ezequiel y, sin embargo, con frecuencia se olvidan de Éxodo 20 y no están muy claros acerca de Romanos 8. No critico a tales hombres por estudiar a Daniel o a Ezequiel, todo lo contrario, pero hubiera querido que fueran más celosos en la búsqueda de la conversión de los pecadores de su vecindario y más cuidadosos para ayudar a los santos en necesidad. Reconozco el valor de estudiar el significado de los pies de la imagen en la visión de Nabucodonosor y la importancia de conocer los reinos que representan cada uno de los diez dedos, pero no estoy de acuerdo con que estos asuntos ocupen el lugar de practicar la piedad. Si dicho hombre dedicara el tiempo que emplea en el estudio de complicados asuntos teológicos a llevar a cabo una obra de evangelismo en los alrededores de su casa, sus semejantes recibirían mayor beneficio y Dios, mayor gloria.

A través de la Biblia en un año: 2 Juan, 3 Juan, Judas

Procura depender de la oración

¿Está afligido alguno entre ustedes? Que ore. ¿Está alguno de buen ánimo? Que cante alabanzas.
SANTIAGO 5:13

Los problemas alejan a los hombres carnales de la religión que dicen que profesan pero unen al verdadero rebaño, tal y como cuando las ovejas se asustan y se alarman, buscan al Buen Pastor. Mientras más dolor sentimos, más gracia necesitamos y más cerca de nuestro Consolador venimos. «¡Más cerca de Dios!» es el clamor del santo cuando está en problemas. El consuelo de un hijo de Dios en la oscuridad es la oración. La adversidad, que es una bendición del Espíritu Santo, nos hace recordar las promesas. Las promesas alimentan nuestra fe y la fe nos conduce a la oración, Dios oye y responde nuestra petición. Esta es la cadena de acontecimientos que experimenta un alma atribulada. Cuando pasemos por la tribulación, ya que conocemos las promesas, ejercitemos nuestra fe y vayamos a Dios en oración; porque nunca se ha vuelto un hombre a Dios de todo su corazón sin que Dios no se vuelva a él. Si decidimos orar, podemos confiar en que Dios decidirá bendecirnos. Las bendiciones se encuentran en el camino al cielo; su sombra está siempre sobre nosotros. «Días y años nos has afligido, nos has hecho sufrir; ¡devuélvenos ahora ese tiempo en alegría!» (Salmo 90:15).

A través de la Biblia en un año: Jeremías 1–4

Prisioneros espirituales

Pero la Escritura declara que todo el mundo es prisionero del pecado, para que mediante la fe en Jesucristo lo prometido se conceda a los que creen. Antes de venir esta fe, la ley nos tenía presos, encerrados hasta que la fe se revelara.

GÁLATAS 3:22-23

¿Alguna vez has visitado una celda de un prisionero condenado a muerte? Asomarte a ella y ver a dicho hombre allí es suficiente para hacerte desmayar. ¡Imagina que fuera tu hijo! ¡Imagina que fuera tu esposo! ¡Imagina que fuera tu hermano! Pero escucha: «El que no cree ya está condenado» (Juan 3:18). Perdónennos, ustedes nuestros familiares inconversos, por decirles que corren un tremendo peligro al estar sentados en la celda de los condenados a muerte y serán ejecutados en breve, a no ser que la infinita misericordia les conceda el perdón gratuito. Qué horribles escenas debe ver una persona en un campo de batalla. Cuando veo un hombre que sangra porque se ha cortado me siento el corazón en la boca, no puedo resistir la escena; ¡cuánto más al ver hombres desmembrados, desentrañados, retorciéndose en sus últimos minutos de vida! ¡Qué horroroso es caminar entre un montón de cadáveres y tropezar a cada instante con alguno de ellos! Sin embargo, ¿qué es la muerte física comparada con la muerte espiritual? Qué horroroso es vivir bajo el mismo techo con familiares que están muertos en vida, muertos para Dios. El pensamiento está lleno de angustia. Si Dios contendiera con nuestros parientes que están muertos desde el punto de vista espiritual, si le diera vida a aquel que ha sido «puesto aparte, entre los muertos; parece un cadáver que yace entre los muertos» (Salmo 88:5), ¡qué gran consuelo recibiríamos nosotros!

A través de la Biblia en un año: Jeremías 5–8

El bálsamo del servicio

Alabado sea el Dios y Padre de nuestro Señor Jesucristo, Padre misericordioso y Dios de toda consolación, quien nos consuela en todas nuestras tribulaciones para que con el mismo consuelo que de Dios hemos recibido, también nosotros podamos consolar a todos los que sufren.
2 CORINTIOS 1:3-4

Con frecuencia nuestro trabajo es una gran fuente de consuelo. En el campo de batalla de Gettysburgo hubo una horrible confrontación y entre los heridos se encontraba un cierto capellán llamado Eastman cuyo caballo le había dañado la espalda al caer sobre él. La noche llegó con su densa y temible oscuridad y aquel hombre, incapaz de ponerse en pie, yacía allí en su profundo dolor, pero en eso escuchó alguien que exclamaba con una débil voz: «¡Oh, Dios!» Al escucharlo, se sintió motivado y se arrastró por los charcos de sangre entre los muertos hasta llegar al lado de aquel moribundo y le habló de Jesús y de la salvación gratuita que le ofrecía. El hombre murió lleno de esperanza y precisamente entonces vinieron dos soldados y le dijeron a Eastman que no muy lejos de allí se estaba muriendo el capitán y debían llevarlo hasta allí. De modo que, a pesar de su intenso dolor, se dispuso a llevar a cabo su obra de misericordia, y mientras aún era de noche, habló de Jesús a muchos hombres moribundos. ¿Podía acaso haber tenido un alivio mayor para su dolor? Pienso que no. ¿Por qué? Porque creo que el haber permanecido allí sobre su espalda sin otra cosa que hacer que no fuera gemir y llorar habría sido horrible, sin embargo, el hecho de ser llevado a otros, a pesar de su angustia y dolor, para proclamar el mensaje de misericordia, ¡hizo soportable el dolor de su espalda! Así mismo cuando extrañas a un amigo, o has perdido alguna posesión, o tu espíritu está cargado, encontrarás tu consuelo más seguro al servir a Dios con todas tus fuerzas.

A través de la Biblia en un año: Jeremías 9-12

La más preciosa labor

Por eso les dije: «Ustedes son testigos de nuestra desgracia. Jerusalén está en ruinas, y sus puertas han sido consumidas por el fuego. ¡Vamos, anímense! Reconstruyamos la muralla de Jerusalén para que ya nadie se burle de nosotros!» Entonces les conté cómo la bondadosa mano de Dios había estado conmigo y les relaté lo que el rey me había dicho. Al oír esto, exclamaron: «¡Manos a la obra!» Y unieron la acción a la palabra.

NEHEMÍAS 2:17-18

Pienso que el mejor trabajo que se hace para Dios, con frecuencia se lleva a cabo de una manera irregular. Cada vez más me siento como aquel viejo soldado de Waterloo cuando le preguntaron acerca del mejor uniforme que debía usar un soldado. El duque de Wellington le dijo: «Si tuviera que combatir otra vez en Waterloo, ¿cómo le gustaría ir vestido?» La respuesta fue: «Por favor, señor, me gustaría ir solo con mi camisa», creo que eso es lo mejor. Libérate de todas las cosas superfluas y enfrenta lo que sea. Allí están las multitudes, yéndose directo al infierno, y nosotros estamos considerando este modo de obrar o aquel otro, y calculando las mejores formas de no hacerlo, y creando comités para considerar y debatir, para decidir fechas y posponer, y dejar la obra suspendida por el momento. La mejor forma es levantarse y llevar a cabo el trabajo, y luego reunir al comité y debatir. Dios nos asegura que lo podemos hacer. Hijo mío, ve a trabajar hoy. Haz algo práctico, real, con resultados.

Y al referirnos a un buen trabajo, queda implícita la idea de que necesitarás esfuerzos, dedicación, seriedad, negación de uno mismo, quizá algo que exigirá perseverancia. Con toda responsabilidad tendrás que aferrarte a ello. Tendrás que entregarte a la tarea de todo corazón y dejar muchas otras cosas que estorben tu labor.

A través de la Biblia en un año: Jeremías 13–16

Vale la pena hacerlo bien

Recordarán, hermanos, nuestros esfuerzos y fatigas para proclamarles el evangelio de Dios, y cómo trabajamos día y noche para no serles una carga.
1 TESALONICENSES 2:9

Oh, hombres y mujeres cristianos, no glorificarán mucho a Dios a menos que dediquen todas sus fuerzas y consagren todo su cuerpo, alma y espíritu —todo su ser— a la obra del Señor Jesucristo. Para hacer esto no necesitan abandonar a sus familias, ni sus negocios ni sus ocupaciones seculares. Pueden servir a Dios en estas cosas. Con frecuencia constituirán oportunidades para ti, pero tienes que lanzarte a estas. Un hombre es incapaz de ganar almas para Cristo cuando él mismo está medio dormido. Tenemos que estar bien despiertos y llenos del Espíritu de Dios para librar la batalla en nombre del Señor Jesucristo. Hijo mío, ve a trabajar hoy. No vayas a jugar a ser el maestro de la Escuela Dominical. No vayas a jugar a ser el predicador. No vayas a jugar a ser el que exhorta a las personas en las calles o el que reparte los tratados. Hijo mío, ve a trabajar. Involucra tu alma en ello. Si vale la pena hacerlo, vale la pena hacerlo bien; y si vale la pena hacerlo bien, vale la pena hacerlo mejor que nunca antes; e incluso entonces, valdrá la pena hacerlo aún mejor. Porque cuando lo hayas hecho lo mejor que puedas, todavía tendrás que extenderte a algo mejor, ya que lo mejor de lo mejor es muy poco para un Dios como el nuestro y un servicio como el suyo. Hijo mío, ve a trabajar.

A través de la Biblia en un año: Jeremías 17–20

Tú eliges

Ningún sirviente puede servir a dos patrones.
LUCAS 16:13

Ay, hombre inmundo, ¿cómo puedes soñar con la salvación cuando estás lleno de suciedad? ¿Qué? ¡Tú y tu ramera, miembros de Cristo! Ay, no conoces a mi puro y santo Salvador. Él recibe a los pecadores, pero rechaza a los que se deleitan en sus iniquidades. Para ser limpio de la culpa del pecado tienes que dejar de ser indulgente ante él. No puedes continuar en tus transgresiones y mantener tu salvación, esta es una presuposición licenciosa. Cristo vino para salvarnos de nuestros pecados, no para que estemos seguros mientras hacemos lo malo. La sangre que lava nuestras manchas también trae como consecuencia odio hacia aquellas cosas que provocaron esas manchas. Si no rechazamos el pecado, no recibiremos la salvación.

Ahora hablo con mucha franqueza sobre este tema, pero aquí hay algunos de corazón puro que no saben bien cuán claro debemos hablar para despertar ciertas conciencias, pues siento vergüenza al ver que año tras año algunos se deleitan en un pecado oculto y, no obstante, asisten con frecuencia a la casa de Dios. Tú pensarías al verlos allí que están convertidos o que pronto lo estarán pero, si los siguieras hasta su casa, te asombrarías de lo que verías. Ay, amantes del pecado, no se engañen a sí mismos pues, con toda seguridad, cosecharán lo que siembren. ¿Cómo puede reinar la gracia en ustedes si son esclavos de sus propias pasiones? ¿Cómo es posible, mientras estén anclados a un pecado oculto, que sean renacidos mediante la gracia a un estado de seguridad? Si no abandonas tu pecado, puedes abandonar toda esperanza de ir al cielo; si insistes en tu pecado, el infierno te atrapará para siempre. Quiera Dios librarnos a todos del amor al pecado, porque tal liberación es la salvación.

A través de la Biblia en un año: Jeremías 21–24

Salvos de verdad

Porque así dice el Señor omnipotente, el Santo de Israel: «En el arrepentimiento y la calma está su salvación, en la serenidad y la confianza está su fuerza, ¡pero ustedes no lo quieren reconocer!»
ISAÍAS 30:15

Muchas personas cometen un gran error en cuanto a la salvación, confunden el significado del término, y para ellas la salvación significa ser libradas del infierno. Ahora bien, el significado correcto de la salvación es la purificación de la maldad. En realidad, un hombre no tiene muchos deseos de ser salvo si todo lo que quiere es escapar del castigo que sus ofensas merecen. ¿Acaso ha existido algún asesino que no deseara librarse de la horca? Cuando un hombre comete un hecho de brutal violencia, y prepara su espalda para recibir los azotes, puedes estar seguro que se arrepiente de haber hecho lo que hizo, es decir, se arrepiente porque tiene que sufrir por ello, pero eso es todo, y es un todo bastante pobre. No lamenta el daño que causó a su víctima inocente, el haberla perjudicado de por vida. ¿Cuál es el valor de tal arrepentimiento?

¿Deseas tener un corazón nuevo? ¿Deseas ser como Dios quisiera que fueras: justo, amoroso, amable, casto, según el ejemplo del gran Redentor? De ser así, entonces tu deseo proviene de Dios, pero si todo lo que quieres es morir sin temor a despertar en el otro mundo en medio de un horrible lugar de tormento, y eso es todo, no hay nada de gracia en ello, y no te sorprendas si te digo que no sabes lo que significa la salvación. Busca la salvación como el reino de Dios dentro de ti, búscala de esa forma y hazlo ahora, y Dios no te la negará.

A través de la Biblia en un año: Jeremías 25–29

Todos somos responsables

Está escrito: «Tan cierto como que yo vivo» dice el Señor, «ante mí se doblará toda rodilla y toda lengua confesará a Dios». Así que cada uno de nosotros tendrá que dar cuentas de sí a Dios.

ROMANOS 14:11-12

«Rinde cuentas de tu administración» bien puede ser una orden para los impíos (Lucas 16:2). Ellos son responsables ante Dios de todo lo que tienen, o lo que alguna vez tuvieron, o lo que tendrán. La ley del Señor no es menos severa ante su pecado; son responsables ante Dios, a pesar de que intentan evadir el yugo del Todopoderoso. Como criaturas formadas por la mano divina y sustentadas por su poder, tienen el deber de servir a Dios, y si no lo hacen, Dios les reclamará: «Rinde cuentas de tu administración».

Este texto también se aplica a los hijos de Dios, los hombres temerosos de Dios, pero en un sentido diferente. En primer lugar, los hombres temerosos de Dios son hijos de Dios y permanecen en Cristo. No son solo criaturas de Dios, ya que Jesucristo pagó todo lo que debían en su condición de pecadores, y se convirtió en su Sustituto y Salvador. Por tanto, están en un lugar diferente al resto de los hombres pues, luego de haber sido adoptados en la familia de Dios y salvos por gracia, Dios les confió talentos que deben usar para su honra y gloria. Al ser salvos y llegar a ser hijos de Dios, se convierten en sus siervos y, como tales, son responsables ante él y tendrán que rendir cuentas de su mayordomía.

A través de la Biblia en un año: Jeremías 30–32

Valor infinito

¿Qué les parece? Si un hombre tiene cien ovejas y se le extravía una de ellas, ¿no dejará las noventa y nueve en las colinas para ir en busca de la extraviada?

MATEO 18:12

En estos tiempos modernos existe la tendencia de pensar poco en la conversión de los individuos y considerar la obra del Espíritu Santo en cada individuo por separado como un negocio que va demasiado lento para esta época tan progresiva. No temo afirmar que si rechazamos el método de la conversión individual llegaremos a tener un ministerio poco saludable y nos estrellaremos contra las rocas de la hipocresía. Incluso en esos tiempos gloriosos cuando el evangelio ha tenido su mayor auge y se ha expandido más rápido y ha recibido mayor gloria, su progreso ha sido según el mismo orden de la convicción de pecado, la conversión y la santificación de los individuos, quienes deben cada uno creer y ser bautizados de acuerdo a la Palabra del Señor.

Espero que ninguno de ustedes tienda a despreciar aquella oveja extraviada debido a los proliferantes métodos filosóficos que tanto se anuncian en la actualidad. Si queremos que los extraviados vengan a Cristo como grandes multitudes, como oro que suceda, debemos traerlos uno por uno. Pretender una regeneración nacional sin una regeneración personal es soñar con construir una casa sin el uso de ladrillos separados. Convéncete de que no puedes hacer nada mejor que obedecer el ejemplo de nuestro Señor Jesucristo e ir en busca de la oveja extraviada.

A través de la Biblia en un año: Jeremías 33–36

La oveja extraviada

Y si llega a encontrarla, les aseguro que se pondrá más feliz por esa sola oveja que por las noventa y nueve que no se extraviaron. Así también, el Padre de ustedes que está en el cielo no quiere que se pierda ninguno de estos pequeños.
MATEO 18:13-14

Las ovejas requieren de muchos cuidados: pueden sufrir diversas enfermedades, dolencias y tener muchas necesidades, pero cuando conoces a tu rebaño y lo quieres, al cuidarlo te sientes como en casa. Así mismo se describe el Gran Pastor cuando deja las noventa y nueve, su rebaño escogido, las ovejas que tienen comunión con él y, a su vez, con las que él tiene comunión. Sí, deja a aquellas en las que se regocija para buscar a la que le causa dolor. No voy a insistir en el hecho de que él dejó el paraíso y toda la gloria de la casa de su Padre para venir a este mundo de miseria, pero espero que recuerdes que así lo hizo. Fue un descenso maravilloso cuando él vino desde más allá de las estrellas para morar en este planeta rodeado de nubes y redimir a los hijos de los hombres. Pero recuerda, él todavía viene por medio de su Espíritu. Su obra de misericordia es permanente. El Espíritu de Dios guía a sus ministros, que son los representantes de Cristo, para que se priven del alimento de su rebaño y busquen, por medio de sus predicaciones, la salvación de las extraviadas, en cuyo carácter y conducta no hay nada que nos pueda agradar. No quiere que su iglesia dedique todos sus cuidados al rebaño que está en los pastos verdes, sino que anhela que vaya a los campos y busque a aquellas ovejas que todavía no forman parte de su bendito rebaño.

A través de la Biblia en un año: Jeremías 37–40

Consumido en el servicio

Aunque soy libre respecto a todos, de todos me he hecho esclavo para ganar a tantos como sea posible.
1 CORINTIOS 9:19

Si este es nuestro tiempo para hacer el bien, hagámoslo mientras podamos. A veces escucho a algunas personas decir: «El Sr. X trabaja mucho, trabaja demasiado». Ah, pero ninguno de nosotros hace ni la mitad de lo que debía hacer. Nunca digas que alguien hace demasiado por el Señor Jesucristo. Eso es imposible. ¿Debo yo seguir durmiendo mientras las almas perecen? ¿Debe esta carne débil mantenerme inactivo mientras los hombres mueren y el infierno se llena? Dejemos la tibieza. Si Dios nos ha hecho luz del mundo, consumámonos tal como lo hace una vela, que se consume al brindarnos su luz. Como aquella pobre niña que solo tenía una vela y trabajaba con presteza y desesperación porque pronto se consumiría, así mismo instemos nosotros a tiempo y fuera de tiempo, velando, orando, trabajando por la salvación de las almas. Si tan solo pudiéramos ver las almas perdidas y comprender su angustia indecible, nos sacudiríamos el polvo del camino y continuaríamos trabajando mientras aún se dice hoy.

A través de la Biblia en un año: Jeremías 41–44

Su ejemplo

Muy de madrugada, cuando todavía estaba oscuro, Jesús se levantó, salió de la casa y se fue a un lugar solitario, donde se puso a orar.
MARCOS 1:35

Recuerda que *nuestro* Señor no solo insistió en la necesidad de orar sino que él mismo nos dejó un gran ejemplo de lo que es una vida de oración. Las enseñanzas de un profesor se refuerzan cuando él constituye un ejemplo vivo de lo que enseña, al poner en práctica sus propias instrucciones. Jesús fue un maestro poderoso tanto en obra como en palabra, de él leemos: «Jesús comenzó a hacer y enseñar» (Hechos 1:1). En el ejercicio de la oración, «el frío de la medianoche» pudo atestiguar que él fue un gran practicante de lo que enseñaba. Cuando exhortó a sus discípulos a que perseveraran en la oración y «oraran sin cesar», solo les estaba pidiendo que siguieran sus pisadas. Si alguno de los miembros del cuerpo místico no hubiera tenido necesidad de orar, de seguro habría sido nuestra Cabeza del Pacto, pero si nuestra Cabeza tuvo una vida de oración, mucho más nosotros, los miembros inferiores. Él nunca cometió los pecados que a nosotros nos afectan y debilitan desde el punto de vista espiritual. No tenía deseos lujuriosos contra los cuales luchar, pero si aquel que tuvo toda la pureza y la perfección se acercó a Dios con tanta frecuencia, ¡cuánto más debemos nosotros perseverar en nuestras súplicas! ¡Sigamos el ejemplo de quien fue tan poderoso, tan grande y, a la vez, tan consagrado en la oración!

A través de la Biblia en un año: Jeremías 45–48

Una alabanza consagrada

Alaben al Señor, ustedes sus ángeles, paladines que ejecutan su palabra y obedecen su mandato. Alaben al Señor, todos sus ejércitos, siervos suyos que cumplen su voluntad. Alaben al Señor, todas sus obras en todos los ámbitos de su dominio. ¡Alaba, alma mía, al Señor!

SALMOS 103:20-22

El cristiano debe llevar una vida de completa devoción a Dios. Alabar a Dios con nuestras voces y nuestras acciones por las misericordias recibidas, y luego orar a Dios por las misericordias que necesitamos, reconociendo con devoción que provienen de él, son los dos ejercicios que de una u otra forma deben conformar toda la existencia de un ser humano. El salmo de nuestra vida debe alternar versos de oración con versos de alabanza, hasta que lleguemos al otro mundo, donde cesará la oración y la alabanza se ocupará de toda nuestra inmortalidad. «Pero», dice alguien, «tenemos nuestras ocupaciones cotidianas que debemos atender». Sé que es así, pero existe una forma de hacer de las ocupaciones diarias parte de nuestra vida de alabanza y oración. Dices: «Danos nuestro pan diario», esa es una oración que haces antes de irte a trabajar, pero mientras trabajas, si lo haces con un espíritu consagrado, estás activamente orando la misma oración mediante tu legítima labor. Alabas a Dios por las misericordias recibidas mediante un himno que elevas en la mañana, y cuando te dedicas a llevar a cabo los deberes de la vida y haces allí aquellas cosas que honran el nombre de Dios, estás elevando tu alabanza más sublime. Recuerda que, para los cristianos, trabajar es orar, como diría aquel verso de Coleridge: «El que más ora es aquel que más ama».

A través de la Biblia en un año: Jeremías 49–52

Persevera en la oración

Cada uno tenía un arpa y copas de oro llenas de incienso, que son las oraciones del pueblo de Dios.
APOCALIPSIS 5:8

Los hombres «deben orar siempre, sin desanimarse» (Lucas 18:1). Semana tras semana, mes tras mes, año tras año, la conversión de aquel hijo amado debe ser el motivo de ruego constante del padre. Traer a los pies de Cristo a ese esposo inconverso tiene que ser la constante súplica del corazón de la esposa, día y noche hasta que lo logre; el hecho de haber estado orando sin éxito aparente durante diez o veinte años no se debe tomar como una razón para dejar de orar; ella no tiene autoridad alguna para decirle a Dios cuál es el tiempo ni el momento adecuado, sino que mientras tenga vida y viva también el objeto de su constante oración, tiene que continuar insistiendo ante el poderoso Dios de Jacob.

El pastor no debe buscar una bendición ocasional para su pueblo, y al recibir un poco de ella dejar de interceder, sino que debe continuar con vehemencia, sin detenerse, sin disminuir sus energías, con sus ruegos y súplicas, hasta que vea las ventanas de los cielos abiertas de par en par derramando una bendición demasiado grande como para albergarla. Sin embargo, ¡cuántas veces pedimos a Dios y no recibimos porque no esperamos lo suficiente delante de su puerta! Oh, que por gracia aprendamos a esperar junto al ángel de Dios y nunca, nunca, nunca relajar nuestras fuerzas, al comprender que no debemos desmayar hasta obtener aquello por lo cual oramos, porque las almas dependen de ello, la gloria de Dios está involucrada en esto y el estado de nuestros semejantes está en peligro. No podemos cesar de orar por nuestras almas ni por las de nuestros seres más queridos, ni por las almas del resto de los hombres. Tenemos que orar una y otra vez hasta que obtengamos la respuesta.

A través de la Biblia en un año: Apocalipsis 1–2

Sacrificio divino

Él fue entregado a la muerte por nuestros pecados, y resucitó para nuestra justificación.
ROMANOS 4:25

El propio nombre de Jesús nos recuerda que él salvará a su pueblo de los pecados. Me gustaría agregar que, ya que la salvación de Dios es tan grande, tiene que haber sido motivada por grandes pecados. ¿Hubiera Cristo derramado la sangre de su corazón por algunos pecados insignificantes, veniales, que nuestras lágrimas pudieran lavar? ¿Piensas que tu Dios habría ofrecido a su Hijo para que muriera por una simple superficialidad? Si el pecado hubiera sido un asunto de poca envergadura, un pequeño sacrificio habría sido suficiente. ¿Acaso piensas que aquel sacrificio divino fue llevado a cabo solo por unas pequeñas ofensas? ¿Se sacrificó Jesús por los pecados pequeños y no por los grandes? No, el Señor Dios midió el tamaño de nuestro pecado y lo halló tan alto como el cielo, tan profundo como el infierno, tan ancho como el infinito, y por eso nos concedió un Salvador tan grande. Dio a su Hijo único, un sacrificio infinito, un sacrificio que no se puede medir. Con dolores y terrores de muerte que nunca se podrán describir con toda exactitud, el Señor Jesús derramó su alma en un sufrimiento indecible, para proveer una gran salvación al más grande de los pecadores. Mira a Jesús en la cruz y entiende que todo tipo de pecado y blasfemia se le perdonará a los hombres. La salvación, eso es para mí, pues yo estoy perdido. Una gran salvación, eso es para mí, pues yo soy el más grande de los pecadores. ¡Oh, escucha mi palabra en este día! Es una palabra de amor de parte de Dios, y repica como una campana de plata. Lloro por ti y, sin embargo, me siento como si cantara todo el tiempo, porque he sido enviado a proclamar la salvación del Señor para los peores de ustedes.

A través de la Biblia en un año: Apocalipsis 3–5

Nuestra recompensa futura

Que el Señor le pague a cada uno según su rectitud y lealtad.
1 SAMUEL 26:23

Durante el día trabajamos y en la tarde recibimos el pago por nuestro trabajo. De esa misma forma es que muchos cristianos buscan la recompensa inmediata por su labor, y si la reciben, empiezan a regocijarse en ella como si hubieran recibido su verdadera recompensa. Igual que los discípulos que regresaron y le dijeron a Jesús: «Señor, hasta los demonios se nos someten en tu nombre» (Lucas 10:17), se regocijaron solo en la prosperidad presente. Sin embargo, el Maestro los amonestó para que no consideraran el éxito como su recompensa por hacer milagros, ya que no sería siempre así. «Sin embargo», les dijo, «no se alegren de que puedan someter a los espíritus, sino alégrense de que sus nombres están escritos en el cielo» (Lucas 10:20). El éxito en el ministerio no es la verdadera recompensa del ministro cristiano: es un pago inicial, pero todavía se aguarda la recompensa. No debes considerar la aprobación de tus semejantes como la recompensa a la excelencia pues, con frecuencia, tendrás el resultado contrario; verás tus mejores acciones distorsionadas y tus motivos malinterpretados.

Ser desechado y rechazado por los hombres es el destino del cristiano. Ni siquiera gozará siempre de buena reputación entre sus semejantes cristianos. No todo lo que recibimos de los santos es absoluta bondad y puro amor. Te advierto que si buscas tu recompensa en la misma novia de Cristo, no la obtendrás. «Cuando el Rey venga en su gloria», entonces será el tiempo de recibir la recompensa; pero no hoy, ni mañana, ni en algún otro tiempo mientras estemos en este mundo.

A través de la Biblia en un año: Apocalipsis 6–8

Nuestro Divino carpintero

En el hogar de mi Padre hay muchas viviendas; si no fuera así,
ya se lo habría dicho a ustedes. Voy a prepararles un lugar.
JUAN 14:2

El gran Dios ha preparado un reino para su pueblo. Él pensó: «Eso les agradará y los bendecirá, mientras esto otro les proporcionará una felicidad pasajera». Él preparó el reino hasta hacerlo perfecto y entonces, como si no fuera suficiente, el Hombre glorioso, Cristo Jesús, ascendió de la tierra al cielo; y tú sabes lo que dijo en el momento de su partida: «Voy a prepararles un lugar». Sabemos que el Dios infinito puede preparar un lugar ideal para una criatura finita, pero sonreímos al darnos cuenta que el propio Jesús, quien también es Hombre y, por lo tanto, conoce los deseos de nuestros corazones, ha participado en la construcción de ese lugar, en su preparación. Es un reino preparado para ti, en el que Dios pensó desde antes de la fundación del mundo, para hacerlo un lugar excelente. Ha preparado un lugar para *ti*. Aquí la elección personal juega un papel importante. Él dijo que cada uno de los suyos estará donde él está. «Preparado desde la fundación del mundo». Aquí vemos la elección eterna, incluso antes de que los hombres fueran creados, preparando coronas para las cabezas antes de que estas existieran. Por lo tanto, nuestra porción está preparada desde la eternidad para nosotros de acuerdo a la elección de la gracia de Dios, una porción que satisfará al carácter más exigente, que estará muy cerca de Cristo, en comunión con Dios, y en un lugar de eterna dignidad y felicidad.

A través de la Biblia en un año: Apocalipsis 9–10

Yo soy

Pero él habló en seguida con ellos y les dijo:
«¡Cálmense! Soy yo. No tengan miedo».
MARCOS 6:50

Jesús dijo estas palabras a los hombres atemorizados por la tempestad, y necesitamos recordarlas cuando nos sentimos deprimidos por los acontecimientos de estos tiempos convulsos. En épocas de depresión económica, abundantes enfermedades, terribles guerras y desastres públicos, es un bálsamo para nuestro espíritu el saber que Jesús todavía es el mismo. Puede que el pecado abunde cada vez más, que la luz del evangelio esté debilitada y que el príncipe de las tinieblas extienda su soberanía destructora, sin embargo, esta verdad permanece firme, Jesús todavía dice: «Yo soy». En algunas épocas la influencia diabólica parece enorme, es como si las riendas de las naciones estuvieran en las manos del Gran Gobernante, pero no es así. Observa a través de la oscuridad y verás a tu Señor en medio del huracán, caminando sobre las aguas de la política, liderando los conflictos entre las naciones, gobernando, ordenando, arreglándolo todo, haciendo incluso que la ira de Dios lo alabe, y restringiéndola de acuerdo a su sabiduría. Más allá del rugido de la tormenta, escucho su voz decir: «Soy yo». Cuando los corazones de los hombres se hunden en el temor y sienten que se esfuerzan en vano sus remos al punto de quebrarlos, escucho aquella palabra que es el alma misma de la música: «Soy yo. No tengan miedo. Yo dirijo todas las cosas. Vengo a rescatar la barca, mi iglesia; ella flotará una vez más en aguas mansas y alcanzará el puerto deseado».

A través de la Biblia en un año: Apocalipsis 11–13

Él todavía hace milagros

Los que son de Cristo Jesús han crucificado la naturaleza pecaminosa, con sus pasiones y deseos.
GÁLATAS 5:24

El pecado pierde su poder en aquel hombre que acude a Jesús para que lo libre de él. Incluso algunos pecados que se han convertido en hábitos desaparecen en un momento cuando Jesucristo mira con amor a un hombre. Conozco varios ejemplos de hombres que, durante muchos años, no podían hablar sin jurar o maldecir en su conversación, pero que luego de convertirse eliminaron todo este tipo de lenguaje y nunca más se sintieron tentados a utilizarlo. He conocido a otros que cambiaron de forma tan radical que aquello que más los tentaba pasó a ser lo que menos les molestaba luego de su conversión. Sufrieron tal transformación mental que, mientras otros pecados los acosaron durante años y tuvieron que luchar para mantenerse firme ante ellos, aquel pecado dominante y favorito nunca más ejerció la menor influencia sobre ellos, excepto para provocarles un sentimiento de horror y un profundo arrepentimiento. ¡Ah, si tuvieras la fe suficiente para creer que Jesús es capaz de echar de ti los pecados que más te dominan! Cree en el brazo conquistador del Señor Jesús, y él lo hará. La conversión es el mayor milagro de la iglesia. Cuando es genuina, es una prueba infalible del poder divino que acompaña al evangelio, como lo fue la expulsión de los demonios o como lo será la resurrección de los muertos en el día del Señor.

A través de la Biblia en un año: Apocalipsis 14–16

Hijos obedientes

Su madre dijo a los sirvientes: «Hagan lo que él les ordene».

JUAN 2:5

Si la gracia de Dios te ha salvado, tu salvación te obliga a hacer lo que Jesús te ordena. ¿Has sido redimido? Entonces no te perteneces, fuiste comprado por precio. ¿Has sido adoptado en la familia de Dios? Entonces se deduce que, al ser hijo, debes obedecer las leyes de la familia. ¿Acaso no es este un aspecto esencial que es inherente al hecho de ser hijo, el reverenciar al gran Padre de familia? El Señor se complació en quitar tu pecado y ahora estás perdonado. ¿Pero no incluye el perdón una transformación? ¿Haríamos bien en volver a nuestros pecados pasados de los que fuimos limpiados? ¿Debemos regresar a practicar las iniquidades de las que fuimos lavados por la sangre de nuestro Señor Jesús?

Como le dijo María a los sirvientes de la boda en Caná de Galilea, así les digo yo a ustedes: «Todo lo que él les diga, háganlo». ¿Te dice que ores? Entonces ora sin cesar. ¿Te ordena velar, además de orar? Entonces vigila cada acto, cada palabra y cada pensamiento. ¿Te ordena amar a tus semejantes? Entonces ámalos con un corazón puro y ferviente. ¿Te ordena servirlos y humillarte por amor a ellos? Entonces hazlo y conviértete en el siervo de todos. ¿Te dijo él: «Sean ustedes santos, porque yo, el Señor, soy santo»? Entonces procura esto mediante su Espíritu Santo. ¿Te dijo él: «Sé perfecto, así como tu Padre en los cielos es perfecto»? Entonces esfuérzate por alcanzar la perfección, porque aquel que te hizo completo tiene el derecho de dirigir tu camino y, a su vez, encontrarás tu felicidad y tu seguridad al someterte a sus mandamientos.

A través de la Biblia en un año: Apocalipsis 17–19

Frutos santos

Este evangelio está dando fruto y creciendo en todo el mundo, como también ha sucedido entre ustedes desde el día en que supieron de la gracia de Dios y la comprendieron plenamente.

COLOSENSES 1:6

En la actualidad, la iglesia de Dios desea con gran fervor llevar el mensaje del evangelio a todo el mundo. Por amor a Cristo, deseamos que las personas reconozcan las verdades que predicamos y obedezcan los preceptos que Dios ha establecido. Pero hay que tener en cuenta que ninguna iglesia tendrá poder sobre las multitudes de uno u otro lugar, a no ser en la medida que les haga bien. Ahora, si una iglesia puede demostrar que está contribuyendo a hacer a los hombres honestos, templados, puros, morales, santos; que está buscando a los ignorantes para instruirlos; que está convirtiendo los desiertos morales en jardines, tomando la mala hierba y la maleza de la selva para transformarlas en preciosos árboles frutales, entonces el mundo estará listo para escuchar lo que tiene que decir y pensar en ello.

Si tienes una iglesia que es devota, que es santa, que vive para Dios, que hace buenas obras en su vecindario, que a través de la vida de sus miembros esparce la santidad y la justicia; en una palabra, si tienes una iglesia que en verdad está haciendo al mundo mejor en el nombre de Jesús, a la larga te darás cuenta que incluso los más carnales y superficiales dirán: «La iglesia que está haciendo todo este bien merece ser respetada; por tanto, escuchemos lo que tiene que decir». Una iglesia santa se dirige al mundo con autoridad en el nombre de Jesucristo su Señor y el Espíritu Santo usa esta fuerza para someter a los corazones humanos a la verdad.

A través de la Biblia en un año: Apocalipsis 20-22

Dios ordena las circunstancias

Por causa del fuerte viento que soplaba, el lago estaba picado.
JUAN 6:18

No pienses que las circunstancias adversas son una prueba de que te has desviado del camino, pues ellas pueden ser incluso una evidencia de que estás en la buena senda antigua, ya que el camino de los creyentes casi siempre está lleno de pruebas. Hiciste bien en zarpar y alejarte de la orilla, pero recuerda, aunque nuestro Señor ha asegurado tu barca y te ha garantizado que llegarás al puerto deseado, no ha prometido que navegarás en un mar de cristal; por el contrario, te ha dicho que «en este mundo afrontarán aflicciones» (Juan 16:33), e incluso puedes aumentar tu fe en él cuando encuentras que su advertencia es cierta.

El Señor les había ordenado a los discípulos que pasaran al otro lado y, por lo tanto, ellos se esforzaban lo más que podían y remaban toda la noche, pero no progresaban porque tenían el viento en su contra. Seguro has oído decir que si un cristiano no marcha hacia adelante, entonces va para atrás; eso no siempre es cierto, pues hay tiempos de pruebas espirituales cuando, si un hombre no va para atrás, realmente está avanzando. Puede que un cristiano no progrese mucho en su camino, sin embargo, puede que no sea su culpa, pues quizá el viento le sea contrario. Nuestro buen Señor tendrá en cuenta las buenas intenciones y reconocerá nuestros progresos, no por nuestro avance aparente, sino por la intensidad con que nos esforcemos con los remos.

A través de la Biblia en un año: Lamentaciones 1–2

La influencia limpiadora de Dios

Lo único que sé es que yo era ciego y ahora veo.
JUAN 9:25

Todos los hombres son ciegos. Nuestro padre Adán se encargó de extirparnos los ojos. Somos incapaces de ver las cosas espirituales. No tenemos una óptica espiritual, esta ha desaparecido para siempre. Cristo viene al mundo y los hombres tienen en muy baja estima su evangelio, lo desprecian e incluso escupen al escuchar acerca de él; el pensar en ello disgusta a la mayoría de los hombres. Él presenta el evangelio ante los ojos de los ciegos, un evangelio que como el barro, parece que hiciera a los hombres incluso más ciegos que antes, pero es por medio de «la locura del evangelio» que Cristo salva a aquellos que creen. El Espíritu Santo es como la fuente de Siloé. Vamos a él, o más bien, él viene a nosotros; la influencia limpiadora del Divino Consolador lava la convicción de pecado que el evangelio produce; y he aquí, nosotros que éramos tan ciegos que no podíamos ver la belleza de la divinidad ni la excelencia de las joyas que adornan la corona de Dios, comenzamos a ver las cosas a la clara luz celestial y nos regocijamos con todo nuestro corazón delante del Señor.

A través de la Biblia en un año: Lamentaciones 3–5

Un testimonio personal

Lo único que sé.
JUAN 9:25

En algunas ocasiones los hombres escépticos te abrumarán con sus conocimientos. Conversa con ellos, pero hazlo con la seguridad de que tu conocimiento es mejor que el de ellos. No intentes enfrentarte a ellos en su propio terreno, enfréntalos con este conocimiento. «Bueno», pudieras decir, «sé que tienes más conocimiento que yo; soy un pobre cristiano ignorante, pero tengo algo aquí que responde a todos tus argumentos, cualesquiera que estos puedan ser. No sé lo que dice la geología; quizá no sepa mucho de historia, tal vez no comprenda todas las cosas extrañas que se ven en la actualidad, pero una cosa sé —y es algo de lo que estoy convencido— que yo una vez fui ciego y ahora puedo ver». Luego explica la diferencia que obró en ti el evangelio, diles que en un tiempo pasado cuando leías la Biblia, la considerabas un libro tonto e inservible, que cuando pensabas en la oración, la veías como algo inútil. Diles que ahora la Biblia es para ti como un panal repleto de miel y que la oración es tu aliento de vida. Diles que una vez intentaste huir de Dios y no podías ver la excelencia del carácter divino, pero ahora estás luchando y esforzándote por acercarte cada vez más a Dios. Diles que una vez despreciaste la cruz de Cristo y pensaste que era por gusto acudir a ella, pero que ahora la amas y sacrificarías todo lo que tienes y hasta tu propia vida por ella. Y este cambio radical en tu conciencia, esta obra sobrenatural que se ha llevado a cabo en lo más profundo de tu espíritu, te capacitará para rebatir cualquier argumento de la ciencia. Tu único argumento vencerá los miles de ellos, si puedes decir: «Era ciego y ahora veo».

A través de la Biblia en un año: Ezequiel 1–4

Alabanza y gratitud

«¿Acaso no quedaron limpios los diez?» preguntó Jesús «¿Dónde están los otros nueve? ¿No hubo ninguno que regresara a dar gloria a Dios, excepto este extranjero?» «Levántate y vete» le dijo al hombre; «tu fe te ha sanado».

LUCAS 17:17-19

Si buscas en el mundo que te rodea, entre todas las finas especias, te costará trabajo descubrir el incienso de la gratitud. No alabamos al Señor como debiéramos, en toda la proporción y con toda la intensidad que merece. Recibimos un continente de misericordias y solo le devolvemos una isla de alabanza. Cada mañana y cada noche él nos llena de nuevas y frescas bendiciones; grande es su fidelidad. Y, a pesar de eso, dejamos pasar años y casi nunca dedicamos un día completo a la alabanza. ¡Es triste ver toda la bondad de Dios y toda la ingratitud del hombre!

Lo voy a decir de otra forma para ustedes que son el pueblo de Dios, la mayoría de nosotros oramos más de lo que alabamos. Temo que ores bastante poco, pero la alabanza, ¿dónde está? En nuestros altares familiares solemos orar pero casi nunca alabamos. En nuestra habitación privada oramos con frecuencia pero, ¿alabamos con frecuencia? La oración no es un ejercicio tan divino como lo es la alabanza; la oración es durante un tiempo, pero la alabanza será durante toda la eternidad: Por lo tanto, la alabanza merece el primero y más alto lugar, ¿no crees? Empecemos a dedicarnos a la actividad de los seres celestiales. Un vagabundo puede orar pero será un pobre vagabundo desdichado a menos que exprese su alabanza una vez que reciba la limosna. La alabanza debe seguir de forma natural a la oración e incluso, por la gracia divina, debe ir antes que ella.

A través de la Biblia en un año: Ezequiel 5–8

Nuestro verdadero poder

Tengan fe en Dios —respondió Jesús—. Les aseguro que si alguno le dice a este monte: «Quítate de ahí y tírate al mar», creyendo, sin abrigar la menor duda de que lo que dice sucederá, lo obtendrá. Por eso les digo: Crean que ya han recibido todo lo que estén pidiendo en oración, y lo obtendrán.
MARCOS 11:22-24

Ya sea que vivamos o que muramos, tengamos fe en Dios. Siempre que predicamos o enseñamos el evangelio, tengamos fe, porque sin fe trabajaremos en vano. Siempre que distribuyas libros cristianos o visites a los enfermos, hazlo con fe, porque la fe es la sangre que da vida a nuestro servicio. Si solo por la fe pudo aquel Jacob moribundo bendecir a sus descendientes, entonces es solo por la fe que nosotros podemos bendecir a los hijos de los hombres. Ten fe en Dios y las enseñanzas que impartas serán edificantes, las oraciones que eleves traerán como consecuencia lluvias de misericordia y los esfuerzos que hagas por tus hijos e hijas prosperarán. Dios bendecirá lo que se haga con fe, pero si no creemos, nuestras obras no se afirmarán. La fe es la columna vertebral y la médula espinal del poder del cristiano que lo capacita para hacer el bien. Somos tan débiles como el agua hasta que no entramos en unión con Dios por medio de la fe, y entonces somos omnipotentes. No obtendremos resultado alguno al intentar motivar a nuestros semejantes en las cosas espirituales y eternas si caminamos por vista, pero cuando confiamos en el poder de Dios y nos aferramos a sus promesas con una confianza que lo arriesga todo, entonces es cuando obtenemos el poder para bendecir.

A través de la Biblia en un año: Ezequiel 9–12

Una comunicación preciosa

Alégrense en la esperanza, muestren paciencia en el sufrimiento, perseveren en la oración.
ROMANOS 12:12

Establecer tiempos para dedicarse a la oración es el privilegio y el deber de cada cristiano. No creo que un hombre pueda mantener la vitalidad de la santidad si no se retira a orar con regularidad, por lo menos cada mañana y cada noche. Daniel oraba tres veces al día, y David dice: «Siete veces al día te alabo» (Salmo 119:164). Es bueno para tu corazón, bueno para tu mente, bueno para tu constancia moral, que dediques ciertos espacios de tiempo y digas: «Estos le pertenecen a Dios. Haré negocios con Dios en este y este otro tiempo y trataré de ser tan puntual con él como lo sería si me fuera a reunir con un amigo íntimo».

Cuando Sir Thomas Abney era el Señor Alcalde en Londres, los banquetes lo perturbaban un poco, porque a esa hora Sir Thomas siempre tenía un tiempo de oración con su familia. Lo difícil era cómo retirarse del banquete para mantener las meditaciones familiares, pero eso era tan importante para él que dejaba su puesto en el banquete y se retiraba, diciéndole a cualquier persona que estuviera cerca que debía ausentarse pues tenía una cita especial con un querido amigo y no podía faltar. Y entonces se iba, pero luego regresaba a su puesto, y excedía a todos en sabiduría, y era el mejor de todos por cumplir con su cita con Dios.

A través de la Biblia en un año: Ezequiel 13–16

Una vida de oración

Por eso los fieles te invocan en momentos de angustia; caudalosas aguas podrán desbordarse, pero a ellos no los alcanzarán. Tú eres mi refugio; tú me protegerás del peligro y me rodearás con cánticos de liberación.

SALMO 32:6-7

Me he dado cuenta que predico mejor cuando oro mientras predico. Y la mente es impresionante en sus actividades. La mente puede orar mientras está estudiando, puede volverse a Dios mientras está hablando con un hombre, y puede extender su mano para recibir las provisiones de parte de Dios mientras la otra mano está extendida ofreciendo algo de aquello que ha recibido. Ora mientras tengas vida. Ora cuando estés sufriendo un gran dolor, mientras más agudo sea el dolor, más y más debes perseverar en tu ruego ante Dios. Y cuando te rodeen sombras de muerte y sientas cosas extrañas que te hagan sobrecogerte y que te adviertan que estás a punto de llegar al final de tu viaje, entonces haz oraciones cortas como esta: «No escondas tu rostro de mí, oh, Dios», o esta: «No te alejes de mí, oh, Dios», sin duda te confortarán. «Señor Jesús, recibe mi espíritu», fueron las emotivas palabras de Esteban al momento de morir; y «Padre, en tus manos encomiendo mi espíritu», fueron las palabras que tu propio Maestro pronunció antes de inclinar su cabeza y entregar su espíritu. Puede que tú sufras algún dolor similar y, entonces, deberás imitarlo.

A través de la Biblia en un año: Ezequiel 17–20

La mayoría invisible

Por la fe Noé, advertido sobre cosas que aún no se veían, con temor reverente construyó un arca para salvar a su familia. Por esa fe condenó al mundo y llegó a ser heredero de la justicia que viene por la fe.

HEBREOS 11:7

Noé era muy diferente del resto de los hombres de su época. *Ellos* se olvidaron de Dios, mientras él le temía, ellos vivían para las cosas que se ven y que son temporales, mientras que él vivía a la vista de lo invisible. Cuando estaba construyendo su arca, formaba parte de una minoría miserable, e incluso luego de ciento veinte años de ministerio, cuando terminó de construir el arca y su familia entró en ella, eran ocho contra muchos millones, una cantidad insignificante, como dirían los hombres, una secta digna de lástima comparada con toda una humanidad. ¿Quién habría pensado que los ocho estaban en lo cierto y los demás eran los que estaban equivocados? Donde está Dios, allí está la mayoría. Pero es evidente que había una distinción muy marcada entre Noé y su familia, y el resto de la humanidad.

Hermanos, en la actualidad la iglesia de Dios se encuentra en un mundo muy parecido al de Noé y su familia. Esto nos hace ser la familia escogida de Dios que estará segura cuando el mundo se consuma en el fuego final. Pero el tiempo llegará —llegará a cada hombre en el día de su muerte y llegará a todos los impíos cuando el Señor Jesús descienda del cielo a la final trompeta— cuando la puerta se cierre, entonces se escuchará la voz que dirá: «Hay un gran abismo entre nosotros y ustedes, de modo que los que quieren pasar de aquí para allá no pueden, ni tampoco pueden los de allá para acá» (Lucas 16:26). El carácter no cambiará, los impíos todavía seguirán actuando con impiedad y los inmundos seguirán siendo inmundos.

A través de la Biblia en un año: Ezequiel 21-24

Rendirse al llamado divino

Por la fe Abraham, cuando fue llamado para ir a un lugar que más tarde recibiría como herencia, obedeció y salió sin saber a dónde iba.
HEBREOS 11:8

Abraham fue llamado y obedeció. No hay sombra de duda, debate ni demora; cuando él fue llamado a salir, él salió. La queja del Señor es: «Como ustedes no me atendieron cuando los llamé» (Proverbios 1:24). Tales llamados vienen a muchos en repetidas ocasiones, pero les prestan oído sordo. Solo son oyentes de la Palabra, no hacedores. Incluso entre los oyentes más atentos, ¿cuántos hay a quienes la Palabra les llega sin casi ningún resultado práctico de obediencia verdadera? Qué tonto es añadir un pecado tras otro, aumentando la dureza del corazón, aumentando la distancia entre el alma y Cristo y al mismo tiempo, soñando tiernamente con un momento encantado en el que sea más fácil ceder al llamado divino y romper con el pecado.

Abraham tuvo una oportunidad y tuvo la gracia de captarla y hasta el día de hoy no hay en nuestra raza un nombre más insigne que el de «el padre de la fe». Él fue un hombre imperial, muy superior a sus semejantes. Su corazón estaba en el cielo, la luz de Dios bañaba su frente y su alma estaba llena de la influencia divina, de manera que él vio el día del Señor Jesús y se alegró. Él fue bendecido por el Señor que hizo el cielo y la tierra e hizo de él una bendición para todas las naciones. Algunos de ustedes nunca obtendrán semejante honor, vivirán y morirán innobles porque juegan con los llamamientos supremos. Y, sin embargo, creíste en Dios, y si viviste por fe, tendrás delante de ti un camino de honor inmortal que te llevará a la gloria eterna.

A través de la Biblia en un año: Ezequiel 25–28

Lleva la imagen

El Señor estaba con José y las cosas le salían muy bien.
GÉNESIS 39:2

El hombre mira la apariencia exterior, pero el Señor mira el corazón; y por lo tanto las descripciones bíblicas de los hombres no son solo de su vida visible sino de su vida espiritual. Aquí tenemos a José como Dios lo veía, el verdadero José. Exteriormente no siempre parecía que Dios estuviera con él, porque él no siempre tuvo la apariencia de un hombre próspero; pero si uno mira al alma más íntima de este siervo de Dios, ve su verdadera imagen: él vivía en comunión con el Altísimo, y Dios lo bendecía: «El Señor estaba con José y las cosas le salían muy bien» (Génesis 39:2).

Esta notable imagen de José nos recuerda mucho a nuestro Señor y Maestro, un José superior, que es Señor de todo el mundo por el bien de Israel. Pedro, en su sermón a la familia de Cornelio, dijo de nuestro Señor que él «anduvo haciendo el bien y sanando a todos los que estaban oprimidos por el diablo, porque Dios *estaba con él*» (Hechos 10:38, énfasis del autor), exactamente lo mismo que se había dicho de José. Es maravilloso que las mismas palabras describan tanto a Jesús, el perfecto Salvador, como a José, el imperfecto patriarca. Cuando tú y yo somos perfeccionados en gracia, debemos llevar la imagen de Cristo, y aquello que describa a Cristo también debe describirnos a nosotros. Aquellos que viven con Jesús serán transformados mediante su comunión hasta que sean semejantes a él.

A través de la Biblia en un año: Ezequiel 29–32

Conciencia de Dios

En esta casa no hay nadie más importante que yo. Mi patrón no me ha negado nada, excepto meterme con usted, que es su esposa. ¿Cómo podría yo cometer tal maldad y pecar así contra Dios?
GÉNESIS 39:9

Ah, si tú y yo siempre sintiéramos que Dios está cerca, mirándonos fijamente, no nos atreveríamos a pecar. La presencia de un superior a menudo frena a un hombre de hacer cualquier cosa en la cual él pudiera haberse aventurado, y la presencia de Dios, si nos percatáramos de ella, sería una barrera perpetua contra la tentación y nos mantendría firmes en la santidad. Después de esto, cuando José hablaba de Dios en cualquier ocasión, cuando Dios lo ayudó no solo a soportar la tentación sino a hacer cualquier servicio, te darás cuenta de cómo él siempre se lo atribuía a Dios. Él no interpretó el sueño del faraón sin antes decirle: «No soy yo, Dios le ha mostrado al faraón lo que va a hacer». Él estaba tan consciente de la presencia de Dios cuando se paró frente al gran monarca como cuando rechazó a aquella mujer pecadora.

Temo que no siempre hablamos de esta manera pero José sí lo hacía. Sin el menor remilgo, él decía lo que había en su corazón debido a una sensación de la presencia y la obra divina. ¡Cómo se parece él en esto a nuestro divino Señor! La presencia de Dios era todo para Cristo, así como lo era para José. Ahora bien, si tú y yo siempre ponemos al Señor delante de nosotros, si nuestras almas moran en Dios, ten por seguro que Dios está con nosotros. No hay ningún error en eso.

A través de la Biblia en un año: Ezequiel 33–36

Instrumentos en las manos de Dios

Ustedes han visto todo lo que el Señor su Dios ha hecho con todas aquellas naciones a favor de ustedes, pues él peleó las batallas por ustedes. Yo repartí por sorteo, como herencia de sus tribus, tanto las tierras de las naciones que aún quedan como las de aquellas que ya han sido conquistadas, entre el río Jordán y el mar Mediterráneo.

JOSUÉ 23:3-4

Se cometen muchos errores con respecto a las promesas de Dios. Algunos piensan que si Dios está con ellos, no tendrán que hacer nada. Pero para Josué no fue así. Él y sus tropas tuvieron que matar a todo amorreo, hitita y heveo que cayó en la batalla. Él tuvo que luchar y usar su espada tanto como si no hubiera habido ningún Dios.

Lo mejor y lo más sabio que se puede hacer en el mundo es trabajar como si todo dependiera de uno y luego confiar en Dios, sabiendo que todo depende él. Él no nos fallará, pero no por eso vamos a cruzarnos de brazos y quedarnos sentados. Él no nos abandonará, pero no por eso vamos a subir a acostarnos y esperar que nuestro pan diario nos caiga en la boca. Dios no consiente nuestra haraganería y cualquier hombre que espere salir adelante en este mundo con cualquier cosa buena sin trabajo, es un tonto. Lanza toda tu alma al servicio de Dios y luego recibirás la bendición de Dios si estás descansando en él. Oliver Cromwell tenía una perspectiva con sentido común acerca de esta verdad. «Confía en Dios», decía él mientras iban a la batalla, «pero prepárate para la lucha». Y lo mismo debemos hacer nosotros.

A través de la Biblia en un año: Ezequiel 37–40

A favor de otros

Así que recomiendo, ante todo, que se hagan plegarias, oraciones, súplicas y acciones de gracias por todos.
1 TIMOTEO 2:1

Es un gran privilegio que se nos permita orar por nuestros semejantes. En cada caso es necesario que la oración comience con peticiones personales ya que hasta que Dios no acepte al hombre, este no puede actuar como intercesor por otros y aquí yace parte de la excelencia de la oración intercesora, porque esta es, para quien la ejercita, una marca correcta de gracia interior y una señal de bien de parte del Señor. Puedes estar seguro que tu Rey te ama si te permite pronunciar palabras a favor de tu amigo. Aquel que en respuesta a su intercesión ha visto a otros bendecidos y salvados, puede tomarlo como una garantía del amor divino y regocijarse en la condescendiente gracia de Dios. Una oración así sube más alto que cualquier petición por nosotros mismos, porque solo aquel que tiene el favor del Señor puede aventurarse a suplicar por otros.

La oración intercesora es un acto de comunión con Cristo, porque Jesús suplica por los hijos de los hombres. Es parte de su función sacerdotal interceder por su pueblo. Él ha subido a lo alto para esto y continuamente ejerce esta función en el lugar sagrado. Cuando oramos por los pecadores, estamos de acuerdo con nuestro divino Salvador quien hace intercesión por todos los transgresores.

A través de la Biblia en un año: Ezequiel 41–44

Aprender de Dios

El fruto del justo es árbol de vida; Y el que gana almas es sabio.
PROVERBIOS 11:30 (RVR 1960)

Si yo deseo la salvación de alguien, debo decirle como mejor pueda cuál es su condición, cuál es el camino de la salvación y cómo puede encontrar descanso. Todos los hombres son accesibles en un determinado momento o de alguna manera. Es muy imprudente abalanzarse sobre la gente en cuanto uno se encuentra con ellos, sin pensar en la prudencia ordinaria porque puede que causes disgusto en aquellos a quienes quieres ganar. Pero aquellos que con ahínco suplican por otros y se mueven para buscarlos, por lo general han aprendido de Dios y por tanto son sabios en cuanto al tiempo, la forma y el tema. Un hombre que desea cazar aves, después de un tiempo se convierte en un experto de este deporte porque le dedica tiempo. Así mismo el que anhela ganar almas y le dedica su corazón, le encuentra las mañas de alguna manera y el Señor le da el éxito. Yo no podría enseñártelo, tú tienes que practicarlo para descubrirlo. Pero te diré esto: ningún hombre está limpio de la sangre de su semejante sencillamente por haber orado que así sea.

Escuché de alguien en Nueva York que oró por varias familias muy pobres que había visitado. Su hijo pequeño dijo: «Padre, si yo fuera Dios, te diría que respondieras tu propia oración porque tú tienes dinero suficiente». Así mismo podría decirnos el Señor cuando hemos estado intercediendo: «Ve y responde tu propia oración al hablarle a tus amigos de mi Hijo». Hay poder en tus dones, hay poder en tu hablar, usa estos poderes. Ve y enseña lo bueno y lo correcto y tus oraciones serán escuchadas.

A través de la Biblia en un año: Ezequiel 45–48

Cuenta con eso

Además de todo esto, tomen el escudo de la fe, con el cual pueden apagar todas las flechas encendidas del maligno.
EFESIOS 6:16

La fe es un escudo que puedes usar para guardarte de todo tipo de flechas, sí, hasta de los dardos llameantes del gran enemigo, porque ni las jabalinas de fuego pueden penetrar este escudo. No puedes caer en una condición en la que la fe no te ayude. Hay una promesa de Dios adecuada para cada situación y Dios tiene sabiduría, habilidad, amor y fidelidad para librarte de cada posible peligro; y por lo tanto, solo tienes que confiar en Dios y de seguro vendrá la liberación.

Hasta si el problema que tienes es culpa tuya, la fe sigue estando disponible. Cuando tu aflicción es evidentemente un castigo por una transgresión dolorosa, a pesar de todo confía en el Señor. El Señor Jesús oró por el falible Pedro para que su fe no fallara; su esperanza de recuperación estaba ahí. Cuando te has hecho a un lado y por fin el Padre celestial te azotó un poco con su vara, para que te entregues a él, entonces necesitas la fe. Sigue confiando en la misericordia del Señor aunque en este mismo momento quizá alguno de ustedes esté en gran aflicción y esté consciente de merecer sin duda alguna todos sus problemas debido a su desatino. No dudes del Señor, tu salvador, porque él invita a sus hijos descarriados a regresar a él.

A través de la Biblia en un año: Daniel 1–3

Fe cotidiana

¿No fue declarado justo nuestro padre Abraham por lo que hizo cuando ofreció sobre el altar a su hijo Isaac? Ya lo ves: Su fe y sus obras actuaban conjuntamente, y su fe llegó a la perfección por las obras que hizo.

SANTIAGO 2:21-22

Confía en el Señor tu Dios. Cree también en Jesús, su hijo. Despójate de la fe falsa y cree realmente. Despójate de la fe profesional y confía en el Señor en todo tiempo para todas las cosas. «¿Qué, confiar en él en cuanto a libras, chelines y peniques?» Sin duda alguna. Yo le temo a la fe que no puede confiar en Dios en cuanto al pan y la ropa, es una fe que miente. Ten por seguro que esa no es la fe sólida y práctica de Abraham, quien confiaba en Dios para su tienda, su ganado, su esposa y su hijo. La fe que hizo que David confiara en Dios en cuanto a los hijos, las hijas y el botín, es el tipo de fe que tú y yo debemos tener. Si no se puede confiar en Dios para panes y peces, ¿cómo confiar en él para las cosas de la eternidad y las glorias que todavía no se han revelado? Permanece en Dios con una fe cotidiana. La fe en Dios es el ejercicio del sentido común santificado. La razón más pura aprueba la confianza en Dios. El final declarará la sabiduría de creer en Dios. Al final, cuando nosotros junto con todos los creyentes elevemos el gran aleluya al Señor, Dios de Israel que reina sobre todas las cosas por su pueblo, todos sabrán que la fe es honorable y la incredulidad despreciable.

A través de la Biblia en un año: Daniel 4–6

Siervos firmes

¡Pues Daniel respondieron ellos, que es uno de los exiliados de Judá, no toma en cuenta a Su Majestad ni al decreto que ha promulgado! ¡Todavía sigue orando a su Dios tres veces al día!

DANIEL 6:13

Daniel había alcanzado gran prosperidad en el mundo, pero su alma también había prosperado. A menudo los avances externos significan un deterioro interno. El éxito ha envenenado a miles de miles. Aunque al comenzar la carrera de la vida prometieron ganar el premio, fueron tentados a desviarse para recoger las manzanas doradas y, por consecuencia, se perdieron la corona. No fue así con Daniel, él era tan perfecto delante de Dios cuando estaba en la cumbre como cuando estaba en baja condición, y esto se explica con el hecho de que él sostuvo la energía de su profesión exterior mediante una comunión secreta constante con Dios. Se nos dice que él era un hombre de espíritu excelente y un hombre de mucha oración; por lo tanto, su cabeza no estaba perturbada con su eminencia sino que el Señor cumplió en él la promesa: «da a mis pies la ligereza del venado, y me mantiene firme en las alturas». No obstante, aunque Daniel preservó su integridad, no encontró que una posición de grandeza fuera una de descanso.

Hoy yo presento el ejemplo de Daniel para tu consideración porque creo que estos son tiempos en los cuales necesitamos ser tan firmes y resueltos como él, y porque de cualquier modo a cada uno de nosotros a veces nos llegarán situaciones antes de que ganemos nuestra corona en la cual necesitaremos poner nuestros pies en el suelo y ser firmes y decididos por el Señor y su verdad.

A través de la Biblia en un año: Daniel 7–9

Con la fuerza de Dios

Por eso concluyeron: «Nunca encontraremos nada de qué acusar a Daniel, a no ser algo relacionado con la ley de su Dios».
DANIEL 6:5

Recuerda que Daniel es un tipo de nuestro Señor Jesucristo. Jesús tuvo enemigos que buscaban destruirlo; no podían encontrar nada en su contra excepto «tocando a su Dios». Lo acusaron de blasfemia y luego, como hicieron en contra de Daniel, presentaron un cargo de sedición. Lo lanzaron en el foso, en la tumba: su alma estuvo entre los leones. Sellaron la tumba con su sello, no fuera a ser que alguien se lo robara durante la noche, pero él se levantó al igual que Daniel, vivo e ileso y sus enemigos resultaron destruidos. Ahora, si Daniel es un tipo de Cristo, y el Señor Jesús es el gran Hombre simbólico de todos los que están en él, tú, creyente, debes esperar que aparezcan aquellos que te atacarán, que arremeterán contra ti especialmente en cuanto a tu religión. También debes esperar que estos prevalezcan por un tiempo para que tú seas echado al foso, que buscarán encerrarte como si estuvieras destruido para siempre, pero habrá una resurrección no solo del cuerpo sino de las reputaciones y tú te levantarás.

Oh, ¡ser un seguidor de Jesús como el gran Daniel! ¡Seguir sus pasos adondequiera que vaya! ¡Estar mucho con él, ya sea en público o en privado! Esto es algo que debe desearse y aunque te exhorto a hacerlo, no espero que lo logres con tus propias fuerzas, pero te señalo al Espíritu Santo, quien puede hacer esto en ti y hacer que seas muy amado como lo fue este profeta de antaño.

A través de la Biblia en un año: Daniel 10–12

Sombra celestial

Nuestro querido hermano Tíquico, fiel servidor y colaborador en el Señor, les contará en detalle cómo me va.
COLOSENSES 4:7

Conozco a algunos santos de Dios que viven muy cerca de él y son evidentemente un árbol de vida porque su misma sombra consuela y refresca a muchas almas cansadas. He sabido que los jóvenes, los probados y los abatidos, van a ellos, se sientan bajo su sombra y cuentan la historia de sus problemas y después sienten una rica bendición al recibir su simpatía cuando se les habla de la fidelidad del Señor y se les ha guiado en el camino de la sabiduría. Hay unos pocos hombres buenos en este mundo a quienes conocer es hacerse rico. Su carácter es un árbol vivo y verdadero, no es un simple poste de la madera muerta de la doctrina que lleva una inscripción y que se está pudriendo, sino que es vital, organizado, produce fruto, una planta que el Señor ha plantado con su mano derecha.

Algunos santos no solo dan consuelo a otros sino que además les entregan alimento espiritual. Los cristianos bien preparados se convierten en padres y madres de lactancia, fortalecen a los débiles y vendan las heridas de los desconsolados. Así también las obras fuertes, valientes y generosas de los cristianos generosos son un gran servicio para sus compañeros cristianos y tienden a elevarlos a un nivel superior. Uno se siente refrescado al ver cómo actúan, su paciencia en el sufrimiento y su valor en el peligro, su santa fe en Dios, sus rostros felices durante la prueba, todas estas cosas te dan ánimo en tus propios conflictos. El ejemplo del creyente santificado actúa de mil maneras para sanar y consolar a sus hermanos y ayuda a elevarlos por encima de la ansiedad y la incredulidad.

A través de la Biblia en un año: Oseas 1–4

Desde la juventud

Instruye al niño en el camino correcto, y aun en su vejez no lo abandonará.
PROVERBIOS 22:6

Está bien reclamar al pródigo, pero es mejor aún salvarlo de que alguna vez se convierta en pródigo. Es algo digno de alabanza el recuperar al ladrón y al borracho, pero es mucho mejor actuar para que el niño nunca se convierta en un ladrón o en un borracho; por tanto, la instrucción de la Escuela Dominical ocupa un lugar prominente en la lista de las empresas filantrópicas y los cristianos deben ser muy vehementes en esta. Aquel que convierta a un niño del error de su camino evita y también cubre una multitud de pecados.

Y, además, le da a la iglesia la esperanza de estar amueblada con los mejores hombres y mujeres. Los Samuel y Salomón de la iglesia se hacen sabios en su juventud; los David y los Josías tenían buen corazón en sus años jóvenes. Lee las vidas de los ministros más eminentes y por lo general descubrirás que su historia cristiana comenzó temprano. Aunque no es absolutamente necesario, no obstante, es altamente propicio para el crecimiento de un carácter cristiano bien desarrollado que su cimiento esté puesto sobre la base de una piedad juvenil. No espero ver que aquellos que han vivido una vida de pecado edifiquen de manera ordinaria las iglesias de Jesucristo sino que sean hombres y mujeres jóvenes, criados en medio de esta, en el temor y la exhortación del Señor, que se conviertan en los pilares de la casa de nuestro Dios. Si queremos cristianos fuertes, debemos mirar a aquellos que fueron cristianos en su juventud.

A través de la Biblia en un año: Oseas 5–8

Nuestro mayor gozo

Hacia ti dirijo la mirada, hacia ti, cuyo trono está en el cielo.
SALMOS 123:1

Es muy triste que la gente entre en casa de cualquier hombre y vean todo menos al hombre mismo. Admiran sus alfombras, se regocijan por la regularidad con que se sirven las comidas, ven que hay ciertas leyes que hacen provisiones para el desayuno y la cena de toda la familia; aprueban las «leyes» que mantienen limpia la casa y las «leyes» que la han decorado y las «leyes» que gobiernan todo. Pero, ¿dónde está el amo que hace todas esas leyes? Por desgracia, ¡no quieren verlo! Les gusta ver lo que él ha provisto, les gusta sentarse con sus piernas bajo sus mesas de caoba, pero no quieren ver al amo de la casa. Sin duda, eso debe surgir de una falta de comprensión. Cuando me quedo con un amigo, me complacen sus atenciones pero quiero pasar tanto tiempo como sea posible con *él*. Es el anfitrión, y no su comida, lo que constituye el verdadero gozo de la visita; y en el mundo es el mismo Dios, y no sus leyes, ni los productos de estas, lo que nos proporciona el mayor gozo. Al igual que sería insensato el que hace una visita y se olvida comunicarse con su amigo y solo se fija en su casa y en los terrenos, así es más que insensato el que, en este mundo inigualable, lo ve todo excepto a aquel que está en todas partes y que lo hizo todo. Esto es ciertamente una necedad.

A través de la Biblia en un año: Oseas 9–11

La enemistad de Dios

Yo estuve a punto de caer, y poco me faltó para que resbalara. Sentí envidia de los arrogantes, al ver la prosperidad de esos malvados.
SALMOS 73:2-3

Cuando Dios se convierte en el enemigo de un hombre y lucha contra él, este está en un gran aprieto. Con otros enemigos podemos luchar con alguna esperanza de tener éxito, pero no con el Omnipotente. Enemistarse con otros es aflicción, pero enemistarse con Dios es destrucción. Si él resulta ser nuestro enemigo, entonces todo se vuelve en nuestra contra. «Si Dios está de nuestra parte, ¿quién puede estar en contra nuestra?» (Romanos 8:31). Pero, si Dios está en contra de nosotros, ¿quién puede estar de nuestra parte?

Los hombres pudieran intentar persuadirse de que a Dios no le importa, que no tiene importancia para él cómo actúen los hombres, ya sea que guarden o quebranten sus leyes. Los hombres pudieran alegar que él «es bondadoso con los ingratos y malvados» (Lucas 6:35), y que lo mismo les sucede tanto a los justos como a los malvados; y por el momento así parece en verdad. La limitación de nuestra vista hasta puede asegurarnos que los impíos prosperan y se llevan la mejor parte, pero esto es solo debido a nuestra ceguera.

Dios detesta el pecado ahora y siempre. No sería Dios si no fuera así. Dios siente una justa indignación contra toda clase de mal: esto motiva la ira en su Espíritu. Algunos creen en un Dios impasible pero no hay duda alguna de que al Dios de la Biblia nunca se le describe así. Las Santas Escrituras lo presentan a la manera de los hombres. Si lo presentaran a la manera de Dios, ni tú ni yo podríamos entender nada de esa descripción; pero según se nos presenta en las Escrituras, el Señor advierte el pecado, lo siente, se enoja con él, el pecado lo irrita y su Espíritu Santo se exaspera ante la rebelión de los hombres.

A través de la Biblia en un año: Oseas 12–14

El peso del pecado

*Que abandone el malvado su *camino, y el perverso sus pensamientos. Que se vuelva al Señor, a nuestro Dios, que es generoso para perdonar, y de él recibirá misericordia. «Porque mis pensamientos no son los de ustedes, ni sus caminos son los míos afirma el Señor».*

ISAÍAS 55:7-8

Al principio los hombres tienen ideas muy bajas del pecado. Es algo insignificante, un simple error, un fallo al juzgar, un pequeño extravío, pero cuando el Espíritu Santo empieza a tratar con ellos, el pecado llega a ser una carga intolerable, algo aterrador, lleno de horror y consternación. Mientras más los hombres conocen del mal del pecado, más atónitos se quedan al pensar que alguna vez hayan encontrado algún placer en este o que puedan haberlo justificado de alguna manera. Ahora bien, es bueno que los hombres comiencen a ver la verdad acerca de sí mismos, porque incluso si esa verdad los hace pedazos, es bueno que se liberen del domino de la falsedad.

El pecado es grande, y por esa razón el pecador piensa que no puede ser perdonado, como si midiera al Señor por su pecado e imaginara que su pecado es mayor que la misericordia de Dios. De ahí que nuestra dificultad con los hombres que están realmente despiertos sea elevar sus pensamientos acerca de la misericordia de Dios en proporción con la idea elevada que tienen de la grandeza del pecado. Mientras no sienten su pecado, dicen que Dios es misericordioso y hablan con mucha ligereza de este, como si el perdón fuera algo trivial. Pero cuando sienten el peso del pecado, entonces creen que es imposible que este se pueda perdonar. En nuestro texto Dios muestra condescendencia para ayudar al pecador a creer en el perdón elevándole su idea acerca de Dios. Debido a que Dios es infinitamente superior al hombre, él puede perdonar abundantemente.

A través de la Biblia en un año: Joel 1–3

Más allá de la comprensión

Oh Señor, ¡cuán imponentes son tus obras, y
cuán profundos tus pensamientos!
SALMOS 92:5

Es muy cierto que los mejores pensamientos: los más lógicos, los más originales, los más correctos que hayas tenido jamás, no son dignos de comparase con los pensamientos de Dios. Mira a la naturaleza. Las cosas que ves en la naturaleza fueron, primero, un pensamiento en la mente de Dios y él los plasmó. ¿Alguna vez tuviste pensamientos como los que tuvo Dios en la creación? Miras a las estrellas y en tus pensamientos estas son como meros puntos de luz. Sus pensamientos no son tus pensamientos porque cuando miras por el telescopio descubres que estas son orbes majestuosas y apenas puedes entender en tu cabeza la gran idea que Dios tiene del cielo.

Lo mismo sucede en tu mente con respecto al futuro. Lee las profecías y mira lo que todavía está por ocurrir. Los pensamientos de Dios acerca de un cielo nuevo y de una tierra nueva ¡cuán por encima de los nuestros! Todavía no podemos entender el libro de Apocalipsis, que nos da parte del pensamiento de Dios acerca del futuro. Tenemos que esperar hasta que los hechos lo expliquen porque los pensamientos de Dios están por encima de lo nuestros. ¡Vaya!, toma un asunto sencillo como la resurrección de los muertos. Enterramos a los que parten y sus cuerpos se disuelven. El pensamiento de Dios es que estos se levantarán de nuevo. La semilla se convertirá en flor. Los pensamientos de Dios están mucho más allá de cualquier pensamiento que pueda surgir en tu alma.

A través de la Biblia en un año: Amós 1–3

La tumba de la esperanza legal

Ahora bien, sabemos que todo lo que dice la ley, lo dice a quienes están sujetos a ella, para que todo el mundo se calle la boca y quede convicto delante de Dios. Por tanto, nadie será justificado en presencia de Dios por hacer las obras que exige la ley; más bien, mediante la ley cobramos conciencia del pecado.

ROMANOS 3:19-20

Si un hombre no hace nada malo, no obstante, no hace lo bueno, es culpable. La omisión es un verdadero defecto, así como lo es la perpetración. Si has omitido, en cualquier momento, amar al Señor tu Dios con toda la fuerza e intensidad de tu naturaleza, si haz omitido en cualquier grado el amar a tu prójimo como a ti mismo, has cometido una infracción de la ley. No obedecer es desobedecer. ¿Quién puede alegar inocencia si esto es así? ¡Cuán hiriente es la oración: «Maldito el que no *practica fielmente* todo lo que está escrito en el libro de la ley!» (Gálatas 3:10, énfasis del autor). Es un pasaje terrible. Me parece a mí que cierra la puerta de las esperanzas mediante las obras, sí, la cierra con clavos. Yo bendigo a Dios porque cierra la puerta de manera eficaz, porque si hubiera una media oportunidad de pasar por ella, todavía veríamos a los hombres luchando por entrar. La salvación por medio de uno mismo es la esperanza querida del hombre: la salvación mediante las obras, los sentimientos o alguna otra cosa propia es la falsa ilusión favorita de los pecadores. Podemos bendecir a Dios porque ha puesto una piedra enorme en la entrada de la tumba de la esperanza legal. Él ha quebrado como con vara de hierro el vaso terrenal que contenía los tesoros de nuestra jactancia. «Nadie será justificado en presencia de Dios por hacer las obras que exige la ley» (Romanos 3:20).

A través de la Biblia en un año: Amós 4-6

Reconciliación perfecta

Por eso Cristo es mediador de un nuevo pacto, para que los llamados reciban la herencia eterna prometida, ahora que él ha muerto para liberarlos de los pecados cometidos bajo el primer pacto.

HEBREOS 9:15

La reconciliación que vino mediante Cristo es absolutamente perfecta. Quiere decir vida eterna. Si ahora Jesús te reconcilia con Dios, nunca más pelearás con Dios ni Dios contigo. Si el Mediador quita el motivo de la contienda, tu pecado y tu maldad, lo quitará para siempre. Él echará tus iniquidades en las profundidades del mar, haciendo desaparecer tus pecados como una nube y como una nube densa tus transgresiones. Traerá tal paz entre Dios y tú que él te amará para siempre y tú lo amarás para siempre, y nada te separará del amor de Dios que es en Cristo nuestro Señor. He escuchado de ciertos remiendos que vuelven a pegar las piezas de los platos rotos de tal manera que se dice que estos son más fuertes de lo que eran antes de romperse. No sé cómo podrá ser eso. Pero esto sé: la unión entre Dios y el pecador, reconciliados mediante la sangre de Cristo, es más cercana y más fuerte que la unión entre Dios y el Adán de antes de su caída. Aquella se rompió de un solo golpe, pero si Cristo te une al Padre mediante su preciosa sangre, él te mantendrá allí con el fluir de su gracia en tu alma; porque, ¿quién nos separará del amor de Dios que es en Cristo Jesús nuestro Señor? Aférrate a Cristo como mediador, confiemos en él y que él traiga la paz entre Dios y nosotros. ¡Y a su nombre sea la gloria por siempre y siempre!

A través de la Biblia en un año: Amós 7–9

El que nos rescata

Dios es nuestro amparo y nuestra fortaleza, nuestra ayuda segura en momentos de angustia.
SALMOS 46:1

Ahora, amados amigos, si alguno de ustedes está pasando por grandes dificultades y problemas, tentado a hacer el mal, e incluso más, presionado a hacerlo, y si hace lo correcto, pareciera como si fuera un gran perdedor y tremenda víctima, crean esto: Dios te puede liberar. Él puede impedir que sufras lo que supones que debes sufrir, y si no lo impide, puede ayudarte a soportarlo y en un breve tiempo puede convertir todas tus pérdidas en ganancias, todos tus sufrimientos en felicidad. Él puede hacer que lo peor que te suceda se convierta en lo mejor que te haya sucedido jamás. Si estás sirviendo a Dios, estás sirviendo a un Ser omnipotente y ese Ser omnipotente no te abandonará en tiempos de dificultad, sino que vendrá a rescatarte. Muchos de nosotros podemos decir con Pablo: «Pero eso sucedió para que no confiáramos en nosotros mismos sino en Dios, que resucita a los muertos. Él nos libró y nos librará de tal peligro de muerte. En él tenemos puesta nuestra esperanza, y él seguirá librándonos» (2 Corintios 1:9-10). El Señor nos ha ayudado en el pasado, nos está ayudando en el presente y creemos que nos ayudará hasta el final. Él también te ayudará si tan solo sigues su Palabra y mediante una fe sencilla haces lo correcto. Creo que tenemos razones para esperar interposiciones de la providencia para ayudarnos cuando se nos llama a sufrir por amor a Cristo.

A través de la Biblia en un año: Abdías

Belleza de las cenizas

Hermanos míos, considérense muy dichosos cuando tengan que enfrentarse con diversas pruebas, pues ya saben que la prueba de su fe produce constancia. Y la constancia debe llevar a feliz término la obra, para que sean perfectos e íntegros, sin que les falte nada.

SANTIAGO 1:2-4

¿Sabes que Dios tiene bellezas en todas partes del mundo y que tienes bellezas para cada experiencia? Hay vistas desde la cima de los Alpes que no pueden verse desde ningún otro lugar. Sí, pero hay bellezas que pueden verse en las profanidades del valle que nunca verías desde las cimas de las montañas; hay glorias que se ven en Pisgá, espectáculos maravillosos que se contemplan cuando por fe nos paramos en Tabor, pero también hay bellezas que se ven en nuestros Getsemaní y algunas flores maravillosamente atractivas hay que recogerlas en el borde de la guarida de los leopardos. Los hombres nunca se volverán grandes en divinidad hasta que se hayan vuelto grandes en el sufrimiento. «Ah», dijo Lutero, «la aflicción es el mejor libro de mi biblioteca». Y déjame añadir que la mejor hoja del libro de la aflicción es la más negra de todas las hojas, la hoja llamada depresión, cuando el espíritu se hunde dentro de nosotros y no podemos soportar como quisiéramos.

Los que han estado en la recámara de la aflicción saben cómo consolar a los que están allí. No creas que cualquier hombre se convertirá en médico a menos que camine los hospitales y estoy seguro de que nadie se convertirá en eclesiástico o en consolador a menos que yazga en el hospital así como que camine por él y tenga que sufrir él mismo.

A través de la Biblia en un año: Jonás 1-4

Bendito advenimiento

Hoy les ha nacido en la ciudad de David un Salvador, que es Cristo el Señor. Esto les servirá de señal: Encontrarán a un niño envuelto en pañales y acostado en un pesebre.

LUCAS 2:11-12

Mira la gloria de nuestro Señor Jesucristo, ¡incluso en su estado de humillación! Nació de padres humildes que lo acostaron en un pesebre y lo envolvieron en pañales y, sin embargo, se conmocionaron los principados y los poderes de los lugares celestiales. Primero, un ángel desciende a proclamar el advenimiento del recién nacido Rey y de pronto se le une una multitud de seres celestiales que cantan y dan gloria a Dios. La conmoción no se limitó a los espíritus de arriba, porque en los cielos que cuelgan por encima de esta tierra hay agitación. Se selecciona a una estrella en nombre de todas las estrellas. A la estrella se le da la misión de esperar en el Señor, de ser su heraldo para hombres que venían de lejos, su guía para llevarlos a su presencia y su guardaespaldas para velar su cuna.

La tierra también está conmovida. Los pastores han venido a dar el homenaje de los sencillos; con todo amor y gozo se inclinan delante del niño misterioso y después de ellos, desde lejos viene la flor y nata de su generación, las mentes más estudiosas de la época. Llegan por fin, luego de un viaje largo y difícil, los representantes de los gentiles. Mira, los reyes de Seba y Sabá ofrecen regalos: oro, incienso y mirra. Hombres sabios, los líderes de sus pueblos, se inclinan delante de él y rinden homenaje al Hijo de Dios.

A través de la Biblia en un año: Miqueas 1-3

Inclínate delante de él

Después que Jesús nació en Belén de Judea en tiempos del rey Herodes, llegaron a Jerusalén unos sabios procedentes del Oriente. —¿Dónde está el que ha nacido rey de los judíos? —preguntaron—. Vimos levantarse su estrella y hemos venido a adorarlo.

MATEO 2: 1-2

Mi profundo deseo es que todos rindamos homenaje a aquel de quien cantamos: «Un niño nos es nacido, hijo nos ha sido dado». Que aquellos de nosotros que han adorado durante mucho tiempo adoren con una reverencia nueva y más humilde y con amor más intenso. Y quiera Dios, ay, sí, ¡que lo quiera!, que algunos que están lejos de él espiritualmente, así como lo estaban los magos de manera física, puedan venir hoy y preguntar: «¿Dónde está el que ha nacido rey de los judíos? Hemos venido a adorarlo». Que los pies que se han acostumbrado a las sendas anchas pero que no están acostumbrados al camino estrecho busquen en este día ver a Jesús e inclinarse delante de él con todo su corazón y encuentren en él salvación. Estos hombres sabios vinieron naturalmente, atravesando el desierto; vengamos espiritualmente, dejando nuestros pecados. Estos fueron guiados por una estrella, que la fe en el divino Espíritu nos guíe a nosotros, mediante la enseñanza de su Palabra y todas esas luces benditas que el Señor utiliza para llevar a los hombres a sí. Solo que vayamos a Jesús. Fue bueno ir donde el bebé Jesús, guiados por los débiles rayos de una estrella; descubrirás que es incluso más bienaventurado venir a él ahora que está exaltado en los cielos y mediante su propia luz revela su perfecta gloria. No te demores porque hoy él clama: «Vengan a mí todos ustedes que están cansados y agobiados, y yo les daré descanso» (Mateo 11:28).

A través de la Biblia en un año: Miqueas 4-7

Una misión santa

Porque el Hijo del hombre vino a buscar y a salvar lo que se había perdido.
LUCAS 19:10

A Jesús no se le conocía originalmente como «el hijo del hombre» sino como «el Hijo de Dios». Antes de todos los mundos, él moraba en el seno del Padre y «no consideró el ser igual a Dios como algo a qué aferrarse» (Filipenses 2:6). Sino que para redimir a los hombres, el hijo del Altísimo se convirtió en el «Hijo del Hombre». Nació de una virgen y con el nacimiento él heredó las dolencias inocentes de nuestra naturaleza y llevó los sufrimientos que conllevan a esas dolencias. Además llevó sobre sí nuestro pecado y su penalidad y por tanto murió en la cruz. En todos los aspectos fue hecho igual a sus hermanos. Él no podía ser el pastor de los hombres sin hacerse igual a ellos, y por lo tanto el Verbo consintió en hacerse carne. ¡Mira el estupendo milagro de la encarnación! Nada puede exceder a este milagro: ¡Emanuel, Dios con nosotros! «Y al manifestarse como hombre, se humilló a sí mismo y se hizo obediente hasta la muerte, ¡y muerte de cruz!» (Filipenses 2:8). Oh, perdido, tú que estás consciente de tu pérdida, anímate hoy cuando el nombre de Jesús se prenuncie en tu presencia: él es Dios, pero es hombre y como Dios-y-hombre él salva a su pueblo de sus pecados.

A través de la Biblia en un año: Nahúm 1–3

Él vino

Así como el Hijo del hombre no vino para que le sirvan, sino para servir y para dar su vida en rescate por muchos.
MATEO 20:28

El Hijo del Hombre vino. Una diligencia extraña y única así como la persona bendita que la realizó. De manera que para venir él se rebajó del trono más alto en gloria hasta el pesebre en Belén y lo hizo de manera voluntaria. Para nosotros es como si nos hubieran lanzado a un escenario de acción, no es por nuestra voluntad que hemos venido a vivir en esta tierra. Pero Jesús no tenía necesidad de nacer de la virgen. Fue su propio consentimiento, su elección, su fuerte deseo, lo que lo hizo asumir nuestra naturaleza, de la simiente de Abraham. Él vino voluntariamente en una misión de misericordia para con los hijos de los hombres. Piensa en esto durante un momento y deja que penetre en tu mente: aquel que era Rey de Reyes y Señor de Señores, el Dios Poderoso, el Padre Eterno, el Príncipe de Paz, voluntaria y alegremente descendió a morar entre los hijos de los hombres, compartir sus penas, llevar sus pecados y darse a sí mismo en sacrificio por ellos, la víctima inocente de la intolerable culpa de los hombres.

A través de la Biblia en un año: Habacuc 1–3

Dios con nosotros

Por eso, el Señor mismo les dará una señal: La joven concebirá y dará a luz un hijo, y lo llamará Emanuel.
ISAÍAS 7:14

«Dios con nosotros»: él no ha perdido ese nombre. Jesús tuvo ese nombre en la tierra y lo tiene ahora en el cielo. Él es ahora «Dios con nosotros». Creyente, él es Dios contigo, para protegerte; tú no estás solo porque el Salvador está contigo. Colócame en el desierto donde no crece la vegetación y todavía puedo decir: «Dios con nosotros». Colócame en el océano tempestuoso y deja que mi barco baile perdidamente en las olas y todavía diré: «Emanuel, Dios con nosotros». Súbeme en un rayo de sol y déjame volar más allá del mar occidental y todavía diré: «Dios con nosotros». Deja que mi cuerpo se zambulla en las profundidades del océano y déjame esconderme en sus cavernas y no obstante, como hijo de Dios, yo podría decir: «Dios con nosotros». Sí, y en la tumba, durmiendo allí en corrupción, todavía puedo ver las huellas de Jesús, él anduvo por el camino de todo su pueblo y todavía su nombre es «Dios con nosotros».

Pero para conocer este nombre más dulcemente, debes conocerlo mediante la enseñanza del Espíritu Santo. ¿Ha estado Dios con nosotros esta mañana? ¿De qué vale venir a la capilla si Dios no está aquí? Lo mismo sería quedarnos en casa si no tenemos visitas de Jesucristo, y sin dudas podemos venir, y venir y venir con regularidad cada vez que esa puerta gira sobre sus bisagras. Es inútil a menos que esté «Dios con nosotros» mediante la influencia del Espíritu Santo. A menos que el Espíritu Santo tome las cosas de Cristo y las aplique a nuestro corazón, no será «Dios con nosotros».

A través de la Biblia en un año: Sofonías 1–3

25 de diciembre

Tómala y crece

Más bien, crezcan en la gracia y en el conocimiento de nuestro Señor y Salvador Jesucristo. ¡A él sea la gloria ahora y para siempre! Amén.
2 PEDRO 3:18

¿Cómo se obtiene la vida eterna? Bueno, se aferra mediante la fe en Jesucristo. Confiar en el Señor Jesucristo es algo muy sencillo y no obstante, es la única manera de obtener la vida eterna. Jesús dice: «Yo soy la resurrección y la vida. El que cree en mí vivirá, aunque muera; y todo el que vive y cree en mí no morirá jamás. ¿Crees esto?» (Juan 11:25-26). Mediante la fe acabamos con toda la confianza que pueda venir de uno mismo y nos apoyamos por completo en la completa expiación que hizo el Señor Jesús, a quien Dios envió como propiciación: es así que podemos recobrar la vida. La fe y la nueva vida van juntas y nunca se pueden dividir.

Esta vida, una vez que se comienza a vivir, se ejercita con acciones santas. Día en día nos aferramos a la vida eterna al ejercitarnos en la piedad mediante obras de santidad y de bondad. Deja que tu vida sea de oración y alabanza porque estas son el aliento de la nueva vida. Todavía tenemos la vida animal y mental pero estas deben ser solo los atrios exteriores de nuestro ser: nuestra vida más íntima debe ser espiritual y completamente consagrada a Dios. Que de ahora en adelante la devoción sea tu respiración, la fe el latido de tu corazón, la meditación tu alimento, el auto examen tu aseo y la santidad tu andar.

Al aferrarte a esta, recuerda que el crecimiento la aumenta. Con todo fervor obtén más y más de esta. No tengas miedo de tener demasiada vida espiritual. Aférrate a ella porque Cristo no solo vino para que tuviéramos vida sino para que la tuviéramos de manera abundante.

A través de la Biblia en un año: Hageo 1–2

Su obra

En él también ustedes son edificados juntamente para ser morada de Dios por su Espíritu.

Efesios 2:22

Un hijo puede olvidar a su madre, este recibe mucho de ella y no siempre ella obtiene a cambio la gratitud. Pero la madre nunca olvida al hijo a quien tanto le ha dado, lo que ella ha dado es un lazo más fuerte entre ella y su hijo que la gratitud del hijo para con la madre. Ahora bien, ya Dios ha hecho tanto por nosotros que es por eso que sigue amándonos. Jesús recuerda que murió por nosotros, el Espíritu Santo recuerda que él luchó con nosotros, el Gran Padre recuerda cómo nos ha preservado y debido a toda esta bondad en el pasado, él se complace en nosotros.

Además, yo creo que el Señor se complace en nosotros no solo por todo lo que ha hecho sino porque ve en nosotros algo que le agrada, algo que es su propia obra. Un escultor, cuando comienza a trabajar el mármol, solo tiene un bloque escarpado, pero luego de días y semanas de mucho trabajo, comienza a ver algo como la imagen que tiene como objetivo producir. Así que creo que Dios se complace cuando ve en cualquier de nosotros alguna gracia, algún arrepentimiento, alguna fe, algún comienzo de esa santificación que un día será perfecta. Sabes cuánto te agrada cuando tus hijos comienzan a hablar, aunque sea un hablar pobre, ¿verdad? Así mismo se agrada Dios con las lágrimas de penitencia, en la confesión resquebrajada, en las primeras evidencias de la fe, en el temblor de la esperanza porque él ha producido todo esto y se complace con lo que ha hecho, se complace con ver que hasta el momento su obra es exitosa.

A través de la Biblia en un año: Zacarías 1-4

El gemelo de la fe

La tristeza que proviene de Dios produce el arrepentimiento que lleva a la salvación, de la cual no hay que arrepentirse, mientras que la tristeza del mundo produce la muerte.
2 CORINTIOS 7:10

Quizá tienes la noción de que el arrepentimiento es algo que sucede al comienzo de la vida espiritual y hay que pasar por él como cuando uno pasa por cierta operación y ahí termina. Si es así, estás muy equivocado; el arrepentimiento vive tanto como viva la fe. Con respecto a la fe yo le llamaría un hermano siamés. Necesitaremos creer y arrepentirnos mientras que vivamos. Quizá tienes la idea de que el arrepentimiento es algo amargo. A veces es amargo: ellos «llorarán como se llora por hijo unigénito, afligiéndose por él como quien se aflige por el primogénito» (Zacarías 12:10, RVR 1960). Pero ese no es el tipo de arrepentimiento del que estoy hablando ahora. Sin duda esa amargura es cosa del pasado, se acabó hace mucho tiempo. Pero esta es una dulce amargura que acompaña la fe mientras que vivamos y se convierte en la fuente de un tierno gozo.

La felicidad más intensa que he sentido jamás la he sentido cuando he estado alegre y lleno de ánimo sino cuando me he recostado en el pecho de Dios, y me ha resultado tan dulce estar tan abajo que difícilmente pudiera estarlo más y, no obstante, no quería estar más arriba. Quiero que se entreguen al deleite más excepcional de la pena a los pies de Jesús, no es pena por el pecado no perdonado sino pena por el pecado perdonado, pena por aquello que se ha acabado, por aquello que ha sido perdonado, por aquello que nunca más te condenará, porque fue puesto en Cristo hace mucho tiempo y ha sido guardado para siempre.

A través de la Biblia en un año: Zacarías 5–8

Será hecho

Obedezco tus preceptos y tus estatutos, porque conoces todos mis caminos.
SALMOS 119:168

Ojalá todo cristiano fuera del todo y para siempre obediente a las leyes celestiales. Así como el planeta gira sin desviarse de su órbita, porque con la ley que se le impuso hay una fuerza que lo obliga y lo impele, así también debiéramos nosotros seguir nuestro curso del deber porque no solo hemos escuchado el precepto divino sino que hemos sentido la sagrada energía del Espíritu Santo que nos guía por el camino recetado. Hermanos, qué seguros nos sentimos y qué felices en nuestras conciencias si estamos seguros de tener la autoridad del Gran Rey para todas nuestras acciones. El negocio de un cristiano en la tierra no es un asunto independiente, él no actúa por su propia cuenta sino que es un mayordomo de Cristo.

Ahora bien, si nos servimos a nosotros mismos o al mundo, debemos asumir las consecuencias de nuestra infidelidad, pero si servimos al Señor honestamente, todo está claro. Cuando un cristiano puede decir con respecto a cualquier conducta: «Jesucristo, mi Señor, me ha ordenado hacer esto, puedo encontrar el capítulo y el versículo que autorizan mis actos», si puede sentir que está trabajando para Cristo y no para sí mismo, con los ojos puestos en la gloria de Dios y no con objetivos siniestros ni motivos egoístas, entonces él pisa sobre la roca y desafía la censura de sus enemigos. Al referirte a una tarea positiva, tu lenguaje será: «Considero que debo hacer esto porque veo una orden expresa para la misma y por lo tanto se hará; aunque sea difícil, se alcanzará, aunque sea imposible, esperaré en aquel que permite que la fe mueva montañas».

A través de la Biblia en un año: Zacarías 9–11

Un corazón con el de él

Y éste es mi mandamiento: que se amen los unos a los otros, como yo los he amado.
JUAN 15:12

Entre todos aquellos que saben que somos discípulos de Cristo, hay una persona muy importante y esa persona eres tú mismo. Si sientes amor por los discípulos de Cristo, sabrás que eres uno de sus discípulos porque, ¿cómo lo expresa el amado apóstol Juan? «Nosotros sabemos que hemos pasado de la muerte a la vida porque amamos a nuestros hermanos» (1 Juan 3:14). Si eres un verdadero discípulo de Cristo, tendrás una de las evidencias más claras de tu propio corazón cuando te des cuenta de que, por amor a Cristo, amas a la familia redimida de Dios. Mediante esta prueba todos los hombres sabrán que ustedes son sus discípulos.

Mediante esta prueba tus hermanos cristianos también sabrán que tú eres discípulo de Cristo. No sé de nada que recomiende más un cristiano a sus hermanos que un verdadero espíritu de amor. Ningún sermón puede ser tan elocuente para el mundo como una verdadera manifestación del amor de Cristo y cuando Dios restaura en su iglesia un amor cristiano genuino, saludable y sincero —yo confío en que no lo hemos perdido totalmente— pero cuando nos da mucho de este, entonces el evangelio impresionará al mundo más de lo que lo está en este momento.

Si la nuestra no es una iglesia amorosa, he trabajado en vano y he gastado mi fuerza por nada. Si ustedes no se aman unos a otros, sin duda no aman al Salvador, pero si están unidos en amor, entonces nuestro gozo se ha cumplido en ustedes y Cristo también se regocija por ustedes.

A través de la Biblia en un año: Zacarías 12–14

El trabajo del domino

Precisamente por esto los judíos perseguían a Jesús, pues hacía tales cosas en sábado. Pero Jesús les respondía: —Mi Padre aun hoy está trabajando, y yo también trabajo.

JUAN 5:16-17

Déjame animar al pueblo de Dios aquí a hacer esto. Ve y anuncia el evangelio, anuncia el evangelio. Yo creo que en esta congregación he logrado mi deseo en gran medida. Extraño a muchos de nuestros amigos los domingos en la noche y me complace extrañarlos porque no tienen entonces nada que hacer aquí. Están afuera predicando, enseñando, trabajando en las escuelas, en las misiones y en todo tipo de servicio santo. Esto es lo que debes hacer si amas al Señor; ten una buena comida en el día de descanso y luego sal y haz un buen trabajo el resto del domingo. Alaba a Dios con tu boca y lleva en tu mano la espada de dos filos. Una de las mejores maneras de alabar al Altísimo es luchar contra la ignorancia, luchar contra los vicios, luchar contra la borrachera, luchar contra la infidelidad y el pecado de todo tipo. Hasta que el último pecador no se haya salvado, ocúpate de mantener en tu mano la espada de dos filos que es la Palabra de Dios y luego deja que para siempre las alabanzas a Dios estén en tu boca.

A través de la Biblia en un año: Malaquías 1-4

Índice de las Escrituras

Proverbios

Eclesiastés

Cantar de los Cantares

Isaías

Jeremías

Lamentaciones

Marcos

Lucas

Juan

Gálatas

Efesios

Filipenses

Colosenses

1 Tesalonicenses

2 Tesalonicenses

1 Timoteo

2 Timoteo

Tito

Filemón

Hebreos

Printed in the USA
CPSIA information can be obtained
at www.ICGtesting.com
LVHW051531210724
785408LV00008B/55